OLIVER SCHULZ

Indien zu Fuß

OLIVER SCHULZ

Indien zu Fuß

Eine Reise
auf dem 78. Längengrad

Deutsche Verlags-Anstalt

Das für dieses Buch verwendete FSC®-zertifizierte Papier
Munken Premium Cream liefert Arctic Paper Munkedals AB, Schweden.

1. Auflage
Copyright © 2011 Deutsche Verlags-Anstalt, München,
in der Verlagsgruppe Random House GmbH
Alle Rechte vorbehalten
Lektorat: Margret Plath
Typografie und Satz: DVA/Brigitte Müller
Gesetzt aus der Garamond
Druck und Bindung: GGP Media GmbH, Pößneck
Printed in Germany
ISBN 978-3-421-04474-7

www.dva.de

Für Corinna

Inhalt

Zweite Reise:
Von Hyderabad nach Dehra Dun

Der Große Bogen

Im Frühjahr 2007 raste ich in einem indischen Geländewagen über die endlosen Landstraßen irgendwo zwischen Kalkutta und den Fußhügeln des südlichen Bhutan. Am Steuer saß ein langhaariger Londoner Immobilienmakler namens Conrad. Er war der Leiter einer Oldtimerrallye quer durch den Himalaya, über die ich eine Reportage schrieb. Wir ließen unser Gefährt auf einem biblischen Kahn über einen Flusslauf schiffen und stromerten nach Einbruch der Dunkelheit über einen nur von Kerzen beleuchteten Bauernmarkt. Conrad kostete bei einem Kioskbesitzer Betelnüsse und fühlte sich danach so benommen, dass wir uns fragten, ob Opium daruntergemischt gewesen war.

In diesem Zustand kam er ins Plaudern. Er sprach von einer Motorradrallye entlang dem 78. Längengrad. Von der kolonialen Geschichte dieser Route, die mitten durch das Herz des Landes führte. Während wir mit 80 Stundenkilometern durch die Dunkelheit brausten, verlor sich der Londoner Makler in einem begeisterten Monolog über die britischen Wissenschaftler, die vor zweihundert Jahren den gesamten Subkontinent von der Südspitze bis hinauf in den Himalaya durchquert hatten, über die Geodäten William Lambton und George Everest. Auf einer Strecke von 3000 Kilometern hatten sie Indien zentimetergenau vermessen und dabei die Erdkrümmung neu berechnet, eine mit Unsummen geförderte Großexpedition. *The Great Arc* nannte Conrad ihr Projekt ehrfurchtsvoll, Der

Große Bogen. Es habe für die Wissenschaft jener Zeit dieselbe Bedeutung gehabt wie die Mondlandung für die Moderne.

In meinem Kopf begannen die Gedanken den 78. Längengrad von Süd nach Nord entlangzukrabbeln. Was wäre, fragte ich mich, als ich abends im Hotelzimmer des feinen Oberoi Grand Kolkata lag, wenn ich diesen Weg zu Fuß nachlaufen würde, von den Tropen bis hinauf in den vereisten Himalaya; eine Monate dauernde Reise durch feuchtheiße Niederungen, trockene Savannen und öde Steppen, durch die Dschungel des zentralen Hochlands und die fruchtbare Ebene des Ganges bis an die Grenze Chinas? Um, anders als die britischen Wissenschaftler, nicht die physische Oberfläche dieses Landes zu vermessen, sondern seinen gesellschaftlichen Zustand. Um seine Dorfgemeinschaften zu erforschen und seine Megastädte, seine jahrhundertealten Tempel und weltberühmten IT-Unternehmen, seine maoistischen Buschkrieger und verwöhnten Oberschichtkinder. Kein Weg dürfte dafür geeigneter sein, als diese Linie, die schnurgerade mitten durch das Land schnitt.

Und keine Methode dürfte effektiver sein, um sich Indien völlig hinzugeben. Ohne moralischen Schulterschluss mit anderen europäischen Reisenden, ohne Fluchtmöglichkeiten in Luxushotels und klimatisierte Taxis. Ein furchtloser Westler, der schutzlos das Herz jenes Landes durchquert, das sich anschickt, eine Supermacht des neuen Jahrtausends zu werden. Noch in dieser Nacht wurde mir klar, dass der 78. Längengrad mein Schicksal geworden war.

Zurück in Deutschland, ging alles ganz schnell. Ich fand die Aufzeichnungen der Briten in der Hamburger Staatsbibliothek, vier schwere, grüne Lederbände mit der Aufschrift *The Historical Records of the Survey of India*, herausgegeben im indischen Dehra Dun 1950 bis 1968. Survey ist die gängige Abkürzung für *Great Trigonometric Survey,* das Projekt Großer Bogen. Den halben Sommer hindurch studierte ich ihre Karten, auf denen der gesamte Subkontinent mit einem System kartografischer Dreiecke überzogen war, die schnurgerade den 78. Längengrad verfolgten, sich wie geknickte Strommasten in die nördlichen Landesteile hinein verjüngten und im Himalaya wie Lichtkegel in alle Richtungen zerplatzten. Ich las die von Lebenslust zeugenden Notizen über William Lambton, den ersten Leiter des Unternehmens, der offenbar ausgiebig dem Wein zugesprochen hatte und »ein großer Bewunderer des schönen Geschlechts« gewesen war. Und die mürrischen Aufzeichnungen von George Everest selbst, dem zweiten Leiter der wissenschaftlichen Expedition, über das ungesunde indische Klima und die angebliche Dummerhaftigkeit seiner indischen Mitarbeiter. Dazu noch John Keays Buch *Expedition Great Arc. Die abenteuerliche Vermessung des indischen Subkontinents,* das die Geschichte der britischen Vermesser erzählt.

In den Wochen danach verglich ich die historischen Karten am heimischen Schreibtisch mit gängigen Straßenkarten und überdimensionalen amerikanischen Fliegerkarten, die ich aus dem Internet ausgedruckt hatte. Nächtelang surfte ich mit Google Earth über das Relief des Subkontinents und sammelte Informationen über Klima, Bevölkerung und Straßenverhältnisse. Es schien leicht möglich, der Route der historischen Expedition zu folgen. Ich kalkulierte drei Monate für die Strecke und beschloss, sie in zwei etwa gleich lange Etappen zu zerlegen: Der erste Teil der Reise sollte mich von der Südspitze bis in die zentralindische Metropole Hyderabad führen, der zweite ein Jahr später von dort nach Mussoorie im Himalaya.

Je tiefer ich in diesen langen Herbstnächten virtuell und auf dem Papier in das Innere des Subkontinents vordrang, desto deutlicher spürte ich, dass ich auch eine persönliche Mission plante. Ich war nie ein klassischer Indienreisender gewesen. Ich hatte mich nie für Yoga und Meditation begeistert. Sondern immer nur für das moderne, das demokratische Indien, für ein Land im wirtschaftlichen Aufbruch. Ich hegte ein großes Misstrauen gegen seine althergebrachten Ungerechtigkeiten, gegen die traditionelle Rolle der Frau, gegen das Kastensystem. Deshalb war es mir in all den Jahren nie gelungen, in diesem Land auch nur einen einzigen Ort zu finden, an dem ich mich restlos wohlfühlte. Vielleicht, dachte ich, will ich auf dem 78. Längengrad nur mein ambivalentes Verhältnis zu Indien ordnen. Vielleicht will ich nur herausfinden, ob es mir irgendwo auf der Strecke doch gelingt, dieses Land bedingungslos zu lieben.

Umfangreiche Ausrüstung musste ich für meine Expedition nicht zusammenstellen; die Temperaturen im Süden des Subkontinents sind ganzjährig tropisch, man braucht nicht viel. Im kalten norddeutschen Novemberregen lief ich ein Paar angeblich tropentaugliche Trekkingschuhe ein, wie sie die deutschen Soldaten in Afghanistan tragen. Im Advent testete ich mich durch Kollektionen synthetischer Trekkinghosen und schweißreduzierender Hightechhemden. Ich kaufte einen Ultraleichtrucksack, einen Sommerschlafsack, Wasserentkeimer, einen selbsttragenden Moskitotunnel und einen knappen Liter Mückenspray, um mich vor Malaria- und Denguefieber zu schützen. Und saß kurz nach Weihnachten im Flieger nach Südasien.

Erste Reise
Von Kanyakumari nach Hyderabad

Aufbruch

An einem Sonnabendnachmittag im späten Dezember 2007 springe ich auf der Südspitze des indischen Subkontinents aus einem altmodischen Ambassador-Taxi. Mit einem Zehn-Kilo-Rucksack auf den Schultern steuere ich zum Empfang des Vivekananda Centre, einem breiten Holztisch auf der Veranda eines Backsteinbungalows. Die schräg einfallende Sonne ist immer noch brütend heiß. Unter einem schlingernden Ventilator wälzen zwei muffelige Bedienstete Bücher und zusammengeklammerte Zettel und diskutieren mit einer Traube von Wartenden über Buchungen und Check-out-Zeiten. Die Gäste sehen aus, wie einem Film über den indischen Unabhängigkeitskampf entsprungen: alte Herren mit gebügeltem Oberhemd über weißem Wickelrock, Damen mit Kastenbrillen und hellblauen Saris, den metallenen Henkelmann mit dem selbst gemachten Mittagessen in der Hand.

Ich habe ein Zimmer reserviert. Aber keiner scheint hier etwas von mir zu wissen. »Unter Ihrem Namen ist nichts gebucht«, nuschelt einer der Männer an der Rezeption durch seinen Schnauzer, als ich mich an den Tresen vorgekämpft habe.

»Doch, doch. Und ich habe vorgestern noch einmal angerufen.«

Er wühlt sich umständlich durch einen Haufen bunter Zettel auf der rechten Seite des Holztresens und blickt mich ratlos an. »Nein, ich kann hier wirklich keine Notiz finden.«

Es ist nicht so, dass ich überrascht wäre. Ich bin ja nicht zum ersten Mal in Indien. Aber ich schwitze und bin müde. Ich brauche eine Dusche und ich habe gelesen, wie schlecht alle anderen Unterkünfte in der Kleinstadt Kanyakumari sind. »Hören Sie«, sage ich. »Ich habe die Bestätigung meiner Reservierung nicht bei mir. Aber ich könnte in die Stadt gehen und die E-Mail ausdrucken. Ich brauche unbedingt ein Zimmer. Schauen Sie doch bitte noch einmal ganz genau nach.«

Der Mann an der Rezeption mustert mich neugierig. Er schlurft wortlos in einen der Räume im Inneren des Bungalows, klappert und raschelt herum, murrt und lamentiert zehn Minuten lang mit seinem Kollegen, bevor er mit einem Schlüsselanhänger wieder herauskommt. »Wir machen einen Raum für Sie frei. Eigentlich ist er schon vergeben, aber die Gäste sind nicht gekommen. Bis jetzt. Wenn sie doch noch auftauchen, haben wir ein Problem.«

Ich empfinde eine Mischung aus Scham und Stolz, als ich mich durch die anachronistische Menschentraube rund um den Tresen zurückkämpfe. Die indischen Besucher dürften dieses Maß an Gastfreundschaft sicher nicht genießen.

Außerdem hat eigentlich niemand so richtig Anspruch auf ein Zimmer im Vivekananda Centre. Es ist kein Hotel, nicht einmal eine Appartementanlage, eher eine Art spirituelles Ferienheim zu Ehren des namengebenden Heiligen Vivekananda, der hier, auf dem südlichsten Zipfel des Subkontinents, die Erleuchtung fand. Die zweistöckigen Wohnkomplexe sind Neubauten, ganz anders als das Empfangsgebäude. Sie erheben sich zwischen Kokospalmen aus der Mitte einer gepflegten Parkanlage. Die Marmorböden ihrer Flure glänzen frisch gewienert, die Zimmer haben keine Klimaanlage, aber ein ausgefeiltes und ökologisch korrektes, verwinkeltes Fenstersystem, das die Luft wie eine Turbine quer durch den Raum saugt. Die Vorschriften im Vivekananda Centre sind präzise, wenn auch nicht immer einleuchtend. »Kein Alkohol«, »Kein Spucken« und »Es darf nur im Badezimmer geduscht werden, an keinem anderen Ort«.

Ich schlendere zum Sunset Point hinunter, von dem aus man angeblich die Sonne sowohl im Arabischen Meer unter- als auch im Golf von Bengalen aufgehen sehen kann, und beobachte die Besucher. Aus dem ganzen Land sind sie hierhergekommen, die meisten zum Neujahrsurlaub: Familien aus Delhi und Mumbai, Senioren aus Kalkutta und Hyderabad, junge Paare aus Bangalore. Auf asphaltierten Straßen und gestampften Sandwegen flanieren sie zwischen sorgsam geschorenen Hecken und Rasenflächen. Ich umrunde im Uhrzeigersinn das Grabmal von Shri Eknath Ji Ranade, dem Gründer der Anlage, und verbeuge mich im Inneren des kleinen Mausoleums. Am Sunset Point blicke ich auf das schwarzblaue Meer und auf eine dicke Natursteinmauer mit der Aufschrift *Do not cross*, die den Zutritt zum feinen, nicht ganz weißen Strand versperrt. Dies ist ganz sicher nur der Golf von Bengalen, das eigentliche Kap kann ich weiter südlich erspähen. Die Sonne sackt tief in den diesigen Tropenhimmel, aber ihren Untergang könnte man von hier aus nicht beobachten.

Auf dem Rückweg in die Wohnanlage plaudere ich mit einem rundlichen Staatsbeamten aus Delhi, der unentwegt auf seinen etwa zehnjährigen Sohn einredet. Wir unterhalten uns auf Hindi, einer nordindischen Sprache, die ich mittlerweile, im Unterschied zu den südindischen Idiomen, recht ordentlich beherrsche. »Ich erkläre meinem Sohn die Bedeutung des Guru, des spirituellen Meisters«, sagt er. Der Mann kennt sich aus mit Religion, denke ich. Bestimmt auch mit dem Heiligen Vivekananda. »Ich weiß kaum etwas über den

Swami«, sage ich. »Nur dass er ein Anhänger des Vedanta war, Sie wissen schon, jener Lehre, nach der eigentlich alles eins ist: die Weltseele und die individuelle Seele. Alles. Eine äußerst faszinierender Vorstellung, finde ich.« Aber der nordindische Amtmann blickt mich ausdruckslos an, neutral und durchdringend zugleich. Dann schüttet er einen Redeschwall über mir aus: über Mantras und Karma, über Wiedergeburt und die Bhagavadgita, eine der zentralen Schriften des Hinduismus. Mit voller Absicht plappert er genau an mir vorbei, während sein Sohn auf dem Weg zurück zu den Appartements mit unregelmäßigen Sprüngen versucht, nicht die Risse im aufgesprungenen Boden zu berühren. Er hat keine Ahnung von der metaphysischen Dimension der Lehren Vivekanandas, vermute ich. Indiens Spiritualität hat so viele Schichten wie das Land Götter und Sprachen.

In dem streng vegetarischen Restaurant der Wohnanlage erstehe ich bei einem dauerlächelnden Hünen hinter einem Metallgitter einen Essenscoupon, der an alte deutsche Straßenbahntickets erinnert. Ich bestelle drei Porotta, fetttriefende Fladenbrote. Dazu gibt es ein Gemüsecurry, ein wenig Büffeljoghurt, der in Wasser schwimmt, und Linsensuppe satt, aufgekellt von zwei Schürzen tragenden Jungen aus gewaltigen Alutöpfen. Die Tischreihen sind mit abgewetztem, dunkelbraunem Laminat belegt, die hohen Wände halbhoch gekachelt. An den Längsseiten des Speisesaals waschen sich die Besucher vor und nach dem Essen die Hände an Reihen leckender, bronzener Wasserhähne. Über dem Kassierer, wie an fast jeder anderen senkrechten Innenfläche der Anlage, hängt ein Dutzend Bilder von Swami Vivekananda. In Goldrahmen, mit Kettchen aus bunten Lichtern versehen, von Kunstblumen umrankt.

Am folgenden Vormittag besuche ich auf dem Gelände eine Ausstellung über Vivekananda. In einer Halle mit Pfeilern aus

Tropenholz, voller Statuen und Wandtafeln, zwischen toben-
den Kindern und unter Schildern, die zur Ruhe gemahnen, lese
ich, dass jener Mann, dessen populärstes Porträt ihn schwarz-
weiß, mit bockigem Gesicht und avantgardistisch über das
linke Ohr gezogenem Turban präsentiert, ein Wanderer ist
wie ich. Ich lerne, dass der brahmanische Advokatensohn aus
Kalkutta nach einer jahrelangen Pilgerreise kreuz und quer
durch sein Heimatland hier auf der Südspitze Erleuchtung
fand. Dass er ein Dampfschiff in die USA bestieg, um 1893 als
ungeladener Redner auf dem Weltkongress der Religionen die
Kultur Hindustans zum Antidot gegen den westlichen Materialismus zu erklären. Und mit einer Handvoll amerikanischer
Jünger auf den Subkontinent zurückkehrte.

Am Nachmittag will ich endlich das eigentliche Kap besuchen, den geografischen Südpol Indiens. Weil auf meiner Stra-
ßenkarte dort ein Badestrand eingezeichnet ist und ich mich
angesichts der bevorstehenden körperlichen Ertüchtigungen
fit halten will, ziehe ich die Badehose unter die lange Trek-
kinghose, klemme ein Handtuch unter den Arm, deponiere
meine Wertsachen im Mülleimer meines Zimmers und klettere in ein Zweitaktertaxi. Nach zehn Minuten Fahrt hält es
prustend an einer Kreuzung im Herzen Kanyakumaris, auf der
mobile Schuster und Kugelschreiberhändler im Staub sitzen
und ihre Waren anpreisen. »Da unten geht es zum Strand«,
sagt der Fahrer.

Ich mache zwei Schritte in die entsprechende Richtung,
dann werde ich mitgerissen. Ein Strom von Menschen saugt
mich auf. Ich bin eingequetscht zwischen Touristen und Pilgern, zwischen den Schultern krakeelender Sikhs mit leuchtenden Turbanen und den Bäuchen bürgerlicher Bundfalten-
synthetik-Träger. Ich weiche gebrechlichen bengalischen

Mütterchen aus, die gewaltige Broschen in den Nasenflügeln tragen, und beseelt singenden Gruppen glutäugiger tamilischer Brahmanen mit schweren Goldketten auf athletischen Brustkörben. Ich werde durch ein Marktviertel gezogen, überdachte Stände, an denen Händler Haushaltselektronik und Lederwaren, Textilien und Schmuck anbieten. Jenseits des Basars krümmt sich der Strom zu einem Strudel, der sich um die zehn Meter hohen, mit rot-weißen Querstreifen versehenen Mauern des Tempels der jungfräulichen Göttin Kumari Amman dreht. Es gelingt mir kaum, mich aus den Massen der barfüßigen Pilger herauszuwinden, um zu einem offenen Plateau oberhalb der Steilküste zu gelangen.

Auf der abschüssigen Ebene verteilen sich die Massen. Hier herrscht Volksfeststimmung. Kinder wippen auf einem von niedrigen Metallzäunen begrenzten Spielplatz. Zwei krächzende Lotterietrommeldreher, ein uniformierter Eishändler und ein Zuckerwatteverkäufer preisen ihre Waren an. Ein knochiger Muslim führt eine Mähre mit einer jungen Urlauberin über den dünnen Rasen.

Vom Felshang blicke ich hinab ins Wasser. Dies ist der südlichste Flecken des indischen Subkontinents. Von hier bis Madagaskar gibt es nichts als den Ozean. Dieser Ort ist den Indern heilig. Und für mich der eigentliche Ausgangspunkt der bevorstehenden Reise. Zu meinen Füßen strömen die Fluten von Indischem Ozean, Arabischem Meer und Golf von Bengalen graublau ineinander. Von schwarzen Felsen stürzen sich Scharen von halb nackten Pilgern und Neujahrsurlaubern in die richtungslosen Wassermassen. Fischer schieben blauweiß lackierte Boote in die Flut. Offene Schuten pendeln randvoll mit menschlichen Körpern zum Vivekananda Rock, jenem Inselchen, auf dem der Swami aus tiefster Meditation heraus universale Erkenntnis erlangte. Ein Wanderasket, einen zerzausten Affen auf der Schulter, meditiert mit irrem Blick auf einem gischtnassen Stein. Im feinen Sand davor sitzt ein dicker weißer Mann und lässt sich das Salzwasser zwischen die Beine spülen. Ich fände es respektlos, an diesem Ort einfach nur zu baden.

Ich schlendere die Küste entlang. Ein feuchter Wind fährt raschelnd in die Kokoshaine. Er riecht nach Salz und Urin. Gemächlich passiere ich die zwiebelförmige, rosafarbene Gedenkstätte für Mahatma Gandhi und die vierzig Meter hohe Statue des bärtigen vorchristlichen Tamil-Dichters Tiruvalluvar. An der weißen Fassade einer stuckverzierten Kirche gehen zwei kaum zu erkennende Glühbirnen an.

Ich setzte mich in das Restaurant des Hotel Seaview. Es gilt als das beste am Ort. Ein rotlivrierter Kellner knallt mir ein überschwappendes, dünnes Fischcurry auf die fleckige Tischdecke. *New Years Party. Disco after 10 p.m. Rooftop Restaurant. 2200 Rupees* steht auf einem Schild am aufgeplatzten Furnier des Restauranttresens. Fast hätte ich den Feiertag vergessen. Ich frage nach Bier. Der Ober winkt ab. »Bedaure Sir, Alkohol gibt es nur an der Bar«, sagt er. Ich bestelle eine Cola und beobachte einen extrovertierten Einheimischen am Nachbartisch, der einen Kellner nötigt, mit ihm Kaffee zu trinken, während er am Handy in affektiertem Englisch mit einer Werkstatt über den Tarif für eine Autoreparatur verhandelt. »Nein, der Kühler ist kaputt. Der Kühler!«, ruft er immer wieder, wirft mir dabei verschwörerische Blicke zu und verhunzt das englische Wort *radiator* zu einem *red jitter*: ein verbales silvesterliches rotes Flackern sozusagen.

Den letzten Abend vor meiner Abreise habe ich mir freudiger vorgestellt. Plötzlich überkommen mich Zweifel an meinem Plan. Habe ich für solche kaputten Szenen alle Warnungen in den Wind geschlagen, mich an einem warmen norddeutschen

Dezembermorgen allein aus dem Haus geschlichen, um die Kinder nicht zu wecken, als wäre ich zwanzig Jahre jünger? Um einsam in einem heruntergekommenen Hotel zu hocken, dort, wo Indien steil ins Meer kippt, und ohne Grund zu feiern, obwohl Silvester ist? Ich habe keine Ahnung, was mir auf meiner Reise bevorsteht, denke ich. Ich weiß nicht einmal, ob es möglich ist, in den Tropen zu wandern.

Ich lege dem Ober ein viel zu hohes Trinkgeld in die klebrige Mappe und laufe zurück ins Vivekananda Centre. In meinem Zimmer trinke ich heimlich den aus Deutschland mitgebrachten Flachmann in zwei Doppelzügen leer, liege in der Dunkelheit und lausche. Dem Scheppern der Töpfe aus der Restaurantküche gegenüber, dem Kichern der Mädchen, dem Schreien der Kleinkinder, den strengen Rufen der Familienväter. Und dem tropischen Seewind, der ständig seine Richtung wechselt. Morgen beginnt die Reise meines Lebens.

Im Land der Windmühlen

Die ersten Schritte in den Wanderstiefeln sind verdächtig
weich. Meine Knie fühlen sich in der warmen Nachtluft an,
als wären sie aus Butter, die Fußsohlen, als würde ich auf
Watte gehen. Am Ausgang der Wohnanlage steht ein Mann
in einem Wachhäuschen. Als ich den Weg nach Norden ein-
schlage, springt er aus der Bude und schreit. Er gestikuliert
und winkt. Ich drehe mich um. Der Wächter zeigt in die Stadt
hinab, Richtung Kap. »Die Busse fahren dort unten«, ruft
er. »Danke«, rufe ich zurück. »Ich gehe zu Fuß.« Er schüttelt
wortlos den Kopf und blickt mir lange nach.

Am frühen Morgen ist kein Mensch auf der Hauptstraße
von Kanyakumari zu sehen. Vor den Geschäften sind Rolltore
aus Blech heruntergelassen. Mitten auf der dunklen Fahrbahn
kokeln Müllhaufen. Fast stolpere ich über eine Gestalt, die am
Straßenrand kauert, ein menschlicher Schatten, der sich nur
heiser grunzend zur Seite wälzt. Auf dem weichen Asphaltstrei-
fen tauche ich in die Finsternis jenseits der Stadt; mal windet
er sich durch offenes Land, dann sticht er schnurgerade durch
dichte Wände aus raschelnden Palmen. Ein böiger Nordwind
wirbelt überdrehten Tamil-Pop durch die Nacht. Die Musik
quäkt von Bauernhäusern, deren Höfe leblos weiß und weithin sichtbar im Neonlicht strahlen, und aus Kokoshainen, in
denen die Lautsprecher zwischen Glühbirnenketten an den
Baumstämmen hängen. Aggressiv justierte Lkw-Scheinwerfer
blenden meine Augen. Fahrradfahrer gleiten lautlos an mir

vorbei. Hundemeuten erscheinen aus dem Nichts, kläffen und verschwinden wieder. Auf den ersten Kilometern meiner Reise fühle ich mich transparent. Wie ein Gespenst, das auf sanften Sohlen durch die dicke tropische Luft wandelt.

Dann erhebt sich Indien schlagartig aus der Dunkelheit. Das Morgenlicht tüncht die steilen Berge im Westen in ein kitschiges Rosa, davor erheben sich einzelne, unwirklich aussehende Felsen. Ich erkenne, wie fruchtbar die Ebene ist. Ein System von Teichen und Kanälen durchsetzt die Kokosplantagen. Zwischen Reisstauden stochern Scharen möwengroßer weißer Vögel im Matsch. Die kleinen Dörfer verstecken ihre Schönheit vor dem wandernden Fremden. An den Straßenfronten wenden sie mir hässliche Fassaden aus Wellblech und Beton zu, aber in den Seitengassen besprenkeln dralle Hausfrauen mit glänzend nassen Haaren den gestampften Boden vor schmucken blauroten Lehmhütten. Mit Kreide zeichnen sie bunte Ornamente vor die Türschwellen.

Nie zuvor bin ich in den Tropen gewandert. Aber jetzt komme ich zwischen dem 8. und 9. Breitengrad erstaunlich gut voran. Meine Angst, dass ein Sturm über der Region aufziehen würde, wie die internationalen Wetterdienste prognostiziert haben, scheint unbegründet. Nicht ein einziges Wölkchen trübt den blauen Morgenhimmel. Ich marschiere gegen die frische nördliche Brise an durch christliche Weiler, in denen immer noch knallbunte Sterne aus Pappmaschee unter den Vordächern baumeln. Ich eile über Dorfplätze, auf denen mannshohe Krippen aus Stroh errichtet sind. Ich laufe durch raschelnde Zuckerrohrfelder.

Autofahrer hupen und winken. Erntearbeiter johlen aus überladenen Sammeltaxis. Ein alter Wanderasket mit verfilzten Haaren und Halbglatze steht mit einem Dreizack in der Rechten am Straßenrand und begutachtet stumm meine vorbeihuschenden Trekkingschuhe. Aber der Einzige, der mir an diesem frühen Morgen näherkommt, ist ein Motorradfahrer mit einer Aktentasche auf dem Rücksitz. Er tuckert heran, verwickelt mich in das übliche »*Hello-How-are-you-Where-are-you-going*«-Gespräch – und dreht dann schnell mit der Bemerkung wieder ab:»Immer wenn ich einen Fremden sehe, übe ich etwas Englisch.«

Zwischen den Ortschaften begleitet mich auf weiten Strecken ein seltsames Knarren und Blöken. Zu Hunderten ragen Windräder über den Kokosplantagen in den Morgenhimmel. Aber die Turbinen sind schlecht geölt, gespenstisch und laut ist das Quietschen und Rattern aus den Windparks. »*Wescare India*« steht auf den Masten. Als wollten sie ganz Indien erschrecken.

Nach zwei Stunden mache ich Rast in einem Kokoshain. Unter den Palmen sind einfache Zelte aus Zweigen und Plastikfolie konstruiert, darin eine Bastmatte und ein Bündel Umhängetaschen. Zwei Arbeiterinnen tauchen aus dem Baumwollfeld auf. Mit der Frage nach Wasser und der Richtung meines Tagesziels, dem Ort Panagudi, 29 Kilometer entfernt, ist mein Vorrat an Tamil fast verbraucht. Meine sehr viel besseren Hindi-Kenntisse werden mir hier, tief im Süden, nicht viel nützen. Hindi und Tamil gehören zu komplett unterschiedlichen Sprachfamilien.

Die Arbeiterinnen helfen mir, mit einem Plastikeimer Wasser aus dem zehn Meter tiefen Brunnen zu schöpfen. Ich impfe es mit dem mitgebrachten Wasserentkeimer, von dem ich zwei dreißig-Milliliter-Ampullen im Rucksack trage, und fülle damit die zwei indischen Ein-Liter-Plastikwasserflaschen, die ich in eine Außentasche stecke. Ich begutachte meine Füße, finde eine dicke Blase, die sich am großen rechten Zeh aufbläht, und wechsele die durchnässten Strümpfe.

Ich laufe weiter von Dorf zu Dorf, unterbrochen von kurzen Pausen bei Buden am Straßenrand, in denen ich frittierte Snacks und mit Chicorée gewürzten Kaffee genieße. Drei Marschstunden von meinem Tagesziel entfernt speise ich in einer Garstube, in der eine zierliche Alte mit Zahnlücken in einem fleckigen Tuch Reiskuchen kocht. Ich untersuche wieder meine Füße. Die Blase ist kaum gewachsen, aber zwischen meinen verschwitzten Oberschenkeln fühlt es sich wund an. Das Gehen wird mit jedem Schritt unangenehmer.

Kurz vor Panagudi treffe ich auf den National Highway 7, der die Südspitze des Subkontinents mit den Millionenstädten Bangalore und Hyderabad im Norden verbindet. Die Autobahn wirkt wie eine Narbe in der satten, lieblichen Landschaft. Bis hinauf nach Zentralindien werde ich entweder parallel zu dieser Trasse laufen. Oder direkt auf ihr.

Hinter drei Bauern mit Hohlkreuz stolpere ich über den noch ungepflasterten, steinigen Ausbaustreifen. Das veränderte Aufsetzen des Fußes auf dem Schotter macht das Laufen leichter. Vermutlich bekomme ich dafür Blasen an anderen Stellen meiner Zehen. Die Landwirte haben solche Probleme nicht. Sie marschieren barfuß, ihre Fußsohlen sind ledern und rissig. In einer Art Trippelgang tänzeln sie hintereinander her, dabei machen sie rudernde Armbewegungen, um die Körbe voller Erdnüsse auf ihren Turbanen in Balance zu halten. Zwischendurch verfallen sie immer wieder in einen Laufschritt, um miteinander aufzuschließen. Und freundlicherweise auch mit mir. Einer kurzen Ameisenstraße gleich bewegen wir uns meinem Tagesziel zu.

Wir erreichen Panagudi am frühen Nachmittag. Am Ortsrand stapeln sich Holzstämme vor Schreinereien, Metallstreben vor Baugeschäften und trocknende Backsteine vor Ziegelbrennereien. Am Busbahnhof reihen sich die Filialen der großen Mobilfunkanbieter an Kaffeestuben, Obststände und Kramläden.

Ich komme mir vor wie in einem Italowestern, wie ein Gringo, der in eine mexikanische Kleinstadt hineinreitet, ein unrasierter Ausländer auf der Suche nach Schnaps und leichten Damen. Die Mädchen, die am Brunnen ihre bunten Plastikkrüge in der bauchigen Form der traditionellen Tongefäße füllen, tuscheln, als sie mich bemerken. Zwei Jungen in kurzen Hosen halten fast simultan bei dem Versuch inne, mit Steinwürfen Fliegende Hunde von ihrem Tagschlaf in einem Alleebaum aufzuschrecken.

Und überall ist Jesus. Freundlich lächelt er mir von der anglikanischen Kirche zu, vor der Bauarbeiter ein Gerüst aus Bambusstangen errichten, gnädig breitet er die Arme über dem methodistischen und über dem römisch-katholischen Gotteshaus aus.

Dessen Hof wirkt wie eine überdimensionale, makellos gepflegte Sandkiste. Die knallrosa gestrichene Kirche erhebt sich aus einem Meer feiner, gelber Körner. Ich bin neugierig. Ich weiß, wie sehr radikale Hindus die Christen in den vergangenen Jahren bedrängt haben. Und bin erstaunt, wie stark die Orte hier auf der Südspitze christlich geprägt sind.

In einem Nebengebäude entdecke ich an einem Schreibtisch einen kleinen, korpulenten Mann in einem marineblauen Wickelrock. Er blickt von seinen Akten auf und bittet mich herein. Er stellt sich als Pater Segari vor. Seine dichten Haare sind mit Pomade zurückgekämmt. Das Hemd ist offen, auf der behaarten Brust prangt eine goldene Halskette. Auf dem Hamburger Kiez würde ich ihn als altmodischen Luden einordnen. Wenn das klassische orientalische Beinkleid nicht wäre.

Segari bittet mich an seinen Schreibtisch. Er ruft in einen Nebenraum hinein. Kurz darauf erscheint eine hagere Hausangestellte mit weißem Kopftuch. Sie stellt ein Tablett mit Keksen, Bananen und einer Thermoskanne auf den Schreibtisch. Er schenkt heißes Wasser in unsere Plastikbecher, reicht mir eine Dose Ovomaltinepulver und erzählt mit einem Bass wie ein Reibeisen. Von Apostel Thomas, der kurz nach Jesu Tod nach Indien gekommen sei. Der in Chennai ermordet wurde. »Von einem Hindu. Mit dem Speer.« Vom Heiligen Franz Xaver, der mit dem Schiff aus Spanien kam. Vom Verhältnis der Thomaschristen zum Papst, von der jesuitischen Asienmission, die im 16. Jahrhundert in Goa begann. Krachend beißt er zwischendurch in Kekse und spült mit Muckefuck nach. »Die Bauern und Fischer wollten raus aus dem Kastensystem. Sie wollten sich nicht mehr unterdrücken lassen von den Hindus«, sagt Segari. »Heute sind fast die Hälfte der Bewohner im Distrikt Kanyakumari Christen.«

Mein Blick wandert von der unverputzten Wand, an der ein Bild des Abendmahls neben einer stehen gebliebenen Wanduhr in imitiertem Goldrand hängt, durch das schmale Fenster in den Innenhof. Ein kurzhaariger Junge hockt mit einer Fibel an der Außenmauer und macht mit rhythmisch wippendem Oberkörper Leseübungen. Er erinnert mich an einen Koranschüler. Nichts hier wirkt vertraut für einen Europäer, dem noch dazu das Christentum fremd geworden ist. Ich fühle mich doppelt fremd.

»Die Inder sind sehr empfänglich für alle Arten von Religion. Sie sind sehr emotional, das hat es leicht gemacht, sie zu bekehren«, sagt Segari und verscheucht eine Fliege von der Öffnung der Zuckerdose. Aber diese Zeiten seien lange vorbei. »Missionieren kann hier keiner mehr. Heute werden die Christen drangsaliert.« Segari schreitet zu einem metallenen Aktenschrank und kramt eine Mappe hervor. Er durchwühlt mit knorpeligen Fingern ein vierseitiges Dokument. In gedrucktem Tamil steht auf dünnen, von den Lettern der Schreibmaschine vielfach durchstoßenen Papierseiten: »Ich wurde nicht gezwungen, Christ zu werden. Niemand hat mich dafür bezahlt. Ich habe verstanden, dass Jesus der Erlöser ist.« Neben dem Namen des Konvertiten prangen Unterschrift und Stempel eines lokalen Notars. »Heute ist die Taufe ein komplizierter bürokratischer Akt. Es gibt jetzt ein Gesetz gegen etwas, das forcierter Übertritt zum Christentum genannt wird. Aber keiner weiß genau, was das bedeutet. Deshalb muss jeder, den wir taufen, vorher diese Papiere unterschreiben.«

Ich frage den Pater, ob er Angst hat, dass Hindufanatiker ihn ermorden oder die Häuser seiner Gemeinde abfackeln könnten wie es jedes Jahr zu Weihnachten im Norden des Landes geschieht.

»Nein, nein«, sagt er. »Nordindien ist weit weg. Ein anderes Land, genau genommen: ein anderer Kontinent. Im Süden passiert so etwas nicht. Unsere Gemeinden sind zu groß.«

Der Priester führt mich ins Gästezimmer, ein schlichter Raum mit hoher Decke und vergitterten Fenstern. Ich höre die Hausdienerin, die im Kirchhof leise summend Geschirr abwäscht, und stelle fest, dass meine Oberschenkel aufgeschürft sind. Zwei rote, entzündete Stellen bilden sich auf der Innenseite. Ich creme sie ein und strecke mich erschöpft auf einer der beiden Metallliegen aus.

Ich frage mich, ob ich mit meiner Art zu reisen nicht zu hohe Ansprüche an mich selbst gestellt habe. Ob es ohne den Rückzug auf ein wenig Luxus nicht eigentlich unmöglich ist, in den Tropen unterwegs zu sein.

Ich falle in einen Halbschlaf. Ich stelle mir vor, wie eine Karawane durch einen weglosen, von Schlammlöchern durchsetzten Dschungel trampelt: zwei Dutzend indische Soldaten mit Vorderladern, mehr als vierzig Träger, Boten, ein Schreiner, ein Schmied und sonstige Angestellte sowie mehrere Ochsenkarren. Fast zweihundert Jahre vor mir zieht der Tross der britischen Vermesser hier entlang, die ersten Europäer auf dieser Route, der Great Trigonometrical Survey. Auf einem Karren ist der sogenannte Theodolit verschnürt, ein traktorgroßes, halb tonnenschweres Winkelmessinstrument bestehend aus einem Zielfernrohr, zwei Teilkreisen und mehreren mit Flüssigkeit gefüllten Hohlkörpern. Mit ihm peilen die Vermesser im Dienste der Krone von je zwei Punkten, deren Distanz zueinander bekannt ist, einen dritten an, um dessen Position zu bestimmen. Außerdem stapelt sich auf den Ochsenkarren Material zur Einrichtung von Vermessungspunkten und Observatorien.

Als die Vermesser 1802 mit der Feldarbeit beginnen, wird ihnen eine recht bescheidene Ausrüstung zugestanden: »1 großes Zelt, 2 private, 1 für die Bedürfnisse, 1 Observatorium«, heißt es in den Aufzeichnungen. In dem großen Zelt bringt William Lambton Büro und Bett unter, in den beiden weiteren Zelten sein Gepäck. Das Zelt für die »Bedürfnisse« ist nicht unwichtig für nächtliche Sitzungen, denn unter den Mitarbeitern des Survey grassiert die bis heute bei Indienreisenden gefürchtete Ruhr. Für Lambtons Mannschaft ist keine mobile Behausung vorgesehen. Sie lagert vermutlich unter freiem Himmel oder in selbst gebauten Provisorien.

Bei der Vermessung des oft schwierigen Geländes in den heutigen Bundesstaaten Tamil Nadu und Karnataka bedient sich der Great Trigonometrical Survey oft jener fast unwirklich erscheinender Felsformationen, die vielfach unvermittelt aus der tropischen Ebene ragen. Einige von ihnen sind so groß, dass sie sogar Platz für Festungen oder Tempel bieten.

In meinem Tagtraum klettert die Karawane einen Fels hinauf, der einsam aus dem dichten Blätterdach ragt. Hoch oben sind die Umrisse einer Burg zu sehen. Doch in einer Serpentine knapp unterhalb des Gipfels steht der Expedition plötzlich ein Haufen Einheimischer gegenüber. Die Männer tragen Luntenschlossmusketen, Schwerter und Dolche. »Verschwindet!«, faucht ein Kerl mit schulterlangen Haaren. »Ihr wollt die Fahne der Eroberer auf dem Palast des Prinzen hissen. Ihr späht mit euren Geräten seinen Frauen hinterher. In euren Zaubergläsern stellt ihr die Welt auf den Kopf, und unsere Brunnen laufen aus.« Seine Truppe johlt, die Schwerter blitzen durch das Sonnenlicht. Ein Sergeant der Expedition brüllt Befehle. Seine Soldaten gehen in Kampfstellung.

Da ergreift ein listig blickender Brite mit Halbglatze das Wort. William Lambton ist, ganz im Gegensatz zu seinem Nachfolger George Everest, bekannt für seine Toleranz gegenüber den Indern. Fast bis zum Boden verbeugt er sich vor den einheimischen Kämpfern. »Gebt uns eine Fahne des Prinzen«, sagt er mit ruhiger Stimme. »Es spielt keine Rolle, mit wessen Banner wir unsere Position markieren.«

Die Stimme eines Predigers reißt mich aus dem Traum. Pater Segaris Bass dringt mahnend an meine Schlafstatt. Dann erklingt vielstimmiger Soprangesang aus der Kirche, angetrieben von einem satten Rumba-Beat. Ich blicke aus dem Fenster. Es ist Abend geworden. Der Kirchhof liegt in weißem Neonlicht. Frauen in bunten Festagssaris und Männer in gestärkten weißen Hemden werfen sich das Kreuz schlagend in den Sand. Junge Männer in Fransenjeans und Cowboyhemd begrüßen sich mit Handschlag reihum. Ein kleines

Mädchen rennt einem fliehenden roten Luftballon hinterher. Mit nackten Füßen stapfe ich durch den weichen Sand. Das Gotteshaus ist zum Bersten gefüllt. Zu Hunderten hockt die Gemeinde auf dem Steinboden vor einem drei Meter hohen, rhythmisch blinkenden Glühbirnenkreuz. Unter der Decke flattern bunte Girlandenreihen. Hinter dem Altar wiegt ein traurig blickender Sankt Joseph, der Namensgeber der Kirche, das Jesuskind auf dem Arm. Ein Messdiener weist mir einen Plastikstuhl zu. Durch die wandhohen, offenen Türen weht ein frischer Wind.

Segari hebt die Stimme zur Predigt. Das einzige Wort, das ich verstehe, ist »Gott«. Neben Segari haben drei weitere Priester Platz genommen. Ein vollbärtiger, untersetzter Pater gähnt ausgiebig, dann nickt er ein. Der Chor preist zu karibischen Rhythmen den Allmächtigen und dankt ihm für die Ernte. Mein Blick folgt zwei Schwalben, die zwischen den abgestellten Ventilatoren hindurchsegeln. In der Weihnachtskrippe entdecke ich eine Windmühle, die schief über dem pausbackigen Jesuskind thront.

Als der Messdiener in glitzerndem Kunststoffgewand durch die Reihen läuft und Weihwasser aus einem gelben Plastikeimer über die Gläubigen spritzt, spüre ich, wie ich rot werde. Ich habe Angst, dass er mir näher kommt. Dass ich mich sträuben könnte, ein Kreuz zu schlagen, und die Gläubigen vor den Kopf stoße. Aber kurz vor meiner Sitzreihe dreht der Junge mit dem Eimer ab.

Segari verpasst seinem dösenden Kollegen einen kräftigen Stoß in die Seite, die vier Geistlichen stehen auf und schreiten in den Kirchhof. Draußen im Neonlicht mühen sich drei Helfer in blauen Overalls, einen Dieselgenerator in Gang zu setzen, der auf einem Holzkarren steht. Unter lautem Johlen ziehen sie immer wieder das Startkabel. Aber vergeblich: Der

Schrein von St. Joseph leuchtet schließlich nur im schwachen Licht der Öllampen.

Die Gläubigen häufen Berge von Blumenketten zu Füßen des holzgeschnitzten Heiligen auf. Vier Burschen schultern den Schrein wie eine Sänfte und tragen ihn, Pater Segari folgend und der singenden Gemeinde voraus, einmal um das Gotteshaus. Die Prozession erinnert mich an den Umzug mit einer hinduistischen Dorfgottheit. Ein vertrauter Anblick, ein religiöser Archetypus auf den Straßen und Gassen Indiens.

Nach der Messe sitze ich mit den vier Priestern und einem jungen Paar mit Kind zu Tisch. In der Küche von Pater Segari serviert die Dienerin knorpelige Schweinefleischspezialitäten. Die Priester setzen mir die Liturgie auseinander, als würde ich wenigstens ein katholisches Grundwissen haben. Aber ich bin ein typischer Fall von europäischem Gottesflüchtling; seit der Konfirmation habe ich höchstens zu Weihnachten und zu Begräbnissen eine Kirche von innen gesehen. Mit dem christlichen Weltbild kann ich nichts anfangen, weder mit einem Gott, der im Himmel wohnt, noch mit Himmel und Hölle. Meine Gastgeber halten mich für einen Bruder im Geiste. Aber ich fühle mich plötzlich wie ein Eindringling.

O-Beine

Am zweiten Tag meiner Wanderung verlaufe ich mich. Auf Nebenstrecken will ich in zwei Tagestouren mein erstes Etappenziel erreichen, die Provinzhauptstadt Tirunelveli, 66 Kilometer entfernt. Aber beim Start am Ortsausgang von Panagudi schlage ich den falschen Weg ein. Und lande wieder auf dem National Highway 7. Um vier Uhr früh bin ich aufgestanden. Aber als ich mich endlich auf der richtigen Landstraße in den dünnen Verkehr aus Radfahrern und Lkw einordne, dämmert es bereits.

Das erste Tageslicht verwandelt die gestern noch liebliche Tropenkulisse in eine widerborstige Trockensavanne. Tamarinden und Kakteen krallen sich in roten Sand. Überfahrene Schlangen kleben auf dem Asphalt. Die Straße nähert sich einzelnen, fast senkrecht aufragenden nackten Ausläufern der Berge im Westen, als der Nordwind plötzlich abbricht. Ein grauer Schleier zieht vor die Sonne, aber sie verbrennt mir trotzdem den Nacken. Doch das eigentliche Problem sind die wunden Stellen auf meinen Oberschenkeln. Sie fangen an zu nässen. Ich klebe sie mit handtellergroßen Pflastern ab, damit sie nicht aneinanderscheuern. Aber es nützt nicht viel. Meine Schritte schmerzen. Gleichzeitig krabbeln juckende Hitzepickel aus meinen Stiefeln die Waden hinauf und malen rosa Muster auf die winterbleiche Haut.

Je weiter ich mich vom grünen Küstenstreifen entferne, desto größer werden die Abstände zwischen den Dörfern.

Gegen sechs Uhr speise ich in einer biblisch wirkenden Stroh-hütte Linsenfrikadellen. Der Besitzer des Straßenkiosks wirft sich meinen Rucksack auf die Schulter und reicht ihn wei-ter an seine Gäste, die auf einer Steinbank sitzen. Ich ernte anerkennendes Lächeln. Kurz nach Sonnenaufgang passiere ich einen bunt bemalten Tempelelefanten, der eine einfache Kutsche zieht. Am Vormittag erreiche ich die Kleinstadt Kalak-kadu, einen hübschen Ort mit niedrigen weißen Häusern an sauberen engen Gassen und schattigen Alleen.

Um drei Uhr nachmittags kapituliere ich. Die Wunden zwischen meinen Schenkeln schmerzen bei jedem Schritt. 35 Kilometer vor Tirunelveli hocke ich erschöpft in einem kleinen Dorf, das mir wie eine Geisterstadt vorkommt: Die Läden sämtlicher Geschäfte sind heruntergelassen, kaum ein Mensch ist auf der Straße zu sehen. Dafür Massen von Was-serbüffeln, die durch den Ort getrieben werden, Hunderte Tiere pro Herde, eine Herde nach der anderen, stinkend, die Hüften voller Kot, umweht von Fliegenschwärmen, von den Hirten nur mühsam mit Steinwürfen und Pfiffen im Zaum gehalten. Ein viehisches Inferno. Nach einer halben Stunde hält ein Trecker vor der Ladenzeile. »Tirunelveli?«, fragt ein fröhlich grinsender Bauer. Ohne nachzudenken, springe ich auf den Anhänger und lege mich ausgestreckt auf die lose Ladung gebrauchter Ziegelsteine.

Ich quartiere mich im Ostteil der Distrikthauptstadt ein, eigent-lich eine separate Zwillingsstadt namens Palayamkottai. Sie ist berühmt als »Oxford« Südindiens. Aber ich nehme vor allem Müll wahr. Das Bett des Thamirabarani-Flusses direkt neben dem Hotel führt nur ein Rinnsal Wasser, dafür umso mehr kunterbunte Reste von Plastiktüten, Dosen und Pappe. Mein Zimmer im »besten Haus« am Platz, wie der Treckerfahrer versicherte, ist klaustrophobisch dunkel. Im Nebenraum reißt ein Handwerker mit einem gewaltigen Vorschlaghammer die Wand ein, um eine Klimaanlage zu installieren, wodurch in meinem Zimmer im Minutentakt der Putz von der Decke fällt. Ein undefinierbarer, süßlicher Geruch zieht durch die Flure.

Im Fernsehen läuft ein Sender, der GOD heißt. »Egal, ob du Krebs hast oder bettlägerig bist, der Herr wird dir helfen«, flötet ein junger Mann mit Oberlippenflaum und Betonscheitel. Am unteren Bildrand erscheint die Telefonnummer der »Blessing Line«. Im Hintergrund gleitet eine Seilbahn einen bewaldeten Berghang zu irgendeiner Sommerfrische im Himalaya hinauf. Irgendwo da im Norden liegt mein Ziel, kühl und fern.

Als ich am frühen Abend vor dem Hotel auf ein Taxi warte, bremst ein Motorrad. »Ich bin Polizist«, sagt der Fahrer. Es kann keinen zuverlässigeren Führer durch die Stadt geben als einen motorisierten Staatsbeamten, wenn auch nur in Zivil, denke ich und frage ihn, ob er mich zu einer Apotheke fahren kann. Er stellt sich als Balakrishnan vor. Seine gegeelten Haare flattern über den polierten Glatzenansatz, als er die bullernde Maschine vom Typ Royal Enfield in die Innenstadt von Tirunelveli manövriert.

Um den zentralen Nellaiappar-Tempel wälzen sich gegenläufig Menschen-, Fahrrad- und Automassen. Auf dem Dach des Heiligtums stapeln sich Stockwerke von Göttern. Am Straßenrand sitzen Marktfrauen und offerieren Zuckerrohr und Erdnüsse vor Düngemittel- und Pestizidhandlungen. Juweliere palavern in den weiß ausgeschlagenen Sitzecken spärlich beleuchteter Läden. In der gewittrigen Luft liegt der ätzende Gestank von Gerbereien. Auf den Holzstufen der Star Pharmacy hockt ein Bauer mit einem hinkenden Zicklein am Paketband und blickt apathisch in den grünlich glühenden

Dämmerhimmel, aus dem vereinzelte Regentropfen fallen. Hinter dem Tresen der Apotheke steht stocksteif ein Alter mit schlohweißen, schulterlangen Locken. »Zeig mir deine Füße«, sagt er knapp. Er blickt kurz auf die Hitzepickel und nickt. Die Peinlichkeit, meine Lenden zu untersuchen, erspart er mir, eine Beschreibung der Symptome reicht aus.

»Das hat hier jeder Zigeuner.« Er lächelt zweideutig zu seiner Tochter, einer drallen Mitdreißigerin mit hochgesteckten Haaren, einem burschikosen Gesicht und großen, tiefschwarzen, glänzenden Augen. Sie springt von einem Plastikhocker auf.

»Ich heiße Radha«, sagt sie. Radha legt einen Abschnitt Antihistamintabletten und eine Antibiotikasalbe auf den Tresen, von der ich später erfahre, dass sie in Europa nur noch bei Tieren verwendet wird. »Wie ist das denn passiert?«

»Beim Wandern. Ich bin von Kanyakumari bis in ein Dorf gelaufen, das etwa 30 Kilometer südlich von hier liegt.«

Sie schaut bewundernd zu mir auf. »Jetzt kannst du dich ja ausruhen.«

»Nein, ich laufe weiter. Nach Bangalore, nach Hyderabad.«

Sie schweigt. In ihren schwarzen Augen spiegelt sich die hellblaue Neonreklame des gegenüberliegenden Landmaschinenhandels. Sie fingert eine Papiertüte aus einer Schublade und notiert darauf: »Zwei Tabletten täglich, je eine morgens und eine vor der Nachtmahlzeit. Von der Star Pharmacy, Tirunelveli …« Plötzlich hält sie inne. »Ich kann mich nicht konzentrieren, um die richtigen englischen Worte zu finden.« Radha zerknüllt die Papiertüte und ersetzt sie durch eine unbeschriebene.

Balakrishnan und ich hocken uns in das einzige klimatisierte Café im Stadtzentrum. »Mein Hotelzimmer ist ziemlich laut«, sage ich. »Nebenan wird renoviert. Gibt es in Tirunelveli noch eine andere gute Unterkunft?«

Der Beamte nickt. »Ja, ja. Ich fahr dich nachher hin. Aber jetzt erzähl erst mal. Was machst du eigentlich hier?«

»Ich laufe durch Indien.«

»Du meinst zu Fuß?«

Balakrishnan zieht kurz die Augenbrauen hoch. Dann setzt er schnell eine betont ungerührte Miene auf. Denkt er, dass subkontinentale Fußmärsche eine neue europäische Mode sind, und will nicht wie ein unwissender indischer Bauerntölpel erscheinen? Oder will er einfach nur vermeiden, mich zu verletzen?

»Um Indien zu sehen, kannst du doch auch mit dem Bus fahren. Oder mit der Bahn.«

»Stimmt, aber mir geht es darum, möglichst nichts auszulassen.« Ich stippe meine Bhaji, frittierte Zwiebeln, in den süßen Milchkaffee und beobachte ein zaghaft flirtendes Pärchen am Tisch gegenüber, das aussieht wie südasiatische Wiedergänger von James Dean und Natalie Wood.

»Indien hat so viel Schönes zu bieten«, konstatiert Balakrishnan. »Warum willst du dahin gehen, wo es hässlich ist? Geh lieber in die Berge. Da ist es ruhig und kühl.« Der Beamte holt einen Zettel aus der Gesäßtasche seiner olivgrünen Bundfaltenhose, krickelt Flüsse, Hügelketten und Pilgerorte auf das weiße Papier und hämmert mit dem Stift auf einen dreimal fett umkringelten Punkt. »Dies ist Courtallam. In drei Stunden bist du dort. Da gibt es riesige Wasserfälle, das beste Klima, die Luft ist sauber. Von dort kannst du fast bis nach Bangalore durchs Gebirge wandern. Okay?«

»Ich denke drüber nach.«

»Na gut«, sagt Balakrishnan. Aber irgendwie wirkt er jetzt beleidigt. Er hebt die Stimme. »Ich habe noch eine Bitte. Ich bin Verkehrspolizist. Ich weiß, dass die indischen Autofahrer verrückt sind, die Lkw-Fahrer sind die schlimmsten. Hunderte Menschen werden in Tamil Nadu jedes Jahr überfahren. Tu mir also wenigstens einen Gefallen: Geh rechts auf den Straßen, damit du die entgegenkommenden Autos siehst. Besonders wenn du im Dunkeln unterwegs bist. Versprichst du mir das?«

Ich gucke ihn irritiert an. Und verspreche es. »Zeigst du mir jetzt das andere Hotel?«

»Ich fahr dich hin. Aber vorher muss ich noch mal kurz ein paar Unterlagen aus der Wache holen.«

Die Polizeistation von Tirunelveli liegt in einer Seitengasse der Altstadt, ein Kolonialbau mit offen stehenden Gitterfenstern. »Da kannst du nicht mit rein«, sagt er. »Wartest du hier?« Ich warte. Ich sehe Uniformierte hinein- und hinauslaufen. Eine Polizistin führt eine Alte ab, die wie eine Marktverkäuferin aussieht und weint und zittert. Ein Beamter fragt mich, auf wen ich warte. Ich bezweifle, dass er meine Antwort versteht, aber er nickt. Der Strom fällt aus, Kerzen werden in dem Gebäude entzündet, sie flackern im Luftzug und erlöschen. Mücken fallen über meine Fersen her, die ungeschützt in Badelatschen stecken. Ich habe Angst vor Malaria und Denguefieber. Aber ich habe meine Füße nicht eingesprüht, um die pickelübersäte Haut mit dem klebrigen Mückenspray nicht weiter zu reizen. Nach einer Dreiviertelstunde gebe ich auf.

Ich bin Balakrishnan nicht böse. Vielleicht gibt es einfach kein besseres Hotel und er mag es nicht zugeben. Aber vor allem habe ich ihn enttäuscht. Ich habe den guten Rat eines indischen Polizisten in den Wind geschlagen. Ich bin respektlos gewesen. Obwohl er mir geholfen hat, eine Apotheke zu finden. Ich beschließe, eine weitere Nacht in dem muffigen Hotelzimmer zu verbringen und zu warten, ob die Medizin wirkt.

Am nächsten Morgen statte ich dem schicken neuen Poothy-Supermarkt einen Besuch ab: ein Palast aus geschliffenem Marmor, ein Schiff der Moderne, ein einschüchternder Fremdkörper über den bescheidenen Holzbauten der Innenstadt von Tirunelveli. Wer es schafft, sein Fahrzeug durch die Menschenmassen bis hierher zu manövrieren, hat die zweifelhafte Chance, von unkoordiniert winkenden, uniformierten Wächtern auf den engen, überfüllten Parkplatz eingewiesen zu werden. Innen trotzen Rolltreppen den schwankenden Spannungen und ständigen Stromausfällen der Provinzmetropole. Unter eleganten Strahlerreihen und vom Jugendstil inspirierter Deckenarchitektur weiß ich nicht, wonach ich eigentlich suche. Eigentlich braucht man bei einer Außentemperatur von 22 bis 29 Grad so gut wie gar nichts.

Mittags lese ich, eingepfercht in die enge Holzbox eines Internetcafés, meine letzten geschäftlichen Nachrichten, bevor ich den Abwesenheitsassistenten aktiviere. In der mit einem gelbgrünen Vorhang abgetrennten Telefonzelle hängt eine Liste der Vorwahlen von Frankfurt bis Manchester. Ich schreibe eine E-Mail an meine Frau, in der ich noch einmal meine Route für die nächsten zwei Wochen skizziere, und versuche dabei, nicht über die möglichen Hinterlassenschaften der Vornutzer auf den grauen Sitzkissen nachzudenken, die auf der Suchleiste des Browsers Begriffe wie »Indian Hot Saree Pictures« und »Indian Big Tits« gesucht und wahrscheinlich auch gefunden haben.

William Lambton dürfte sich ähnlich eingeengt gefühlt haben in seinem provisorischen Observatorium in Tirunelveli; es hatte nur unwesentlich größere Ausmaße als meine Holzbox. Dabei war er es von Haus aus gewöhnt, sich zu beschränken. Lambton wurde um 1753 auf einer verschuldeten Farm in der

Grafschaft Yorkshire geboren. Die Familie trieb seine Ausbildung voran, damit er sie bald unterstützen konnte. Der junge William bewies ein erstaunliches Talent für Mathematik und bekam so einen Platz an einer höheren Schule. 1781 wurde Lambton Fähnrich bei der britischen Infanterie. Er diente im amerikanischen Unabhängigkeitskrieg und vermaß nach dessen Ende die Grenze zwischen Britisch-Kanada und den Vereinigten Staaten. 1793 wurde er zum Leutnant befördert. Drei Jahre später reiste er nach Indien, um in den Feldzügen der Ostindischen Kompanie gegen den »Tiger von Mysore«, Herrscher eines unabhängigen südindischen Staates, zu kämpfen. Am Ende seines dritten Lebensjahrzehnts war Lambton der Beschreibung nach ein stämmiger Mann mit rötlichem, schon leicht schütterem Haar und weichen Gesichtszügen, ungeübt im gesellschaftlichen Umgang nach den Jahren im Krieg und in der nordamerikanischen Wildnis. Sein Lebensstil galt als bescheiden.

Nachdem die Briten Mysore 1799 endgültig unterworfen hatten, schickten sie Vermessungstrupps in die Teakwälder und Hochländer des neu gewonnenen Territoriums. Lambton hatte sich im Krieg verdient gemacht und Kontakte zu den Vertretern der Ostindien-Kompanie aufgebaut. Jetzt kommt er auf eine Idee: Er schlägt vor, nicht nur Mysore exakt zu vermessen, sondern möglichst weite Strecken des gesamten indischen Subkontinents. Zunächst könnte, so schreibt er, »die korrekte Lage der wichtigsten geografischen Punkte (innerhalb von Mysore) nach korrekten mathematischen Prinzipien« bestimmt werden. Auf diese Weise lasse sich auch exakt die Breite des neu gewonnenen Territoriums zwischen Arabischem Meer und Golf von Bengalen benennen. Vermessungsdreiecke ließen sich dann »fast unbegrenzt in jede beliebige Richtung fortführen«.

Lambton argumentiert pragmatisch, um Mittel für das gigantische Projekt einzuwerben, das die Kassen der vor allem im Baumwollgeschäft aktiven Ostindien-Kompanie über die kommenden sechs Jahrzehnte beuteln wird. Die Expedition sei wichtig für die Ermittlung der exakten Ausmaße der britischen Gebiete in Indien, erklärt er den Behörden in London. Landvermessungen in den indischen Territorien, von denen manche direkt unter der Herrschaft der Krone stehen, andere nur per Vertrag angeschlossen sind, ließen sich dadurch enorm beschleunigen. Lambton weiß sehr genau, wie interessant solche Aufzeichnungen für die politischen Ziele der Ostindien-Kompanie sein könnten.

In Wahrheit aber geht es ihm um etwas ganz anderes. Um höchst komplizierte Fragen der Geodäsie, der Wissenschaft von der Erforschung der Oberflächengestalt der Erde. Lambton will das »Desideratum« erfüllen, »durch direkte Messung die Größe und Gestalt der Erde zu bestimmen«, wie er schreibt. Bis zu diesem Zeitpunkt haben europäische Geodäten vor allem die nördlichen Breiten erforscht; die längste vermessene Strecke reicht von Großbritannien bis nach Nordspanien. Lambton aber will nun erstmals die Erdkrümmung in tropischen Breiten genau bestimmen. Er will herausfinden, ob die Form der Erde eher der einer Pampelmuse oder der eines persischen Plattpfirsichs gleicht. Und das auf einer Strecke von Rekordlänge.

Bereits im April 1802 kann Lambton den Grundstein für sein Projekt legen: In der Stadt Chennai an Indiens Südostküste vermisst er mit einer dreißig Meter langen Stahlkette eine zwölf Kilometer lange Grundlinie. 1803 bis 1805 treiben die Geodäten ihre Dreiecksmessungen von Chennai aus zunächst quer über den Subkontinent westwärts bis nach Mangalore am Arabischen Meer voran. Von der Mitte dieses Vermessungsstrangs aus, der Stadt Bangalore, beginnen sie schließlich sich entlang des 78. Längengrades vorzuarbeiten, zuerst in Richtung Norden bis an die Grenzen der Gebiete des Nizams von Hyderabad und dann nach Süden, Kanyakumari entgegen.

Um das Jahr 1809 herum reist Lambton nach Tirunelveli. Mit einem »Sektor«, einem Instrument zur Messung der Höhenwinkel, hockt er sich in ein enges Zelt. Siebenundzwanzig Nächte lang späht er in den dunklen Himmel und notiert die Bahnen, in denen die Sterne und Planeten den Zenit über der heutigen Provinzhauptstadt queren. Mit geübtem Griff öffnet Lambton Teakholzkisten, um seine Beobachtungs- und Messgeräte aufzubauen. Im Schein einer schwachen Lampe notiert er mit feiner Handschrift seine Beobachtungen.

Lambton soll in den kommenden Jahrzehnten bekannt werden für seine Ausdauer und Genauigkeit. Zweihundert Einzelmessungen nimmt er in Tirunelveli vor, um die Position seines Standortes exakt zu berechnen. Die Kalkulationen sind ein wichtiger Baustein für die gesamtindische Nord-Süd-Triangulierung, für das Netz aus Dreiecken, das er und sein vielleicht zu Unrecht viel bekannterer Nachfolger George Everest von Süd nach Nord über den 78. Längengrad spannen werden.

Schon am Nachmittag fühle ich mich deutlich besser. Die Medizin hat angeschlagen. Die Wunden hören auf zu nässen. Die Hitzepickel jucken nicht mehr. In der Altstadt von Tirunelveli mache ich einen Spaziergang durch den Nellaiappar-Tempel. Er wirkt wie eine Stadt in der Stadt. Außenherum drängt sich das menschliche Chaos, aber hinter den sechs Meter hohen, mit gelben Blumenornamenten beschlagenen Holztüren herrscht Ruhe. Ich wandele durch die drei Stockwerke hohen Kreuzgänge, die die massiven Steinplatten der

Tempeldecke halten. In den Gärten um das zentrale Heiligtum schmücken Gläubige die Schreine des elefantenköpfigen Wohlstandsgottes Ganesha mit weißen Blumenkränzen. Unter ausladenden Bäumen plaudern die Besucher auf Bänken, lesen und dösen. Nur das mechanische Quietschen der Handpumpen, mit deren Wasser sich Heerscharen von Priestern in schwarzen Lendenschurzen benetzen, dringt durch die Stille. Und ein meditativer Gesang: »*Om Nama Shiva*«, ein Lobpreis für den Zerstörergott Shiva, der im Inneren des Tempels angestimmt wird. Dort ist es unerträglich heiß. Ein kleiner Mönch mit Perlen im Haar streichelt einem Nandi, dem Stier, auf dem der Gott reitet, den Rücken. Pilger werfen sich vor der Statue nieder, ein langhaariger Brahmane gießt literweise Milch über die gehörnte Stirn des mythischen Reittiers, ein Jahrtausende altes Ritual in 1300 Jahre alten Mauern. Zwei Musikanten mit einer Art Oboe und einer röhrenförmigen Trommel stimmen eine Musik an, die archaisch klingt und gleichzeitig an Free Jazz erinnert. Eindringlich, aber gleichzeitig unaufdringlich.

Im Taxi fahre ich zurück ins Hotel. Am zweiten Abend in Tirunelveli gewinne ich das Haus lieb. Ich halte ein Schwätzchen mit der jungen Dame an der Rezeption, die mir mit Blick auf den leichten Niesel über der Ausfallstraße hinter den Glasscheiben des Foyers versichert, dass es um diese Jahreszeit in Tirunelveli gar nicht regnen kann. Nie. Ich beschließe, dass meine Angst vor Gewitter und Dauerregen unbegründet ist, und diniere als einziger Gast im unterirdischen Speisezimmer an einem wackeligen Plastiktisch. In meinem Zimmer trinke ich zwei lauwarme Bier, betrachte meine Wunden und stelle fest, dass sie innerhalb von vierundzwanzig Stunden fast völlig verschwunden sind, als der Boy an der Holztür klingelt, einen kokelnden Moskitokringel in der Hand. Er platziert ihn unter dem maroden Fenster. Jetzt erst merke ich, was in dem

Zimmer so riecht: Die rauchende Insektenabwehr ist auch für die menschliche Sinneswahrnehmung unangenehm. Was ich zwei Tage lang als lästigen Geruch verzeichnet habe, war eigentlich der etwas penetrante Duft zwischenmenschlicher Fürsorge. Am liebsten würde ich noch eine ganze Woche in Tirunelveli bleiben.

Straßenhunde

Das Land nördlich der Stadt ist karg und arm. Aus offenen, sonnenverbrannten Flächen ragen Tamarinden und Phönixpalmen. Am Straßenrand sitzen Familien in Behausungen aus Plastiktüten und Gestrüpp. Auf jämmerlichen Märkten halten bettelnde Kinder die Hand auf.

Am Vormittag des dritten Wandertages erreiche ich einen Ort namens Devarkulam. Er sieht aus wie komplett von einer zentimeterdicken Rußschicht bedeckt. Alles ist schwarz oder wenigstens grau. Niedrige Holzhäuser und Schuppen sind mit schwarzer Folie abgedichtet, schwarze Schweine wühlen in der vertrockneten Gosse, in der Plastiktüten über schwarzes, halb zersetztes Laub flattern.

»Aus diesem Dreckloch will jeder raus«, flucht der bucklige Brillenträger, der sich zu mir an den Tisch des einzigen Straßenrestaurants setzt. Meine Mineralwasserflasche klebt auf dem verschmierten Holztisch fest. »Hier wohnen Kastenlose. Wir arbeiten bei den Landbesitzern. Aber wenn die Reissaison vorbei ist, wenn die Zementfabriken keine Aufträge mehr haben, sind wir arbeitslos.« Er habe einen Bruder sagt der Mann und wirft mir einen komplizenhaften Blick zu, der arbeite in Singapur. »Früher hat er in Dubai Autos repariert, aber dann gab es da auch keine Arbeit mehr. Hast du einen Job für mich? In Deutschland, meine ich?«

Ich weiche seinem Blick aus und schaue zu dem aus Blechkanistern gedengelten Kochtresen, wo ein schmächtiger Jüngling mit einem Handtuch als Turban in einem dampfenden Zwanzig-Liter-Topf rührt. Ich bestelle, zweifelnd, ob es meiner Gesundheit zuträglich ist, eine Mahlzeit aus Curry und Fladenbrot. Mein Gegenüber plappert weiter.

»Ich bin Witwer, meine Frau und mein einziges Kind sind vor vier Jahren von einem Bus auf dem Highway überfahren worden«, sagt er und schiebt seine überdimensionale Brille die behaarte Nase hoch. »Ich hatte einen festen Job als Ingenieur in einer Plastikfabrik in Madurai. Aber nach ihrem Tod habe ich angefangen zu trinken. Dann habe ich mich taufen lassen. Bist du auch Christ?« Während er spricht, versammelt sich eine kleine Anzahl Männer in dem Straßenrestaurant. Die Besucher gucken nicht direkt zu mir herüber, wenn sie wie zufällig durch die niedrige Tür unter dem dunkelgrauen Wellblechdach hereinschlendern und sich an die umstehenden Tische setzen, ohne irgendetwas zu bestellen. Sie hocken schweigend auf den Bänken und werfen mir nur gelegentlich scheue Blicke aus den Augenwinkeln zu.

Bei allem Verständnis für die Sorgen des Mannes beschließe ich, meinem Gefühl zu folgen und möglichst schnell hier wegzukommen. Ich schlinge das Essen herunter und stehe auf.

»Nimm mich mit nach Deutschland«, sagt der Mann. »Du hast viel Geld, du hast einen dicken Rucksack, gute Schuhe, die Kamera da.« Er zeigt auf die Tasche an meinem Hüftgurt und hält meinen Arm fest.

»Und was willst du dort machen?«

»Vielleicht laufe ich einfach nur durch. So wie du durch Indien.«

»Das wäre nicht ganz ungefährlich«, rutscht mir heraus. »Nicht alle Deutschen sind so freundlich zu Ausländern wie die Menschen hier.« Ich schäme mich für diese drastische Aussage. Dafür, dass ich ihn einfach nur loswerden will. Aber ich ertrage den Dreck und das Elend nicht länger.

Hinter Devarkulam wird die Steppe immer häufiger von Kanälen durchbrochen, von satten, grünen Reisfeldern, an die einzelne wohlhabende Siedlungen gepflanzt wurden. Hier sprudeln stählerne Handbrunnen vor schmucken Villen. Ununterbrochen, als hätten die Bewohner es nicht nötig, sie abzudrehen. Jetzt wechseln sich satte Felder und verbranntes Land ab. Feldarbeiter schenken mir frisch geerntete Karotten. Ich trinke Tee mit Kleinbauern, die ihre Linsenernte auf der Straße ausgebreitet haben und sie von den vorbeirasenden Lkw dreschen lassen.

In der Stadt Sankarankovil schlafe ich in einer Herberge, die wie eine Haftanstalt wirkt. In den langen Gängen des Hotel Bombay ist Wäsche zum Trocknen aufgehängt. Auf dem Steinboden kloppen Hausangestellte Karten. Die Wände meines Zimmers sind von einer stumpfen, leicht feuchten Beschaffenheit und zum Gang hin mit zerschlagenen Holzfenstern besetzt. Der Boy bringt das Abendessen in vier warmen, durchsichtigen Plastiktüten. Darin schwimmen Linsensuppe, Hähnchen- und Fischcurry. Er legt die Tüten auf das dreckige Betttuch, lächelt versonnen und sagt inbrünstig »*I love you*«. Ein wenig verlegen hält er mir einen Stift und einen Zettel hin. Nicht, um die Rechnung zu unterschreiben; er will ein Autogramm von mir haben. Ich signiere mit Hape Kerkeling und lausche die halbe Nacht seinen Karten spielenden Kollegen in den hallenden Korridoren.

Nördlich von Sankarankovil rücken die Berge näher, die östlichen Ausläufer der Western Ghats. Steil und unvermittelt ragen sie aus der Ebene. Ich marschiere in Tamils Baumwollgürtel hinein. Säumten tief im Süden Windmühlen meinen

Weg, so sind es jetzt Spinnereien. Die Fabriken sind umgeben von kilometerlangen, meterhohen Mauern, bewehrt mit Stacheldraht und Vogelscheuchen aus Stroh, die als Köpfe knallbunte Masken der die Zunge herausstreckenden Göttin Kali tragen. Hinter gusseisernen Toren, in deren Gitter goldene Elefanten und Pfaue gearbeitet sind, stapeln sich weiße Ballen in den verhangenen Himmel. In Wachhäuschen schnarchen schnauzbärtige Uniformträger.

Ich werde von einem knallroten Schriftzug begleitet: »Ramraj Cotton« ist mit der Hand auf die Wände der Bauernkaten und Lehmhütten lackiert, der Schriftzug prangt von den Rolltoren der Geschäfte und den Mauern der Fabriken. Daneben ist zumeist ein blauer Herrenslip gemalt, flankiert von ein paar Boxershorts in Dunkelbraun und einem ordinären weißen Feinripp-Unterhemd: *ram* heißt »Gott«, *raj* heißt »König«. Klare Herrschaftsverhältnisse.

Das Wandern in der Ebene von Madurai ist anstrengend, ein wohlkalkulierter Kraftakt, ein ernsthaftes sportliches Unterfangen. Jeden Morgen um vier Uhr vibriert mein Handy. Ich stopfe mir ein halbes Dutzend am Vorabend erstandene Bananen, Kekse oder andere Süßigkeiten in den Mund, trinke einen Liter Wasser und stürze in die Dunkelheit, um möglichst weit zu kommen, bevor die Sonne um sieben Uhr schlagartig aufgeht. Das Land ist widerborstig, aber mein Körper gewöhnt sich an Hitze und Feuchtigkeit. Die Wunden zwischen meinen Beinen sind rasch verschwunden, die Hitzepickel vertrocknet. Und ich kann wieder richtig sehen. Ich setze meine Brille ab und staune in die tropische Savanne. Ich bin nicht mehr blind. Meine PC-verdorbenen Augen, die zuletzt kaum den Urlaubskalender an der Wand entziffern konnten, spähen nun brillenlos über die meist baumlosen Ebenen, folgen dem Flug einer Steppenweihe, entdecken einen Hasen im Gebüsch. Von

Tag zu Tag kann ich meine Waden wachsen sehen. Meine Unterarme sind sonnenverbrannt, mein Haar wird langsam blond, jedenfalls da, wo es nicht schon weiß ist.

Aber die Hunde machen mir zu schaffen. Die schlanken, hüfthohen Straßenköter schleichen mit der Nase auf dem Boden hinter mir her, sobald sie mich auf der Straße kommen hören, sie knurren und bellen, wenn ich mich umdrehe. Ich bücke mich und tue so, als wenn ich Steine nach ihnen werfe. Aber das hält sie nur auf Distanz. Ein Rudel jagt mich über eine verlassene Landstraße, wo ein Kuhhirte es mir mit barschen Rufen vom Leib hält. Ein anderes scheucht mich wie ein Huhn durch ein Dorf, bevor ein schmerbäuchiger Alter sich von seiner Steinbank unter einem Dornbusch rollt und die Viecher mit einer nachlässigen Drohgebärde in die Steppe verscheucht. Seit ich als Sechsjähriger bei einem Sommerurlaub in Dänemark von einer jungen Stute eine halbe Stunde lang über eine Koppel gejagt wurde, leide ich unter einer Zoophobie, die alle paar Jahre wieder ausbricht. Ich beschließe, dass ich eine Waffe gegen Südindiens animalische Rohheit brauche. Zumal ich versäumt habe, mich gegen Tollwut zu impfen.

Irgendwo auf der Landstraße bitte ich einen Arbeiter, der vor einer Zementfabrik Tamarindenbüsche rodet, mir einen Stock zu schneiden. Er entfernt die Dornen eines kräftigen Astes mit seinem krummen Dolch. Erst will er achtzig Rupien dafür haben, dann dreißig. Ich lache aus vollem Herzen und gebe ihm den Stock zurück. Er drückt ihn mir wieder in die Hand. Ich halte ihm zwanzig Rupien hin. Da grinst der Arbeiter durch seinen schlohweißen Vollbart und winkt ab.

Mit dem Stock in der Hand durchquere ich die Dörfer und wenigen Städte. Die Hunde halten jetzt deutlich mehr Distanz, aber in den Zügen der Passanten lese ich Verwunderung und vielleicht eine Spur von Angst. An einem Nachmittag entdecke ich kurz vor Madurai in einem kleinen Ort einen »Wine Shop«. Er ist eingeklemmt zwischen einem Sägewerk und einem Recyclinghof, vor dem sich haushoch Schuhe, Plastiktüten, Kleider und Gummireifen stapeln. Ein massiger Mann bietet mir ein kühles Bier an. Vor dem Holztresen lungert die übliche Traube zittriger Gestalten in der senkrechten Mittagssonne herum, gierige Blicke auf vergitterte Regale voller Schnapsflaschen gerichtet. Keiner hat ein Getränk in der Hand, alle warten darauf, dass irgendetwas abfällt. Ich zögere, bevor ich eine kleine Flasche Rum ordere. »Den besten, bitte.« Ich setze den Rucksack ab, fülle den Schnaps, Marke McDowell's, vor sechs blutunterlaufenen Augenpaaren in meinen metallenen Flachmann und bezahle.

Doch als ich die ersten paar Hundert Meter auf dem Asphalt der Landstraße zurückgelegt habe, fällt mir auf, dass etwas fehlt: Meine kleine Digitalkamera ist weg. Sie sitzt nicht mehr auf meinem Hüftgurt. Ich nehme den Rucksack ab. Ich kontrolliere die Seitentaschen, die Deckeltasche, das Hauptfach. Ich renne zurück zum Schnapsladen. Jemand muss die Kameratasche vom offenen Hüftgurt gezogen haben. Der korpulente Pullunderträger sitzt hinter dem Tresen, seelenruhig zählt er aufgerollte Geldscheine. Keiner der Männer, die eben vor dem Laden herumlungerten, ist noch da.

»Nein Sir, ich habe nichts gesehen. Keine Kamera. Und niemanden, der etwas gestohlen hat. Keine Ahnung wo meine Kunden hin sind.«

Ich blicke ihm tief in die Augen. Ich mustere ihn ungeniert von oben bis unten. »Ich hole die Polizei«, sage ich. »Ich erstatte Anzeige. Ich komme wieder. Wir finden den Dieb.« Aber nichts davon mache ich wahr.

Nach knapp einer Woche erreiche ich Madurai, eine kompakte Eine-Millionen-Stadt mit gepflegten Vororten und einer hektischen City. Der Mann an der Rezeption des Hotels wirft einen skeptischen Blick auf meine verdreckte Hose und das durchgeschwitzte Hemd, bevor ich die Kreditkarte zücke. Das Zimmer hat ein getöntes Panoramafenster und automatisch verschließbare Vorhänge. Ich mache einen Tag Pause, friere unter der schwer zu regulierenden Klimaanlage und irre nach einem ausgiebigen Mittagsschlaf durch die Innenstadt, die in konzentrischen Kreisen rund um den Meenakshi Sundareswara-Tempel angelegt ist, um eine neue Kamera zu kaufen. In zahllosen Fotostudios offerieren mir warmherzige, rundliche Damen analoge Sofortbildmodelle, bevor ich in einem Souterrainladen das Gerät eines japanischen Herstellers erstehe.

Am Abend beobachte ich im Hotel unter den Lichterketten des Dachgartenrestaurants die Touristen an den Nachbartischen, die unbekümmert literweise Bier zu Spaghetti Bolognese und Pizza zechen. Die Szene wirkt wie ein Gruß aus einer fernen Welt.

Baumwoll-Blues

Nördlich von Madurai fädele ich mich wieder auf dem National Highway 7 ein, jener groben Schneise, die das ländliche Tamil Nadu in der Mitte zerschneidet. Die fast den ganzen Subkontinent überspannt, bis hinauf nach Bangalore, Hyderabad und Nagpur, in die Großstädte, die noch vor mir liegen. Die alte Landstraße wird sechsspurig ausgebaut, sie ist Teil des National Highways Development Projects, das die bei internationalen Investoren berüchtigte, marode Verkehrsinfrastruktur Indiens in eine dynamische Zukunft katapultieren soll.

So wie meine Route durch Indien weitgehend der meiner europäischen Vorgänger zweihundert Jahre zuvor entspricht, wird sie auch parallel und nicht selten auf dem National Highway 7 selbst verlaufen. Legt man eine Karte des Highways Development Projects mit seinen Ausläufern an das Arabische Meer im Westen und den Golf von Bengalen im Osten neben die Vermessungskarten des Great Trigonometrical Survey, so ist die Übereinstimmung frappierend: Wie das Rückgrat eines achtbeinigen Tieres, von dem sich auf der Höhe von Chennai, Mumbai, Bhopal und Delhi je zwei Gliedmaßen nach links und rechts ausbreiten, liegen beide Streckennetze auf dem indischen Subkontinent. Die Erschließung des indischen Herzlandes wird heute größtenteils auf jenen Routen vorangetrieben, die einst die britischen Eroberer vermaßen, um Baumwolle, Gewürze, Salpeter und Tee des unterworfenen Territoriums auszubeuten.

Und sie hat vergleichbare finanzielle Dimensionen. Einundsiebzig Milliarden US-Dollar sind für das Highways Development Project veranschlagt. Der Great Trigonemtrical Survey verschlang allein zwischen 1800 und 1824 stolze 250 000 Britische Pfund, nach heutiger Rechnung das Hundertfache. Und kostete mehr Menschenleben als mancher Krieg.

Am Abend des ersten Tages jenseits von Madurai queren singende Pilger meinen Weg. Eine endlose Kette von Jungen und Alten, Männern und Frauen, Gebetsketten um den Hals und Trommeln in der Hand, barfuß auf der Reise Richtung Westen, zum Tempel von Palani. Am Rand der Kleinstadt Vadipatti trocknen sie ihre roten Kleider nach einem rituellen Bad im Fluss auf den Metallstreben einer im Bau befindlichen Autobahnüberführung. »Der neue Highway ist gut für alle«, befindet ein Jüngling, der sich die langen, nassen Haare kämmt und die Stöpsel seines Handys in die Ohren drückt. »Wenn ein Haus abgerissen wird, bekommt der Besitzer eine Entschädigung. Und kauft sich ein neues in der Stadt.«

Ansonsten sind die 140 Kilometer zwischen Madurai und der Stadt Karur am Kaveri-Fluss eintönig. Bagger und Bulldozer planieren die Straßenränder. Bautrupps in Warnwesten legen Brückenfundamente über halb trockene Flussläufe. Die Dörfer sind seziert. Zerschnittene Häuser ragen über die Piste und geben ihr Innenleben preis. In zweigeteilten Wohnungen stehen Betten, Schränke, Tische. Es gibt keine Marktplätze und nur noch wenige Garküchen an der Autobahn. Ein dichter Nebel verpasst der Landschaft eine gespenstische Stimmung. Etwa alle 35 Kilometer erhebt sich eine Kleinstadt aus der Ebene, in der ich eine mehr oder minder erträgliche Bleibe finde.

An einem frühen Samstagnachmittag stehe ich in einem Vorort von Karur an einem Tor. »Psycho Trust« ist auf ein Schild gepinselt, das darüber hängt. Aus dem Wachhäuschen im Eingang beobachtet mich ein einäugiger Halbwüchsiger. Ich lächele ihn an. Er huscht in das undurchdringliche grüne Dickicht, das das Grundstück ausfüllt, und erscheint kurz darauf, begleitet von einem kräftigen Mann mit Betonscheitel wieder am Eingang.

»Hi«, sagt er, als der Einäugige das quietschende Gatter öffnet. »Mein Name ist Christraj.« Wir sind verabredet. Bei Psycho Trust will ich etwas über die Schattenseiten des indischen Wirtschaftsbooms erfahren, über die Leidtragenden der Globalisierung. Und das sind vor allem die sogenannten Unberührbaren, die Dalits. Christraj führt mich auf einem Weg aus roten Steinplatten vorbei an Beeten mit Margeriten, Kokospalmen und Guavenbäumen in ein ausladendes einstöckiges Gebäude, vor dem eine Voliere mit Kanarienvögeln und Papageien steht. Ein kleiner Junge drückt mir zur Begrüßung eine Blume in die Hand. In einer Halle hocken zwei Dutzend Frauen mit Kindern auf dem Schoß und klirrenden Armreifen um die Handgelenke. Sie singen ein Lied und füttern ihre Kleinen mit Keksen. Ein Mädchen bearbeitet mit einem Plastikschlägel eine flache Trommel. »Diese Frauen treffen sich einmal in der Woche, um ihre Probleme zu besprechen«, sagt Christraj.

Er weist mir einen Sitzplatz zu, ein Kissen auf einer kleinen Treppe. Ich erzähle den Frauen, dass ich zu Fuß durch das Land wandere. Dass ich Indien so erleben will, wie es ist, ohne die finsteren Seiten auszulassen. Christraj übersetzt. Das Publikum applaudiert.

»Warum sind eure Männer nicht hier?«, frage ich. Die Damen brechen in lautes Gelächter aus. Eine stämmige Alte mit einem hervorstehenden Schneidezahn und grauem

Lockenkopf erhebt die Stimme. »Unsere Männer sind faul. Ich bin geschieden. Ich lebe mit meinen beiden Kindern in einem Dorf acht Kilometer von hier. Mein Mann wohnt an einem anderen Ort. Er kümmert sich um nichts. Er säuft, er hurt herum. Wir machen die Arbeit.«

»Die Ausbeutung hat in Karur eine lange Tradition«, sagt Christraj, als wir im Nebenraum unter einem gewaltigen Ventilator beim Mittagessen sitzen. Die Tür zum Büro steht auf; ich sehe einen Laptop, eine Uhr aus Keramik, die einen Korb darstellt, aus dem Mickey Maus und Bugs Bunny gucken, ein Poster von Terre des hommes. »Früher haben die Brahmanen die Dalits zu Sklavenarbeit gezwungen, als Latrinenputzer, als Feldarbeiter. Heute knechten die Hindus aus den unteren Kasten sie in ihren Kleinunternehmen.« Christrajs Frau reicht Gemüse und Schweinefleisch und Fladenbrot aus einem großen runden Thermosgefäß. »Die Kultur der Unterdrückung ist zu alt. Wer am Ende der Leiter lebt, ist es nicht gewohnt, sich zu wehren, wenn er vergewaltigt wird. Wir bauen die Dalits auf, seelisch und materiell.« Christraj schlingt das Essen hinunter, während er redet, dazu nimmt er Riesenschlucke Wasser aus einem blauen Plastikbecher, den er ständig wieder auffüllt. »Wir organisieren Selbsthilfegruppen, wir zeigen ihnen, wie man ein Geschäft aufzieht, damit sie wenigstens Klobürsten oder Schnürsenkel verkaufen können. Damit sie Kleinkredite bekommen. Aber das größte Problem ist immer noch die Kinderarbeit. Fünfundzwanzigtausend Kinderarbeiter gibt es hier. Sie arbeiten für die Edelsteinschleifereien. Aber auch für die ganz Großen in der internationalen Textilbranche.«

Er ruft in einen Raum neben der Küche, vor dem sich auf einem langen Holztisch ein halbes Dutzend leere Packungen von chinesischen Computern und Druckern stapeln. »Indraraj, zeig diesem Herren die Textilmanufakturen.« Indraraj ist ähnlich pummelig wie sein Vater. Auf seinem Kopf erhebt sich ein gewaltiger, schwarzer Haarwust, den er mit reichlich Pomade bis in den Nacken hinabgestriegelt hat. In seinem gebügelten rotkarierten Hemd und der engen Jeans würde er in Deutschland gut einen Unternehmensberater abgeben.

Wir springen in einen knatternden Kleinbus. »Es wird schwer sein, die Kinderarbeiter zu Gesicht zu bekommen«, sagt Indraraj. »Viele nähen in Privathaushalten oder Kleinstbetrieben. Wenn wir kommen, fallen die Türen zu.« Wir überqueren eine Brücke über den Amaravathi, einen Zufluss des Kaveri, von dem nur einen Monat nach dem Monsun nicht mehr zu sehen ist als ein schmaler, trüber Wasserlauf inmitten eines Hunderte Meter breiten Flussbetts. Ein knochiger Mann mit nacktem Oberkörper hockt auf einem grauen Felsblock und wirft ein Fischernetz in den Strom. Ein paar Jugendliche angeln ohne Ruten. Rosa schimmernd schlängelt sich ein Seitenarm durch bunte Abfallhalden. Einer kleinen schwarze Ziege hängt eine Plastiktüte um den Hals. Einzelne Kokospalmen leuchten am anderen Ufer zwischen niedrigen Gebäuden.

Es ist dieses Flusssystem, an dem die Geodäten des Great Trigonometrical Survey auf die ersten gravierenden Schwierigkeiten stoßen. Im Jahr 1807 unterbricht Lambton seine Arbeit und reist wieder nach Chennai, um von dort aus nach Süden vorzustoßen. Auf Drängen der Regierung soll er jetzt zunächst einen Vermessungsstrang entlang der Ostküste vorantreiben, der parallel zum 78. Längengrad verläuft. Lambton bekommt den Auftrag, exakt die Länge eines einzelnen Grades zu bestimmen, um so eine breite Grundlage für die Triangulierung der gesamten Halbinsel zu schaffen.

Aber das Land am Kaveri ist schwer zu vermessen. Es ist zu flach. Und vor allem: zu grün. Die Region ist von dichten Kokoswäldern bestanden. Im Inneren der Halbinsel konnten die Wissenschaftler, wenn auch oft gegen den Widerstand der Bevölkerung, ihre Beobachtungsstationen auf den Hügeln errichten, die sich in unregelmäßigen Abständen aus der Ebene erhoben. Aber die einzigen Punkte, die aus den Kronen der Palmenwälder am Kaveri ragen, sind die riesigen, Jahrhunderte alten Hindutempel.

Lambton verhandelt mit der Regierung, er palavert mit den Priestern. Bündel von Geldnoten wandern durch viele Hände, bevor seine Männer das erste Heiligtum erklettern, um dort ihre Messstation zu errichten. Von nun an peilen sie von Tempeldach zu Tempeldach über die grüne Wand der Palmen hinweg.

Doch es dauert nicht lange, bis das erste Missgeschick geschieht. An einem Morgen im Jahr 1808 baumelt der große Theodolit an einem Flaschenzug über dem sechzig Meter hohen Tempel von Thanjavur, als das Halteseil reißt. Das eine Tonne schwere Gerät prallt auf die Dachschräge und stürzt zu Boden. Statuen und Schutt rutschten hinterher. Das penibel geeichte Instrument ist gestaucht, umgerechnet Tausende britischer Pfund sind in Sekunden vernichtet. Und das Heiligtum ist beschädigt. Die Hindupriester sind in Aufruhr.

William Lambton hätte seine Mitarbeiter zur Rechenschaft ziehen können. Er hätte den Verantwortlichen suchen und die Kosten von London begleichen lassen können. Aber er handelt mit Bedacht und übernimmt die volle Verantwortung. Lambton versucht, den Theodoliten eigenhändig zu reparieren. Wochenlang doktert er in einem Zelt mit Keilen, Schrauben und Flaschenzügen an dem demolierten Messgerät herum, bis es wieder funktioniert. Der Leiter des Great Trigonometrical Survey beweist, was heute noch gilt: dass der Erfolg einer Expedition immer auch von der Improvisationsfähigkeit seiner Teilnehmer abhängt. Und von einem guten Führungsstil.

Unser Wagen hoppelt auf der Südseite des Flusses auf einer Sandpiste durch eine offene, hügelige Fläche. Dann führt der Weg in die zentralen Stadtviertel Karurs hinein. »Die ausländischen Unternehmen gehen kein Risiko ein«, sagt Indraraj, während er durch eine enge Gasse, vorbei an den geschlossenen Läden der Laxmi Vilas Bank und einem rosa getünchten, fünfgeschossigen Tempelkomplex steuert. »Sie haben ein System von Subunternehmen. Die sollen bestimmte Anforderungen erfüllen, keine Kinder beschäftigen, den Minimallohn zahlen und so weiter. Aber wer will das kontrollieren?«

Wir erreichen ein Industriegebiet. Bettgestelle stapeln sich in Tischlerschuppen, entkernte Dreiradtaxis rosten vor Autowerkstätten. In garagenartigen Läden hocken Heerscharen von Arbeitern an gusseisernen Nähmaschinen. Wir steigen aus. Indraraj klemmt sich den Daumen in der zugeschlagenen Fahrertür. Er gießt Wasser auf ein altes Hemd und umwickelt ihn damit. Während sich langsam ein roter Fleck auf dem Tuch ausbreitet, laufen wir von Geschäft zu Geschäft. Indraraj fragt nach dem Alter der Arbeiter, nach dem Auftraggeber. Wir arbeiten uns durch Gasse um Gasse.

Vor einem türkisen, zweistöckigen Gebäude mit Wellblechdach bleibt er schließlich stehen. »Kennst du diese Schilder?«, fragt er. Unter den Blicken eines kahl geschorenen Mittvierzigers im Unterhemd werfen zwei kräftige Frauen Stoffbündel auf die Ladefläche eines dreirädrigen Viertakttransporters. Das bunte Logo eines bekannten europäischen Einrichtungshauses leuchtet auf den Etiketten. Indraraj fragt nicht lange. Er öffnet die Tür. Der ganze Innenhof ist hüfthoch mit rot-weiß-lila gestreiften Schürzen gefüllt. Der Mann im Unterhemd führt uns eine Treppe hinauf. Unter dem Blechdach sitzt ein knappes Dutzend Frauen und Männer in einem stickigen Raum. Durch zwei winzige Auslassungen in der Backsteinwand dringt feuchte Luft. Die Arbeiter treten in die Pedale, konzentriert manövrieren sie die bunten Stoffabschnitte zwischen den Füßchen und Stichplatten der Nähmaschinen hindurch. Nur das Summen der Gummiriemen und das rhythmische Rattern der Nadeln ist zu hören.

»Ich habe einen Vertrag mit den Europäern«, sagt der Unterhemdträger und kreuzt die Arme vor dem Schmerbauch. »Acht bis zwölf Leute nähen meistens für mich. Je nach Auftragslage.« In einer Ecke beugt sich ein Mädchen mit rundem Gesicht und strengem Dutt über den Nähtisch. Sie sieht aus wie ein Kind. »Das ist Anandi«, sagt der Betriebsleiter. »Sie ist erst neunzehn. Aber sehr fleißig.«

»Ich arbeite mit meiner Mutter hier«, sagt Anandi und blickt kurz zu einer Dame in rosa Synthetiksari am Nachbarnähtisch. Ich frage sie, ob sie weiß, für wen die Schürzen sind. »Die werden nach Amerika gebracht, oder?« Sie greift nach der Stoffbahn und schiebt sie unter der ratternden Nadel entlang. »Ist mir auch egal. Hauptsache, ich verdiene genug.«

»Und was ist, wenn du krank wirst?« Das Mädchen fegt sorgsam die bunten Stoffreste von ihrem Schoß. »Dann arbeite ich trotzdem.«

Anandis Mutter lädt uns zum Abendessen ein. Ihre Familie wohnt 15 Kilometer entfernt am Südrand Karurs. »Ich schätze, dass sie höchstens siebzehn ist«, sagt Indraraj, während er einhändig den Bus steuert, den linken Daumen immer noch in das Hemd gewickelt. »Zumindest hat sie nicht gestern erst angefangen zu nähen. Dazu bekommt sie zu viel Geld.«

Mir wird auf der Schlaglochpiste übel. Vielleicht liegt es am Essen vom Vorabend, kalter Fisch, der offenbar schon länger in einer großen Plastikschüssel auf dem Tresen eines Straßenrestaurants gelegen hatte. Mein normalerweise schwer zu beeindruckender Magen rumort unüberhörbar. In Indien ist es nicht zu vermeiden, sich mit irgendwelchen Darmbakterien zu infizieren. Zumindest nicht, wenn man reist wie ich. Zwar entkeime ich mein Trinkwasser meist, wenn ich es aus Brunnen schöpfe, oder kaufe abgefülltes Mineralwasser. Aber wenn es um die Hygiene in Straßenrestaurants und Kaffeebuden geht, kann ich nur dem Augenschein vertrauen.

Die Wohnung von Anandis Familie liegt hinter der dreistöckigen Fassade der Bank of India, sie ist eine von zehn Einheiten eines niedrigen Lehmreihenhauses. An der offenen Kanalisation hocken junge Frauen und waschen Hemden. Ein kleiner Junge trägt eine Affenmaske aus Pappe im Gesicht und schiebt einen weißen Schuhkarton mit der Aufschrift »Capitol« über den Lehmboden. Als ich in den Hinterhof trete, stürzt plötzlich eine alte, kurzhaarige Hündin mit einer offenen Wunde auf dem Rücken aus einem Hauseingang und schnappt nach meinem Hosenbein. Ich fluche laut. Ein Mädchen trennt uns mit dem gezielten Wurf eines Waschprügels.

Vier mal vier Meter misst die Behausung der Familie. In der Küchennische finden ein Stapel Aluminiumtöpfe, Teller und Plastikkrüge Platz. In dem einzigen Wohnraum sind zwei Bambusmatten vor einem Altar für den Guru Sai Baba und einem deckenhohen, in die Wand eingelassenen Regal ausgebreitet. Ansonsten ist der Raum leer.

Anandis Großvater schüttelt mir minutenlang die Hand und verbeugt sich bis hinab auf den säuberlich gefegten Steinboden. Sein Blick ist starr nach unten gerichtet, seine Gesichtszüge sind hart. Er kann mich nicht sehen. Die Großmutter ist eine zierliche Frau. Sie trägt eine feine Goldkette über dem olivgrünen Sari und schweigt beharrlich. An der nackten Lehmwand hängt ein verblichenes Schwarz-Weiß-Foto ihres Sohnes, um den Hals eine Blumenkette, daneben ein Kalender vom vorvergangenen Jahr mit dem Bild einer Steilküste, an der sich Serpentinen entlangschlängeln, versehen mit der Aufschrift *Not just Roads. Building a Nation.*

»Mein Vater ist weggelaufen, als ich sechs war«, sagt Anandi. »Ich habe ihn nie wiedergesehen.« Sie stellt Reis, Blumenkohl und frittierte Teigwaren auf einen niedrigen Tisch aus Furnierimitat. Durch das glaslose Gitterfenster weht Uringeruch. »Als Großvater blind wurde, war ich dreizehn. Da habe ich angefangen zu arbeiten.«

Ich fülle meinen kranken Magen aus reiner Höflichkeit. Bei dem Versuch, Wasser aus einem Krug zu trinken, ohne das Gefäß mit den Lippen zu berühren, bekleckere ich mein Hemd. Die Szene ist absurd und unangenehm. Es fällt mir schwer, von denen zu nehmen, deren schlecht bezahlte Arbeit in Deutschland mein Heim ausstattet.

»Mehl und Gemüse werden jeden Tag teurer«, klagt Anandis Mutter schlürfend zwischen einer Handvoll Kohl mit Reis. »Wir sind so glücklich, dass wir meine Tochter haben.«

Die Frauen verschwinden mit dem Geschirr in die Kochnische. Als sie wiederkommen, frage ich Anandi, was sie machen möchte, wenn sie älter wird, ob sie eine Familie haben will, Kinder. »Wie denn«, antwortet das Mädchen. Sie lacht rau und derb. »Wer nimmt schon eine Kastenlose, deren Familie keine Mitgift zahlt?«

In diesem Moment dreht sich mir der Magen um. Ich stürze vor die Tür und spucke in den Abwassergraben. Der Geruch von Fäkalien vermischt sich mit dem meines Mageninhalts.

Ich sinke auf die Knie. Als mein Bauch nach zehn Minuten endlich leer ist, steht die alte Hündin mit dem verwundeten Rücken neben mir und schnuppert an dem Erbrochenen. Ich lasse es geschehen. Ohne nachzudenken streichele ich ihr den faltigen Nacken. Meine Angst vor Hunden ist kuriert.

Verloren

Kurz vor der Stadt Salem tauchen die Berge auf. Dunkel, steil und undurchdringbar erheben sie sich über den National Highway. Am Abend schicken sie einen frischen Wind hinab in den Stadtteil South Junction, eine Ansammlung von neonbeleuchteten Kiosken, wohlsortierten Obstgeschäften und Truck-Stops, wo ich ein typisches Businesshotel bezogen habe: nichtssagende, leere Räume mit sauberen weißen Laken unter hohen Decken und einer viel zu kalt eingestellten Klimaanlage.

Zweieinhalb Wochen bin ich nun unterwegs, es ist Mitte Januar. Aber das Klima in der Ebene von Madurai hat sich nicht geändert: Es ist konstant heiß und schwül. Die Temperaturen sinken früh morgens kaum unter zwanzig Grad, am Nachmittag klettern sie auf über dreißig Grad.

Am nächsten Morgen will ich ins Gebirge wandern, um Kolar zu erreichen, eine Stadt, die bekannt ist für ihre verlassenen Goldminen, einstmals die zweittiefsten der Welt. Fünf Tage plane ich für den Trip ein. Frische Luft, ruhige Landstraßen und beschauliche Dörfer könnten mir gut tun.

»Warum läufst du nicht geradeaus weiter, über Bangalore?«, fragt ein Obsthändler mit weißer Kappe auf dem Hinterkopf, bei dem ich am Abend eine Tüte Äpfel für den nächsten Morgen erstehe. Er spricht Urdu, die wichtigste Sprache der indischen Muslime. Sie ist eng verwandt mit Hindi, jenem nordindischen Idiom, das ich leidlich beherrsche. Ich bin froh, meine Fähigkeiten zu üben. Dazu hatte ich in den vergangenen Wochen wenig Gelegenheit.

»In den Bergen gibt es höchstens alle 20 Kilometer ein kleines Dorf«, sagt der Obsthändler. »Wo willst du schlafen?«

»Ich dachte draußen.«

»Das würde ich nicht tun«, sagt er. »Da ist nur Dschungel. Überall gibt's Schlangen. Und die Dörfer sind voll mit Verrückten.«

Ich entscheide mich dennoch für die Berge. Und beschließe, von nun an öfter nach Männern mit Vollbärten und Gebetskappen Ausschau zu halten, wenn ich Informationen brauche.

Wie gewohnt schultere ich morgens um halb fünf meinen Zehn-Kilo-Rucksack und richte, eine kleine LED-Lampe in der Linken, und immer brav auf der rechten Straßenseite gehend, wie der Polizist Balakrishnan mir in Tirunelveli geraten hat, meine Schritte nach Nordosten.

Kurz nach Sonnenaufgang erreiche ich den Abzweig von der Hauptstraße in Richtung Norden. Rund um den Ort Ayodhyapattinam liegt ein kleines Zentrum der Geflügelindustrie. Der indische Vegetarismus ist zu erheblichen Teilen eine Legende. Es gibt in diesem Land viel mehr Kasten, Ethnien und Religionsgemeinschaften, die Hammel schlachten und Hühner kochen, als die im Westen verbreiteten Indienklischees uns vermitteln wollen. Und wie überall auf der Welt ist Fleisch heute auch in Indien ein Produkt mechanisierter Massentierhaltung.

So erstrecken sich auf nur einem Kilometer meines Weges drei streng riechende Hühnerfarmen in das diesige Buschland hinein. In fußballfeldgroßen Backsteingebäuden gackert weißes Federvieh um knallrote Plastikfutterbehälter. Und an der Hauptstraße von Ayodhyapattinam wird allenthalben das frische Produkt der Mastfarmen angeboten: Hühnerhälften sind auf Holzklötzen ausgestreckt wie gekreuzigte Jesuse, sie baumeln an Eisenhaken über Marktständen. Hühnerbeine türmen sich, zu armdicken Bündeln gewickelt, auf Verkaufstresen, drapiert rund um einzelne, von Fliegenschwärmen umkreiste Hammelköpfe. Ein grauhaariger Alter sitzt in einem zwei Kubikmeter großen, halb vergitterten Holzschuppen, durch den ein Dutzend Hennen flattert, reibt sich die Augen und schlürft einen Kaffee. »Suguna Poultry – Younger, Tender, Better« steht in leuchtendem gelb-rotem Schriftzug auf Schildern über den Geschäften, daneben die Namen der Besitzer. Haufen von Federn färben die Gossen und den Straßenrand weiß, eine Spur der industrialisierten Landwirtschaft. Sie begleitet mich bis hinauf in die Berge.

Der Weg steigt langsam an. Zu dem Gemisch aus Reisfeldern und struppigen Dornbuschsteppen gesellt sich jetzt ein neues landschaftliches Element: kleine Hügelketten fliehen dem Horizont entgegen. Und überall liegen große, nackte Steine herum, bequeme Sitzplätze zum Ausruhen. Ich hocke auf einem Findling an der abschüssigen, breiten Allee, esse Barfi, rautenförmiges Konfekt, und blicke in die dunstverhangene tamilische Tiefebene zurück. Die Bauern treiben Ochsenkarren bergan; schlaksige, schnauzbärtige Burschen in T-Shirts und weißen Turnschuhen, alte Männer mit hochgekrempelten, zerschlissenen, aber sauberen Hemden über karierten, halb langen Röcken. Ich werfe ihnen einen Gruß zu. Sie lächeln cool zurück.

Die Straße folgt einem Flusslauf in einen schmalen Canyon, aus dem ein Wald von gigantischen Bambussträuchern sprießt. Die Büsche rascheln im Wind, manchmal knacken sie plötzlich markerschütternd. In den Serpentinen hocken Clans keifender Rhesusaffen auf den Begrenzungssteinen, ich passiere sie wie ein Spießrutenläufer, der einzige Fußgänger zwischen gelegentlich durch die Kurven rasenden Kleinbussen, aus denen kreischende Stadtkinder auf dem Weg in die nahe Hillstation Yercaud komplette Kekspackungen werfen; die Affen reißen sie geübt mit einem Biss auf. Auf der Passhöhe steht ein kleiner Tempel, daneben ein strohgedeckter Lehmbau. »*Cold drinks!*«, ruft ein Mann aus dem Laden, der von einem Teppich aus Chipstüten umgeben ist.

Jenseits der Schlucht öffnet sich eine komplett andere Landschaft: Sanfte Weideflächen bilden einen Flickenteppich grüner Plateaus, der sich im kräftigen tropischen Licht bis in eine ferne, von spitzen Gipfeln besetzte Bergkette erstreckt. Das erste Mal auf meiner Reise marschieren meine wunden Füße über weiche Rasenabschnitte neben dem Asphalt. Kuhglocken läuten über grüne Wiesen. Ein bärtiger Hirte liegt mit überschlagenen Beinen im kniehohen Gras vor einer arabisch aussehenden, strahlend weiß gestrichenen Villa, in der kein Mensch zu sehen ist. Kinderscharen in blauen Schuluniformen strömen Hand in Hand einen Hügel hinab. Klare Bäche sprudeln durch Dörfer, in denen Töpfer glänzend nasse Krüge vor kleinen, bunten Häusern stapeln. Über die öffentlichen Münztelefone sind schützende Regenschirme montiert. Und auf jedem Dorfplatz steht eine Statue von Mahatma Gandhi auf dem legendären Salzmarsch, mit dem er die Unabhängigkeit seines Landes von den Briten erzwang: ein gebückter, abgemagerter ostwestlicher Intellektueller mit übergroßer Nickelbrille und Wanderstab; den Nadelzwirn hat er gegen ein handgesponnenes Gewand getauscht.

Wandern hat in diesem Land Tradition. Und diese Gegend ist dafür wie gemacht, denke ich, als ich auf einer schnurgeraden Landstraße in die Servayan-Berge hineinmarschiere. Meine Gedanken verschmelzen im Takt der Schritte mit der Straße, mit den Geräuschen und dem Horizont. Dann reißen sie komplett ab. Ich nehme nur noch die Gegenwart wahr. Laufen ist Meditation, vielleicht ist es deswegen eine indische Tugend.

Ich bin so blind vor Begeisterung, dass ich mich prompt verkalkuliere. In dem Ort Pallapati finde ich keine Bleibe für die Nacht. Es gibt kein Hotel, nur eine Durchgangsstraße, an der sich Menschentrauben vor Lebensmittelgeschäften und Kaffeeständen versammeln. Und Straßensperren, vor denen ernst blickende Soldaten mit überschlagenen Beinen an weiß bemalten Alleebäumen lehnen. »Versuchen Sie es in Krishnagiri, mit dem Auto sind sie in zwei Stunden da«, sagt ein Herr mit Hartschalenhandkoffer und Schlips, der am Straßenrand wartet.

Ich trinke zwei Kaffee in einer neonbeleuchteten Bude und denke über die Warnung des Obstverkäufers in Salem nach, bevor ich in der Dämmerung auf einen haltenden Bus springe. Er ist rappelvoll. Wie ein Affe hänge ich, wegen der niedrigen Decke kurz über dem Bauchnabel abgeknickt, an einem abgewetzten Metallgeländer. Im Fernseher neben dem Fahrer läuft ein Film: Ein Mann verteidigt sich in der Mitte eines Feuerkreises mit Handkantenschlägen gegen vermummte Angreifer, die schwarze Säbel schwingen. Nach fünfzehn Minuten Fahrt tippt mir ein freundlich lächelnder Alter vorsichtig auf die Schulter, um mich darauf aufmerksam zu machen, dass ich ihm ständig im Takt des wackelnden Busses mit den Laschen meines Rucksacks über das Gesicht pinsele.

Im nächsten Ort steige ich aus. Er heißt Harur und liegt im elektrizitätslosen Dunkel. Drei Schuljungen führen mich zu einem Hotel in einer Nebenstraße des Bahnhofs. Fünf Stockwerke sind um einen Innenhof errichtet, der mit Motorrollern und Autos vollgestopft ist, dazwischen röhrt ein Dieselgenerator. Kurz nach Mitternacht, ich liege bereits unter meinem

Moskitotunnel, klopft es an der Tür meines Hotelzimmers. Unwillig sperre ich den Riegel auf. Der Local Inspector, ein sportlich wirkender Brahmane mit weißen Strichen auf der Stirn und einer dicken Gebetskette auf der behaarten Brust, brüllt mich an: »Was willst du hier? Harur ist kein Touristenort. Fährst du mit dem Motorrad durch Indien? Was ist dein nächstes Ziel?«

Er fordert meinen Pass samt Ausweisnummer. Ich weigere mich. Ich bin todmüde. Warum muss der Mann mich mitten in der Nacht aufschrecken? Vermutlich will er sich nur aufspielen. »Wir haben auch eine Zelle im Gefängnis«, droht er. Widerwillig fülle ich seine Akte aus.

An den folgenden Tagen durchquere ich Waldstücke und Hügel. Irgendwo auf einem Markt, auf dem ich ein halbes Dutzend kleiner Bananen für unterwegs erstehe, verliere ich meinen Stock. Aber ein kleiner Junge läuft mir hinterher, hält mich am Rucksack fest und drückt ihn mir schüchtern lächelnd in die Hand. Ansonsten beachtet mich kaum jemand. Ganz anders als der Inspektor behauptete, fühle ich mich, als wäre ich keineswegs der erste Westler mit Ultraleichtrucksack, der sich hier herumtreibt. Ich bin fast beleidigt, wie wenig man mich wahrnimmt.

»Die Leute in dieser Gegend sind Ausländer gewohnt«, sagt ein junger Mann, in dessen Straßencafé ich an einem Nachmittag unterzuckert nach Limonade frage. »Sie waren alle hier. Die Christen, die Araber, die Briten. Auf dem Weg nach Bangalore oder im Krieg. Und vor zwanzig Jahren kam dann das ganze internationale IT-Geschäft. Neu ist hier überhaupt nichts.«

In dem Ort Uttangarai beziehe ich ein Hotel im Stadtzentrum, dessen glaslose Fenster nur mit Holzläden verschließbar sind. In einem Haushaltswarenladen fallen mir Bündel von

Zwillen ins Auge, die von einem Pfeiler baumeln: kräftige, primitive Waffen, wie sie Kuhhirten benutzen, um ihr Vieh beieinander zu halten. Ich kann dem verwunderten Verkäufer nicht erklären, warum ich ein Exemplar kaufe, handgroß und rot-gelb bepinselt. Ich weiß es selbst nicht genau. Die Gegend ist beschaulich, geradezu verschlafen. Niemand behelligt mich auf meiner Wanderung durch die Dörfer und über die Landstraßen. Aber diese Beschaulichkeit gibt mir keine Sicherheit. Ganz im Gegenteil. Sie weckt in mir die Sehnsucht, teilzunehmen, dabei zu sein. Irgendwo dazuzugehören. Und lässt mich gleichzeitig spüren, wie allein ich bin. Ich bin ein Durchreisender, ein Rastloser. Auch drei Wochen nach meinem Aufbruch bleibe ich ein Fremder in diesem gastfreundlichen Land.

Am vierten Tag in den Bergen verlaufe ich mich. Kurz hinter der Stadt Krishnagiri soll ein Weg über eine weitere, niedrige Bergkette zu den verlassenen Goldminen von Kolar führen. Aber ich finde die auf meiner Karte verzeichnete Abzweigung nicht. Kein Schild zeigt in das indische Ex-Eldorado, immer weiter laufe ich nach Westen, bis ich endlich eine Straße hinauf ins Gebirge entdecke.

Am späten Nachmittag durchquere ich einen dichten Wald und klettere in eine sandige Dünenlandschaft hinein. In der Dämmerung passiere ich ein paar dreckig wirkende Gebäude, die unmöglich bewohnt sein können: Zwölf rosa gestrichene Zwanzig-Quadratmeter-Zementquader hocken, angeordnet wie Reihenhäuser, auf einer sumpfigen Grasfläche, die Ecken sind vom Regenwasser schwarz gefärbt. Je ein kleines hohes Fenster auf der Stirnseite wirkt wie eine Schießscharte, alle Türen darunter sind verschlossen. Hinter dem letzten Quader steht plötzlich eine Frau mit Schürze und nimmt Wäsche von einer Leine. Sie winkt mir zu. Aber ich gehe weiter. Hier will ich nicht schlafen.

Ich wandere in die Nacht hinein. Die Straße verwandelt sich in eine löchrige Sandpiste. Nur gelegentlich donnert ein Kleinbus oder ein Motorrad mit schaukelnden Scheinwerfern durch die Dunkelheit. Bald ist es zu frisch, um stehen zu bleiben. Und zu spät, um umzukehren. Ich sondiere meine Vorräte: zweieinhalb Packungen Glukosekekse, drei Zwanzig-Gramm-Riegel Milchschokolade und ein Liter Wasser, genug für eine kleine Mahlzeit. Gegen Mitternacht taucht in einer Serpentine ein Zelt mit Straßenbauern auf. Im Vorbeilaufen spähe ich hinein und sehe eine Mutter, die im Licht einer flackernden Petroleumlampe ihr Kind stillt, einen Mann, der in einem Plastikbecken Geschirr wäscht. In einem Weiler stolpere ich über einen niedrigen Stacheldrahtzaun in ein Ziegengatter; während ich mich halbwegs auf einer zerfallenden Mauer aus Feldsteinen abstütze, stieben die mähenden Schatten auseinander.

Irgendwann am frühen Morgen stehe ich auf einem Grat, der steil nach Westen abfällt. In einer Bushaltestelle schlinge ich meine letzten Lebensmittel hinunter, breite meine Alumatte aus und rolle mich in meinen Schlafsack. Ich frage mich, ob es doch ein Fehler war, Bangalore zu umgehen. Ein bisschen Komfort wäre jetzt ganz angenehm.

Kein Fahrzeug ist zu dieser Stunde noch auf dem Pass zu hören. Nur das Zirpen der Grillen, das über die Felder knattert. Und ein Rascheln im Unterholz. Durch den Türrahmen der Haltestelle beobachte ich den Schatten des nahen Knicks, der unheimlich in der leichten Brise wackelt. Im Norden sehe ich zwei Feuer auf einer fernen Bergkette brennen.

Ich stelle mir vor, wie die britischen Vermesser durch diese Landstriche zogen. Wie William Lambton genau hier gesessen hat. Noch vor der Morgendämmerung ist er den Pass hinaufgeklettert und in sein Neun-Quadratmeter-Beobachtungszelt gekrochen. Er hat sich von einem Bediensteten Tee kochen lassen und als die Sonne aufgeht mit dem rechten Auge – denn das linke schielt, seit er in Kanada wider besseren Wissens ohne Lichtschutz eine Sonnenfinsternis beobachtete – seinen Theodoliten aufgebaut. Mit dem Fernrohr sucht er jetzt jene Bergkette ab, wo ich von den beiden Feuern nur noch Rauchfahnen sehe. Doch in Lambtons Okular erscheint nichts als unberührte Wildnis.

In den bewaldeten Mittelgebirgen des Subkontinents kommt der Great Trigonometrical Survey mit der Triangulation nur schwer voran. Um neue Vermessungspunkte zu errichten, müssen sich die Messtrupps in dichtes Unterholz und durch Wälder voller Boa Constrictors und Tigern schlagen, ständig bedroht von Dschungelfieber und Typhus, wie es in den Aufzeichnungen heißt. Wenn die Vermesser eine geeignete Position gefunden haben, schlagen sie eine Lichtung in den Dschungel. Bis zu siebzig Meter hohe Teak- und Ebenholzbäume in einem Umkreis von zweieinhalb Quadratkilometern müssen sie fällen. Die Erkundung und Errichtung der Messstationen war in diesen Gebieten ein schwer kalkulierbarer Kraftakt. Der tiefe Dschungel verschluckte die Teams des Survey, um sie nach Belieben wieder auszuspucken. Manchmal erst nach Wochen. Und nicht selten krank oder tot.

So mag Lambton Morgen für Morgen auf diesen Pass geklettert sein, um von dem Zeltobservatorium aus die Hügelketten abzusuchen, ohne seinen Messtrupp im Fernrohr zu entdecken. Aber jetzt, endlich, so stelle ich mir vor, macht der britische Wissenschaftler in der dichten Vegetation, die den Berg überzieht, eine lichte Stelle aus. An den folgenden Tagen sieht er die Schneise langsam wachsen, die sein Trupp auf dem fernen Berggrat in den Wald treibt. Er beobachtet, wie sie sich langsam in eine kleine Lichtung verwandelt. Und wie drei Morgende später im Glas seines Fernrohrs die Fahne des Trigonometrical Survey auf der Bergkuppe gehisst wird.

Nun kann Lambton mit seiner Arbeit beginnen. Er kann die Winkel zwischen diesem Vermessungspunkt und einem anderen, bereits eingerichteten, Observatorium vermessen. Und damit ein weiteres Dreieck vervollständigen, das als Grundlinie für die nächsten Messungen dienen wird. Dann kann er seine Trupps erneut in den Dschungel schicken, ihnen hinterherreisen und darauf warten, dass sie irgendwo wieder aus den bewaldeten Bergkuppen auftauchen wie ein Maulwurf aus der Erde.

Als ich auf der Steinbank aufwache, sehe ich kaum etwas. Nebelschwaden ziehen über den Pass. Das Land dahinter ist braun, feucht und eben. Einzelne Buschgruppen ragen aus niedrigem Gestrüpp. Die englischen Kolonialherren haben diese Region »Little England« genannt. Wenn es noch ein wenig kühler wäre, könnte man sich vorstellen, man wanderte durch die herbstliche Lüneburger Heide. In der eintönigen Landschaft finde ich keine Orientierungspunkte. Ich weiß nicht mehr, auf welcher Straße ich mich genau befinde. Ich irre durch treibende Nebelfetzen, erstehe in einem namenlosen Dorf zum späten Frühstück zwei Gläser Milchtee und warme, grüne und in dickem Teig frittierte Chilischoten.

Gegen Mittag erreiche ich zu meiner Überraschung die Stadt Berikai, ein weithin ausgestreuter Moloch aus schmalen, niedrigen Häusern an Kopfsteinpflastergassen und Sandwegen. Eine halbe Stunde lang laufe ich im Kreis durch das undurchschaubare Straßennetz, bevor ich den Busbahnhof finde. Ich frage die Wartenden nach dem Weg nach Kolar. Sie lächeln mich an, ganz andere Gesichter als jenseits des Passes: genauso dunkel, aber schmaler und die Züge kantiger. Keiner antwortet. Schließlich weist mir ein Betelnussverkäufer aufmunternd nickend einen Weg nach Nordosten.

Wider meinem Instinkt laufe ich aus der Stadt hinaus. Nach dem Studium meiner Karten kann ich mir kaum vorstellen, dass es in dieser Richtung eine Straße nach Kolar gibt. Zwei Stunden später erreiche ich auf einer fast unmerklichen Schwelle in der mittlerweile nebelfreien Ebene ein paar übermannshohe, verfallene Torpfeiler; sie mögen einmal in der Mitte eines langen Zauns gestanden haben. Davor ragt ein verwitterter Grenzstein aus dem Gras. »Mysore« ist hochkant in lateinischen Versalien in die eine Seite des Klotzes gehauen, »Madras« in die andere. Dies ist die alte Grenze zwischen den heutigen Bundesstaaten Tamil Nadu und Karnataka. Ist dies endlich der richtige Weg?

Neben dem Stein hockt ein Alter mit blauem Turban und wartet auf eine Mitfahrgelegenheit. Ich weise nach Norden und frage wieder: »Kolar?«

Er schüttelt den Kopf und sagt: »Berikai.«

Ich habe es satt. Ich drehe auf der Ferse um und wandere zurück nach Berikai. Kolar kann warten. Ich beschließe, für ein paar Tage nach Bangalore zu fahren. Ich brauche dringend eine Pause.

Tanzen verboten

In Bangalore ziehe ich in ein Appartement, das von einem indisch-italienischen Seniorenpaar geführt wird: zwei Badezimmer, zwei Schlafzimmer, Kühlschrank, Bügelbrett, ein französisches Kaffeeservice mit angeschlagenen Untertassen, muffige, mit blauer Plastikfolie ausgelegte Holzschränke, ein schwarzer Edelholzschreibtisch mit Intarsien, korbbezogene Stühle, bunte Eierbecher, ein elektronischer Wasserkocher. Auf dem Esstisch steht neben dem Brotkorb eine aufgeklappte Broschüre des Hauses, die mit dem Schriftzug »Urlaub wie auf Elba« wirbt. Am ersten Abend benutze ich das Badezimmer zum Innenhof und lasse mir von einem rot-weiß uniformierten Boten mit Mofa labberige Büffelsteaks, Pizza mit Frischkäse und Pommes liefern, trinke vor dem laufenden Fernseher erst Instantkaffee zu Bollywoodschnulzen und dann Bier zu den Meditationsanweisungen eines graubärtigen Halbnackten, bis mit einem Knall das Licht ausgeht. Im Dunkeln kann ich noch die blauen Funken von der angezapften Leitung am hölzernen Elektromast vor der Villa gegenüber sprühen sehen. Dann kompensiert ein schlagartiger, bleierner Schlaf die körperlichen Anstrengungen meiner Tage und Stunden auf dem Asphalt und meiner lärmigen Nächte in provinziellen Hotelzimmern.

Ich wache erst spät am Morgen auf und weiß nicht, wo ich bin. In Hamburg, in Delhi, in einem Hotel auf dem indischen Land? Ich benutze zur Abwechslung das Badezimmer zur Straße hin und beschließe, einen entspannenden E-Mail-Vormittag einzulegen. Das Büro der Vermieterin liegt neben dem Eingang zu meinem Appartement. »Internetzugang? Kein Problem«, hat mir die breitschultrige alte Dame am Vorabend versprochen und sich kokett ihr langes gelbes Sommerkleid zurechtgezogen. »Wir sind schließlich in Bangalore.« Ich betrete einen Raum, in dem sich zwei mittelalte Herren in Freizeithemden über zwei Schreibtische voller Ordner und Papierstapel bücken. In der hintersten Ecke sitzt ein kräftiger, angegrauter Kotelettenträger, der aussieht wie eine Mischung aus Salman Rushdie und Elton John. Er weist mir einen Rechner an einem dritten Schreibtisch zu. Aber der Browser baut keine Verbindung auf. »Die Leitung ist immer mal gestört«, sagt Salman-Elton. »Versuchen Sie es heute Nachmittag noch mal.« Er beschreibt mir den Weg zu einem Internetcafé. »Die Hauptstraße runter und dann die vierte Straße links.«

Ich schlendere durch ein wenig strukturiertes Wohnviertel. Mein Appartement liegt inmitten einer verhältnismäßig ruhigen Siedlung aus Ein- und Mehrfamilienhäusern, teilweise mit kleinen grünen Vorgärten, teilweise von blickschützenden Mauern umgeben, die jäh durchschnitten wird von einer vierspurigen, von modernen Bürogebäude-Glasfronten gesäumten Piste, über die sich im Schritttempo ein hupender Strom aus Autos, Motorrädern und Zweitaktern wälzt. Ich laufe den Fußweg hinab. Ich bin doppelt so schnell wie die vehikule Masse und dennoch fast der einzige Fußgänger. In der Seitenstraße finde ich einen engen, dunklen Kiosk voller Videos und DVDs. Der Besitzer vertreibt einen Jungen, der auf einem PC-Bildschirm Ritter und Kriegselefanten auf eine römische Arena anstürmen lässt, damit er mir Platz macht. Aber auch hier funktioniert die Leitung nicht. Genervt laufe ich zurück durch das Wohnviertel. Auf der anderen Seite der Durchgangsstraße, an einem überdachten, im Kolonialstil erbauten Marktplatz mit kleinen Geschäften und Säulengängen, in denen schwarz gekleidete Muslime frittierte Teigtaschen, Tee, Leder- und Schreibwaren verkaufen, halb verdeckt von einem zwei Meter langen, ebenfalls schwarzen Baumwollbanner, auf dem die schiitische Gemeinde in weißer Schrift proklamiert »Krieg ist nicht Gottes Wille«, finde ich einen Laden, in dem ich mich zwischen Sperrholzwänden an einen von fünf Flachbildschirmen setze und meine E-Mails abrufe. »Viele Grüße aus der Hightechmetropole Bangalore«, schreibe ich unter meine Nachrichten. In der Provinz war es deutlich einfacher, ins weltweite Netz vorzustoßen.

Am Abend wandele ich über die MG Road, benannt nach Mahatma Gandhi. Ganz sicher wäre er entsetzt über die Dekadenz und Seelenlosigkeit, mit der sein Name hier verbunden wird. Schrille Einkaufszentren reihen sich an Elektrogeschäfte, Supermärkte, Modehäuser, Multiplexkinos, Fastfoodrestaurants, Bars und Pizzerien. Feiste, dralle Jünglinge flanieren in Shorts und weißen Markenturnschuhen zwischen braven Laptopträgern in Bundfaltenhose und lässigen Machos mit weit geöffnetem Karohemd. Gruppen von Mädchen mit Lackgürteln und knappen Tops über dem fest verschnürten Oberleib bummeln mit wüst geschminkten jungen Muslimas in grellen Schleiern neben einer europäischen Arbeitsmigrantenfamilie mit Klappkinderwagen. Die meisten Passanten schleppen Bündel von Plastiktüten aus den Mode-, Hightech- und Delikatessenläden. Nicht die billigen, dünnen, blass einfarbigen Plastiktüten, die es auf dem Land gibt, sondern die reißfeste Variante, die erst vor zehn Jahren ihren Siegeszug über die indischen Metropolen antrat.

In einem zu einer internationalen Kette gehörenden Open-Air-Fastfoodcafé ordere ich mit einem gelben Bestellschein an einem Glastresen ein »Sandwich Chicken Tikka« und setze mich zu Mohammed und Said an den wackelnden Metalltisch. Beide haben halblange Haare und Viertagestoppeln. Mohammeds hellbraune Augen leuchten aus dunklen Augenringen, er trägt eine braune Cordjacke, Stoffsportschuhe und eine enge Jeans. Said hat eine flache Umhängetasche mit Fransen um die schmale Schulter. Wir reden über islamische Mystik und die Verse des Heiligen Kabir, sie empfehlen mir die traurigen Gesänge der Sufi-Musikerin Abida Parvin, rauchen Filterzigaretten und trinken Cappuccino aus überdimensionalen Pappbechern. Mohammed ist Inder, Said kommt aus Kairo und studiert hier. »Weil Bangalore einen unglaublich guten Ruf hat, wenn es um IT geht. Bis heute.«

»Aber früher war alles besser«, sagt Mohammed. »Die Leute haben zusammengehalten. Jetzt denkt jeder nur noch an sich selbst.«

Im Shoppingkomplex neben dem Café entdecke ich in einem Schaufenster ein Plakat: Unter der spätimpressionistischen Zeichnung einer leicht bekleideten, eine Zigarette mit Spitze rauchenden Dame wird ein Konzert angekündigt. Hotel Beluga heißt die Band. Per Lift lasse ich mich in den Lila Club im dritten Stock des Komplexes fahren.

Das Ambiente ist gediegen. Vier-Meter-Salzwasseraquarien zieren die asymmetrischen Wände. Der zentrale Tresen ist geschwungen, klassisch bestrahlt und ganz in Weiß gehalten. In den Ecken stehen hellblaue Plüschsessel. Der Gig hat gerade begonnen. »Willkommen im Haus der Liebe!«, brüllt der Leadsänger. Er hat eine riesige, knochige Nase und eine

Afrofrisur. »Also, Jungs: Tanzt! Und Mädels: Immer schön artig bleiben!«

Eine verzerrte Gitarre setzt ein, aus dem dichten Rhythmus von Bass und Schlagzeug erhebt sich eine sphärische Geräuschkulisse. Mädchen in Schlaghosen und Batikblusen schwingen die schmalen Hüften. Junge Männer mit schwarzen Lederjacken wiegen ihre gepflegten, halblangen Haare zu den schweren Beats. Zwei Cocktails schlürfende ältere Herren mit Hawaiihemden wippen dezent in den Collegeschuhen. Die Szene wirkt, als hätte die Stammbelegschaft eines linken deutschen Jugendzentrums samt ihrer gutbürgerlichen Väter eine stylische Bar im Berliner Inviertel Mitte gestürmt. Die wilden Texte passen nicht zum feinen Ambiente, die Schlaghosen der Musiker haben Bügelfalten. Und ich genieße es, überhaupt nicht aufzufallen. Ich werde unsichtbar zwischen den Kulturen. Ich löse mich auf.

Mein Blick fällt auf eine langbeinige Schönheit mit tiefem Ausschnitt im ärmellosen Hemd, die sich über einen Laptop beugt. Damit wirft sie psychedelische Bilder an die Wand: Eine zuckende Roboterhand greift im Zeitraffer nach einem Muffin und legt ihn immer wieder auf den Tisch, eine finster blickende Wäscherin drischt in galoppierender Frequenz auf ein nasses Kleiderbündel ein.

Neben mir am Tresen lehnt ein etwa vierzig Jahre alter Mann mit überweiten Hosen und kurz geschorenen Haaren. In seinem linken Ohr stecken drei schlichte silberne Ringe. Er hat gewaltige Schatten unter den Augen, trinkt sehr langsam Bier und raucht sehr schnell eine Zigarette der Marke Classic nach der anderen.

»Ist alles genau wie in Deutschland hier«, sage ich zu meinem Nachbarn. »Die Mädchen tanzen. Die Männer stehen rum und saufen.«

»Klar. Deshalb hat die Stadtverwaltung auch nur Frauen verboten zu tanzen, wo Alkohol ausgeschenkt wird. Verrückt, oder?« Seine Stimme ist so leise, dass ich mein Ohr immer wieder fast in seinen Ziegenbart tauchen muss. »Aber wie auch immer. Gegen die menschlichen Gene sind Gesetze machtlos.« Er schaut mit einem gleichmütigen Blick auf die Bilderflut an der Wand jenseits des Tresens. Ich winke einem livrierten Ober und bestelle Hähnchenschenkel zum frisch Gezapften.

Der Baggy-Jeans-Träger dreht sich wieder mit müde wirkenden Augen zu mir. »Die Verwaltungsbeamten Bangalores wollen unsere Kultur gegen den Westen verteidigen. Als wäre das nötig, als wären wir Chinesen. Wir kopieren nicht, wir interpretieren. Wenn überhaupt. Eigentlich setzt indische Kunst andere Prioritäten als die westliche.« Er reibt sich, die Zigarette in der Hand, die dicken Augenlider. »Ich bin Bildhauer und Maler. Surrealismus interessiert mich, deutsche Romantik. Expressionismus sagt mir gar nichts. Indern geht es immer um das Höhere. In der Kunst. Im Leben. Und nie um Persönliches.«

Ich gebe einen Whiskey aus und dann noch einen.

In der Pause lungert die Band am Tresen, trinkt Mineralwasser, Cola, Gin Tonic. »Wie sieht's denn bei euch mit Sex and Drugs and Rock 'n' Roll aus?«, frage ich. Der Schnaps ist mir zu Kopf gestiegen.

Der Sänger muss lachen: »Gras und Pilze zählen doch nicht, oder?«

»Und Sex?«

»Ja, Jungs, doch, doch«, sagt der Sänger. Seine grünen Augen fixieren die anderen Bandmitglieder. »Ich habe eine Freundin. Wusstet ihr das nicht?« Der Schlagzeuger grinst sarkastisch. »Irgendwann wird die sexuelle Revolution auch Indien erreichen.«

Der zweite Teil des Konzerts rauscht an meiner im Alkohol ertrinkenden Wahrnehmung vorbei. Wider meine Gewohnheit rauche ich mit dem Bildhauer eine Packung Classics leer. Dann steigen wir auf Importware um.

Bei der ersten Zugabe setzt sich eine schlanke Mittzwanzigerin zwischen uns, die sich als Lokaljournalistin ausgibt. Sie heißt Jagathi. Je genauer ich ihr mein Projekt erkläre, desto näher rückt sie.

»Ich fahre in zwei Wochen nach Hyderabad, vielleicht können wir uns da treffen.« Sie schiebt eine Visitenkarte über den Tresen.

»Ja, vielleicht«, höre ich mich sagen. Und weiß ganz genau, dass jeder Flirt mit einer Inderin, auch in einer Großstadt wie Bangalore, nicht mehr sein kann als nur das: ein unverbindlicher Kontakt. Es sei denn, man möchte sie heiraten.

Der Ober legt die Quittung auf den Tresen. »Es ist Sperrstunde. Die Polizei steht vor der Tür.« Jetzt erst bemerke ich, dass das Maya fast leer und in grelles Licht getaucht ist. Aber ich kann nicht bezahlen. Ich habe nur meine EC-Karte und zu wenig Bargeld dabei, ich habe für den Abend einfach nicht mit einer solchen Summe gerechnet. Vergeblich frage ich nach dem nächsten Bankautomaten. Der Bildhauer legt mit unberührtem Gesichtsausdruck ein paar Scheine hin und gibt eine letzte Runde Whiskey für uns aus. »Die paar Kröten«, sagt er. Dann beginnt er einen Monolog über Salvador Dali. Die Sympathie des katalanischen Surrealisten für den Diktator Franco hält er schlicht für bedeutungslos. »Ein Maler ist nur sich selbst und Gott verantwortlich.«

Verwirrt und angewidert verabschiede ich mich. Ich stolpere durchs Treppenhaus, durch Tiefgarage und Hintereingang auf die leer gefegte MG Road und falle in ein Dreiradtaxi. Für einen unverschämten Preis lasse ich mich durch die kaum befahrenen Straßen in mein Appartement chauffieren, über deren von Benzin und Zweitaktergemisch geschwängertem Asphalt der Geruch von Magnolien aus den Gärten der Villen hängt. An einer Ampel überholt uns ein schneeweißes Taxi. Darin sitzen ins Gespräch vertieft der Bildhauer und die Journalistin. Ich bin froh, wieder allein zu sein.

Risiko Management

Am zweiten Tag in Bangalore bin ich zeitig genug wach, um mein Frühstück in dem dafür vorgesehenen Restaurant einzunehmen. Es befindet sich eine Nebenstraße weiter, im Garten der zweiten Appartementanlage derselben Eigentümer. Die Vermieterin diskutiert mit einem jungen spanischen Touristenpaar. Heute trägt sie ein geblümtes Kleid und einen Strohhut auf dem Kopf. »Ja«, sagt sie, »ich habe mit dem Nachbarn gesprochen. Er hat versprochen, Rücksicht zu nehmen. Aber was soll er tun, er muss sein Dach reparieren lassen, die Arbeiter können doch nicht warten, bis Sie ausgeschlafen haben. Wollen Sie vielleicht ein anderes Zimmer, in der anderen Straße?« Ich schlage mein Frühstücksei auf. »Die Probleme hier sind immer die gleichen«, sagt sie. »Ich lebe seit dreißig Jahren in Bangalore. Aber wie kann man sich daran gewöhnen? Manchmal könnte ich einfach nur schreien. Weil nichts funktioniert und nichts geregelt ist. Weil der Strom ständig ausfällt und das Internet, weil der Verkehr den ganzen Tag stillsteht. Einmal im Jahr muss ich einfach weg hier, jeden Sommer mache ich das. Für ein paar Monate fahre ich nach Hause, nach Italien, zu meinen Schwestern und meinem Vater. Anders halte ich es nicht aus.«

In meinem Appartement mache ich mich fein für den Tag. Ich ruiniere mein angeblich knitterfreies, synthetisches Tropenhemd, das ich für offizielle Anlässe eingesteckt habe, mit dem nicht justierbaren Bügeleisen und nehme meine per Hand gewaschene Zweithose von der Leine auf dem Balkon.

Ich will ins Herz des indischen IT-Booms vorstoßen, in die Keimzelle der subkontinentalen Globalisierung: nach Electronics City am Rand der Stadt, dem Zentrum des internationalen Outsourcing. Ich habe eine Verabredung mit Katy. Sie ist Managerin bei einem Schweizer Softwarekonzern.

Das Dreiradtaxi holpert über die vierspurigen Schlaglochpisten der östlichen Innenstadt, vorbei an Kolonialfassaden mit zerbröselndem Stuck und blätternden Holzläden in schmalen, hohen Fenstern, vorbei am altehrwürdigen Carl-Zeiss-Gebäude gegenüber einer müllübersäten Brachfläche. Ein Mann in einer roten »Ferrari«-Jacke, auf der Schulter den das »e« ignorierenden Schriftzug »Michal Schuhmacher«, schimpft aus unerfindlichen Gründen mit einem Alten, der einen abgeschnittenen Eisenträger als Gehstock benutzt. Im Drahtzaun vor dem unbebauten Grundstück hängt ein Schild: *NOT for Sale*. Darunter sind eine Telefonnummer und eine Adresse in Hyderabad geschrieben.

Der Zweitakter schert auf den auch hier sich chronisch im Bau befindlichen National Highway 7 ein. Die Landschaft links und rechts der Autobahn wirkt künstlich. Kahle Baumstämme ragen aus dem Wasser eines riesigen, spiegelglatten Stausees. Zwei verlassene Ruderboote in mattem Blau liegen am diesseitigen Ufer. Auf einem säuberlich gefegten Rundweg wandelt eine Muslima in schwarzer Burka um das Reservoir. Dahinter erhebt sich nackt und leuchtend weiß eine Trabantenstadt, die an die deutsche Architektur der 1970er-Jahre erinnert.

Wir passieren anonyme Shoppingklötze. Auf verdunkelten Glasfronten steht »RMZ Infinitive Group«, »Ernst & Young« oder einfach »Bar«. Ein Geschäft namens Kid's Kemp ist komplett als Ritterburg inszeniert: Zinnen sitzen auf den Mauern, Schießscharten klaffen in runden Türmen. Die Neubauten verstecken sich zu Dutzenden hinter regengeschützten Gerüsten und Wellblechwänden, aber die Miniaturslums dazwischen – kleine Zeltsiedlungen aus blauen und gelben Plastikplanenkonstruktionen – präsentieren sich ganz ungeniert. In Electronics City sind die Straßen ausladend und schattig und von den Firmenschildern der internationalen IT-Branche gesäumt: Hewlett Packard, Infosys und Motorola lese ich – mehr als hundert internationale Konzerne haben hier ihre Niederlassungen.

Auch für den Great Trigonometrical Survey ist Bangalore eine wichtige Station. Es ist Drehkreuz sowohl für die Ost-West-Vermessung 1803 bis 1805 als auch für die Nord-Süd-Vermessung entlang dem 78. Längengrad in den darauffolgenden Jahren. Aber Städte wie Bangalore sind auch eine willkommene Abwechslung für die Männer, die monatelang Schneisen in den Busch geschlagen und im Freien oder in selbst gebauten Behausungen genächtigt haben. Schätzungsweise achtzig Mitarbeiter stark sind die Trupps, die von der Vermessung aus dem Feld kommen. In die Metropolen, in denen sie Station machen, lassen sie oft ihre Familien nachkommen. Affären zwischen den Vermessern und Inderinnen sind nicht selten.

So auch für Expeditionsleiter Lambton, der in Indien immerhin drei Kinder zeugte. Unklar bleibt, wie freizügig Lambton wirklich war. Seinem Wegbegleiter John Warren zufolge war er »in Gesellschaft von Frauen eher gehandicapt«. Lambtons Nachfolger dagegen, der steife und fast emotionslose Everest, beschreibt seinen Vorgänger geradezu als Frauenhelden. Bekannt ist jedenfalls die Liaison Lambtons mit einer Inderin namens Kummerboo. Lambton weilte in Pondicherry an der indischen Ostküste, als sie 1809 einen Sohn zur Welt brachte, der den Namen seines Vaters bekam. Bekannt ist auch Frances, eine Dame möglicherweise britisch-indischer oder britisch-französischer Herkunft, die ein Jahrzehnt später eine Tochter und bald darauf einen Jungen gebar, deren Vater William Lambton war.

Der Leiter des Survey of India verschwieg seine Verhältnisse nicht, ganz im Gegenteil: Er ließ alle drei Kinder taufen und umgab sich gern mit ihnen. Sein Sohn wurde schließlich als »3. Unterassistent« auf die Gehaltsliste des väterlichen Unternehmens gesetzt. Da war der Sprössling gerade mal elf Jahre alt.

Aber Lambton ist nicht zum Vergnügen in Bangalore. Nachdem der Survey die Vermessung von der ersten Grundlinie in Chennai mit Peilungen und Berechnungen nach Westen getrieben hat, verifizieren die Geodäten am Stadtrand der Metropole ihre Arbeit. Hunderte Male lässt William Lambton dazu eine schwere Kette aus besonders hartem Stahl auslegen. Sie besteht aus vierzig Gliedern, die je 76,3 Zentimeter messen und durch fein gearbeitete Messinggelenke untereinander verbunden sind. Immer wieder müssen die Mitarbeiter die hölzernen, mit justierbaren Gestellen versehenen Kisten an einem neuen Ort aufstellen, um die Messung über zwölf Kilometer fortzusetzen.

Dabei erweisen sich hier in Südindien die hohen Temperaturen als Problem, denn in der Hitze dehnt sich das Metall aus. Lambton hat lange herumgetüftelt, um eine Formel zu finden, mit der er Temperaturschwankungen einfach wegrechnen kann. Nach dem Vergleich der Ergebnisse der ersten Kette mit einer zweiten, die in einem kühlen Gewölbe lag, ist er zu dem Schluss gekommen, dass ein Temperaturunterschied von 0,5 Grad bei der dreißig Meter langen Kette einem Unterschied von 0,188 Zentimeter entspricht. Also lässt er jetzt in den Kästen Thermometer installieren, deren Werte bei jeder Messung notiert werden.

Die Methode funktioniert und Lambton kann in Bangalore einen großen Erfolg verbuchen. Inklusive der kalkulierten Abweichung kommen die Wissenschaftler nach neunundvierzig Tagen zu dem Ergebnis, dass die vermessene Länge der Grundlinie nur um 9,4 Zentimeter von den durch Triangulation berechneten 11,6 Kilometern abweicht. Lambton präsentiert sich seinen Auftraggebern mit diesem Ergebnis als unvergleichlicher mathematischer Genius.

Mein Fahrer hält vor einem unscheinbaren Holztor. Zwei Uniformierte dirigieren mich unter eine Kamera. Mein Konterfei wird abgelichtet, meine Daten in den obligatorischen dicken Ordner geschrieben, bevor ich endlich einen Passierschein bekomme. Ich grinse freundlich in die Linse, ich werfe einen letzten Blick auf mein vom Bügeleisen leicht verbranntes Hemd. Und auf die Badelatschen, die ich anstelle der schweren, aber deutlich unbequemeren Trekkingstiefeln trage. Ich fühle mich wie ein Attac-Aktivist, der einen Bankerkongress sprengen will.

Das Gelände des Schweizer Traditionsunternehmens habe ich mir moderner vorgestellt. Anstelle eines einschüchternden Glaspalastes verstecken sich in einer schattigen Gartenlandschaft mehrere Häuser in Plattenbauweise. Die Flure wirken stumpf und ein bisschen düster. Aus acht Fahrstühlen kann ich wählen, um in das oberste Stockwerk zu gelangen. Hier entwickelt die Forschungsabteilung Lösungen für Automobile und Sicherheitssysteme. Die Atmosphäre erinnert mich an das präglobale, bürokratische Indien der 1980er-Jahre mit seinen erdrückend muffigen Regierungsgebäuden, in denen die Gänge so lang waren wie die Titel an den Türschildern. Und wie die Wartezeiten bei der Verlängerung eines Visums.

Aber bei Katy geht alles ganz schnell. Sie ist Personalchefin, Ende vierzig, das krause Haar hat sie zu einem Mittelscheitel gekämmt. Auf die Stirn ist ein Bindi gemalt, der rote Punkt, der einst signalisierte, dass eine Frau verheiratet ist; heute ist er zu einem modischen Accessoire mutiert. In ihrer spitzen Nase steckt ein unscheinbarer Ring, darauf sitzt eine randlose Brille.

»Wollen wir uns duzen?«, fragt sie. »Wir duzen uns hier alle.« Aber es sind gar nicht viele da. Katy führt mich durch ein Großraumbüro, der Goldrand ihres grünen Saris wirbelt eine Staubmaus auf. Der graue Linoleumboden ist frisch gebohnert und riecht auch so. Die niedrige Decke wirkt so beengend wie die schmalen, lilafarbenen Arbeitsboxen. Nur vereinzelt kann ich Mitarbeiter erspähen. Über eine der Stellwände hinweg unterhalten sich zwei junge Männer mit den stadttypischen, gepflegten halblangen Haaren.

»Wir haben Gleitzeit«, sagt Katy. Als würde das wirklich erklären, warum am fortgeschrittenen Vormittag nur ein Viertel des Büros besetzt ist. Während ich mich frage, ob der indische IT-Boom schon lange vorbei ist, schenkt sie mir in der Küche aus einem Metallbehälter Kaffee in eine angeschlagene, hellbraune Tasse. Sich selbst gießt sie Tee ein. Wir setzen uns in ein kleines Konferenzzimmer. Die altertümliche Klimaanlage, eigentlich nichts als ein Ventilator hinter einer feuchten Kunstfasermatte, ist ausgeschaltet. Dafür summt und hupt der Verkehr von Electronics City durch die Fenster, dass die doppelte Verglasung in den Alurahmen scheppert.

»Vor vierzig Jahren waren wir eines der ersten europäischen Unternehmen in Bangalore«, erzählt sie. »Damals war IT ein Geschäft mit Glamour. Aber heute ist der Lack ab. Wir sind eine von vielen Industrien. Was die globalen Konzerne an uns schätzen, sind unser Wissen und unsere Disziplin. Was sie nicht wissen, ist, dass wir Inder einfach härter arbeiten als Europäer. Denn es gibt zu viele von uns. Der Konkurrenzdruck ist enorm. Es gibt Tausende, die darauf warten, meinen Job zu machen. Mit mindestens derselben Qualifikation. Und es gibt andere, billigere Länder als Indien. Der IT-Boom ist lange vorbei, die Konzerne könnten schon morgen abziehen.«

Katy beschreibt ihren Alltag. Acht Stunden ist sie täglich im Büro, danach fährt sie nach Hause, isst etwas und führt Telefonkonferenzen. Sie wohnt in einem 250-Quadratmeter-Appartement im feinen Stadtteil Marathahalli. Sie hat ein Auto mit Fahrer und eine Tagesmutter für die beiden Kinder. Ihr Mann arbeitet auch in der IT-Branche. »Meine Töchter sehe ich beim Abendbrot und meistens beim Frühstück, am Samstag und am Sonntagvormittag. Am Sonntagabend arbeite ich wieder.« Ihre feinen Hände machen beim Sprechen weit ausholende Gesten, hektische und immer wieder abgehackte Kreisbewegungen, die mir sehr europäisch vorkommen. Während sie spricht, beobachtet sie genau, wie ich klöternd meinen Kaffee umrühre.

Ich frage sie nach ihrem Berufsethos. Danach, wieso in einer Kultur, die oft so asketisch und fern von jedem Materialismus scheint, so hart gearbeitet wird. Und so viel Geld gemacht wird. »Sammelt man damit nicht schlechtes Karma an?«

»Aber nein.« Katy spricht über die verschiedenen Dimensionen der religiösen Pflichten in der Zeit des Veda und danach. Sie erklärt mir, dass im Varnashramadharma jeder Mensch verschiedene Aufgaben hat, je nachdem in welcher Lebensphase er sich befindet, und dass weltliches Handeln zur Erlösung führt. Sie legt die Hände wie ein Schulmädchen in den Schoß. Jetzt wirkt sie plötzlich ganz ruhig. »Nach dieser Lehre sollte man sich in meinem jetzigen Lebensabschnitt um seinen Beruf kümmern. Die Familie ernähren.«

»Als Frau?«

»Warum nicht?« Sie nippt an ihrem kalten Tee. »Die Dinge haben sich geändert.«

Ich frage Katy, was ihre Töchter einmal werden wollen. Ihre Gelassenheit ist sofort verschwunden. Sie schaut hektisch auf ihre analoge Uhr. »Die haben komische Wünsche. Neulich sagte die Jüngere, sie will Detektivin werden, dann wieder Modedesignerin. Ich weiß nicht, ob es gut oder schlecht ist, dass sie so viel vor dem Computer hocken. Ob es sie informiert oder nur verwirrt. Ich sage meiner kleineren Tochter: Geh nicht in die Wirtschaft. Werde Professorin, Wissenschaftlerin. Von mir aus auch Malerin.«

Als ich mich verabschiede und in einen der acht Fahrstühle treten will, hält die Managerin mich zurück. »Nur um das noch einmal klarzustellen«, sagt sie. »Natürlich macht mir der Beruf viel Spaß. Meine Arbeit tut mir sehr gut.«

Am Nachmittag versuche ich erneut, in dem Geschäftsraum neben meinem Appartement ins Internet vorzudringen. Doch es gelingt mir wieder nicht. Während ich mir über dem entnervend dauerpiependen Anwahlton des immer wieder scheiternden Verbindungsaufbaus die Haare raufe, führt Salman-Rushdie-Elton-John am Nebentisch, die behaarten Arme vor dem weit geöffneten Polohemd verschränkt, ein Vorstellungsgespräch mit einem Jüngling in Motorradjacke und schwarzer Soziologenbrille. Sie sprechen Kannada, vermischt mit Englisch. Ich verstehe nicht viel. Neben dem jungen Mann sitzt seine Freundin, sie diskutiert lautstark mit. Mappen werden über den Tisch geschoben, Schreiben und Urkunden studiert. »Hat er sich für einen Job beworben?«, frage ich, als die beiden wieder draußen sind. »Ja, er wollte unsere Buchhaltung machen. Ein fleißiges Bürschchen, wie es scheint. Eine Arbeitsmaschine vielleicht. Aber ohne jeden Biss.«

Am Abend hocke ich im Geschäftsviertel jenseits der Durchgangspiste neben aufgestylten Pärchen in einem Straßencafé, das die Vermieterin mir empfohlen hat, und trinke einen britisch-kolonialen Abschied-von-Bangalore-Sundowner. Der Lärm der verstopften vierspurigen Trasse ist so laut, dass ich meine Bestellung schreien muss. Das ebenfalls von meiner Vermieterin empfohlene Restaurant im Einkaufskomplex über dem Café besticht durch eine eigenwillige Interpretation von westlichem Ökoschick. Im Foyer stehen schwere Stellwände aus Edelholz, besetzt mit runden und ovalen Spiegeln vor überdimensionalen Schalen voller Trockenblumen. Ich setze mich an einem niedrigen, schwarz lackierten Tisch auf ein Sofa und studiere ein abgewetztes Veranstaltungsmagazin, in dem zwischen Kleinanzeigen von Pubs, Clubs und Restaurants nichts Lesbares zu finden ist als eine Geschichte über ein Konzert von Iron Maiden auf den Wiesen in Bangalore im Vorjahr – aber eigentlich ist der Artikel nichts weiter als eine Beschreibung der Bandgeschichte mit Bildern, die aussehen wie von Wikipedia geklaut. Ich beobachte eine Geburtstagsgesellschaft an der Naturholztafel in der Mitte des Raumes. Die Männer trinken Bier, die Frauen Cola, zum Nachtisch werden Berge von Eiscreme aufgefahren. Dazu spült eine vierköpfige Band im rotierenden bunten Schlaglicht Klassiker von den Rolling Stones bis Steppenwolf mit zwei halb akustischen Gitarren und einem scheppernden Schlagzeug weich. Ich kann mich nicht entscheiden zwischen Pizza und Pommes, zwischen Heinecken und dem einheimischen Kingfisher. Dass es sich nicht lohnt, Büffelsteak zu bestellen, weiß ich ja schon vom ersten Abend im Appartement.

Nach dem Pinkeln reicht mir ein livrierter Diener vor dem Waschbecken Papiertaschentücher. Und ich habe das Gefühl, dass ich ganz schnell zurück auf die Landstraßen möchte. Bangalore mag bequem sein. Aber es hat kein Gesicht.

Nach dem Goldrausch

An einem späten Vormittag Ende Januar stehe ich endlich auf den verlassenen Goldminen von Kolar. Auf der Nordseite jenes Hügellandes, durch das ich erfolglos einen Weg gesucht habe, steige ich aus dem Bus. Über eine breite Staubpiste wandere ich durch eine Brachlandschaft. Haushohe Abraumhalden ziehen sich in schnurgeraden, Hunderte Meter langen Rechtecken durch die hektarweit aufgewühlte rote Erde. Sie sind bepflanzt mit Eukalyptus und Agaven. In den Becken zwischen den künstlichen Hügeln rosten Türme, Tanks und Rohrleitungen neben verfallenden Produktionshallen. Die über Jahrtausende aufgewühlte Landschaft ist so ungeordnet und wüst, das menschengeschaffene Relief von einer so irritierenden Disharmonie, wie sie kein Meteoriteneinschlag, kein Erdbeben je hinterlassen würde.

Der Weg führt durch kleine Siedlungen. Koloniale Backsteinbauten mit Ziegeldächern über schmalen Veranden tragen Schilder mit Aufschriften wie »Misore Mine Dispensary« und »The New Imperial Bakery«. Vor herrschaftlichen, grauen Natursteinhäusern leuchten weiß lackierte Holzzäune, über denen Wäsche trocknet. Hässliche lang gestreckte Gebäude mit runden Dächern aus marodem Wellblech, die halb von Kletterpflanzen überwuchert sind, ducken sich in Gestrüpp. Über dem Eingangsportal des festungsartigen Gebäudes der Pentecoastal Mission steht der Wahlspruch *The Lord is faithful – keep you from evil.*

Der Weg endet in Marikuppam, einer ehemalige Minen-arbeiterkolonie aus etwa fünfzig niedrigen türkis, blau und weiß gestrichenen Lehmhäusern. In dem einzigen Teehaus serviert ein schmächtiges Mädchen im Rüschenkleid Eis am Stil. Ein Dicker in Feinripp-Unterhemd sitzt in einer Nische des verwinkelten Raumes an einem Nähstuhl. Der Blick aus dem unverglasten Fenster ist bedrückend. Auf einem steinigen Sportplatz üben ein paar Jungen in kurzen Hosen Kricket. Vor der einzigen Bushaltestelle droht der tamilische Schauspieler und Politiker Vijay Kanth martialisch mit der behandschuhten Rechten. Offenbar haben seine lokalen Fans das Filmplakat auf-gestellt. Daneben ist ein mit einer orangefarbenen Blumenkette geschmücktes Standbild des klassischen Poeten Thiruvalluvar mit Vollbart und einer Art Dutt auf dem Kopf errichtet. Auf dem »K S Vasan Memorial Board« vor einem verschlossenen Haus der Marxistisch-Kommunistischen Partei werden die Mitglieder der Siedlung namentlich zum Erntedank gegrüßt.

»Aber hier wächst schon lange nichts mehr«, sagt ein Mann, der sich ungefragt an meinen Tisch setzt. »Der Boden ist verseucht von Chemikalien. Es ist verboten, etwas anzu-bauen. Nicht einmal davon könnten wir noch leben.« Er stellt sich als Ravishankar vor. Mich erinnern seine strubbeligen, über der Stirn aufgetürmten Haare und trotzig geschwun-genen Lippen an die Schwarz-Weiß-Fotos von Marinus van der Lubbe, den mutmaßlichen niederländischen Reichstags-attentäter. Ravishankar trägt einen angegrauten Vollbart, eine digitale, silberne Armbanduhr und eine sehr billig aussehende dunkelblaue Karottenjeans. Er ist sechsundvierzig Jahre alt, arbeitsloser Techniker und Junggeselle »aus Überzeugung«, ein indischer Bilderbuchanarchist.

Ich halte meinen Stock fest in der Hand, als wir durch nied-riges Buschwerk zu einer dachlosen Ruine stolpern, die auf einer nackten Geröllhalde steht. Daneben ragt eine Metallkonstruktion in den spiegelblanken Tropenhimmel, ein Gerüst, über das die mehr als einen Kilometer langen Stahltrossen von einer mit Diesel betriebenen Winde in den Einstiegsschacht liefen.

»Fast zweitausend Jahre lang wurde hier nach Gold gewühlt. Erst von den Hindukönigen, dann von den Briten, und als die weg waren von dem Unternehmen Bharat Gold Mines. Aber irgendwann waren die Schächte zu tief. Vor fünf Jahren haben die Konzerne die Minen aufgegeben.« Er wirft mir einen irren, finsteren Blick zu. Seine Augen sind blutunterlaufen. Er verschränkt die Arme vor der kräftigen Brust, auf der die weiße Behaarung aus dem offenen Hemd quillt. Seine Stimme klingt metallen, blechern. »Jetzt sind viertausend Menschen arbeitslos. Die Wasserversorgung wurde eingestellt, der Strom auch. Das Krankenhaus für Minenarbeiter haben sie geschlossen.«

Wir durchqueren die Kantine der Mysore Mine. Der intakte weiße Steintisch und der detaillierte Stollenplan an der Längsseite vermitteln den Anschein, die Kumpel wären eben erst zur Schicht gefahren. Ich stelle mir vor, wie sie auf der Bank sitzen, ihre mehrstöckigen, runden Metallboxen auspacken, die indische Version des Henkelmanns, und hungrig Reiskuchen und Linsenfladen in sich hineinschaufeln. Gewöhnliche Männer mit gewöhnlichen Jobs. Sie denken an ihre Kinder und Frauen und sprechen über Kricket und Mopeds, bevor sie mit der sogenannten Rutsche durch den Hauptschacht ins Erdreich geschossen werden. 3,2 Kilometer tief war der Mysore-Schacht, einer der längsten von Kolar. Ravishankar zeigt mir den Eingang. Er ist mit Feldsteinen zugeschüttet. »Damit keiner runterklettern kann, um sich zu nehmen, was ihm sowieso gehört. Da unten liegt noch jede Menge Gold.«

Wir bahnen uns weiter einen Weg über Quarzhalden und durch Dornengestrüpp und erreichen eine staubige Piste, die von einer drei Meter hohen Rohrleitung flankiert wird. Ravishankar ignoriert, dass ich aufschreie, weil ich in einen Dorn getreten bin. Mit gelangweiltem Blick wartet er in der gleißenden Mittagssonne vor einem schiefen Gittertor, bis ich den Zehn-Zentimeter-Splitter aus Fußsohle und Badelatschen entfernt habe. An der anderen Seite des Tores lehnen lässig zwei Uniformierte. Der eine trägt den notorischen, Lathi genannten Kampfstock, die indische Variante des Polizeiknüppels, der andere eine doppelläufige Flinte über der Schulter. Vom Blechdach des Wachhäuschens baumelt eine mit Draht befestigte Taschenlampe. Vor einer zum Ofen umfunktionierten Metalltonne steht ein Metallsessel ohne Polster. Eine zersauste Hündin taucht auf und kratzt sich mit dem Hinterbein am Bauch. Ein heißer Wind trägt Hindimusik von irgendwo aus dem Chaos der postindustriellen Steppenlandschaft herüber.

»In den Hallen auf diesem Gelände wurde das Gold gewaschen«, sagt Ravishankar. »Aber wenn du die Anlagen sehen willst, musst du auf den Boss der Wächter warten. Los, hol ein paar Scheine raus.« Ungeniert starrt er in mein Portemonaie, aus dem ich zwei Fünfzigrupiennoten fummele und durch das Drahtgitter den beiden Wachmännern reiche.

Nach einer halben Stunde erscheint Security Supervisor Francis Peter am Zaun, ein korpulenter Mann mit ausladendem Gesäß und Entengang. Er trägt vier weiße Sterne auf den Schultern der olivfarbenen Uniform, seine hellblaue Armbanduhr ist nach innen gedreht.

»Sie können hier nicht rein, Sie müssen sich eine Genehmigung holen. Beim Büro der Bharat Gold Mines. Das geht aber erst übermorgen. Sonntags ist es geschlossen.«

»Ich will nur mal kurz reinschauen. Ich schreibe ein Buch über Indien.«

Peter hält den Finger an den Oberlippenbart und blickt nachdenklich. »Was denken Sie über die Briten?«

»Für mich macht es keinen Unterschied, woher jemand kommt. Es gibt überall gute und schlechte Menschen.«

»Falsch«, sagt er. »In Indien gibt es mehr schlechte Menschen als in England. Die Leute hier sind faul. Weil sie nicht an Gott glauben. Die Briten haben diese Fabrik gebaut. Sie hält bis heute. Kein Inder könnte das. Sind sie Christ?«

»Ja«, sage ich und bin mir bewusst, dass das wenigstens halb gelogen ist. Ich will unbedingt in die Fabrik. Und ich will darauf nicht einen Tag warten.

»Okay, kommen Sie. Aber schreiben Sie was Gutes darüber. Schreiben Sie, dass alles in bestem Zustand ist. Dass der Abbau jederzeit wieder losgehen kann. Die Menschen hier warten darauf.«

Peter geht auf einen Gebäudekomplex zu, der sich hinter einem Akazienhain verbirgt, und öffnet das Vorhängeschloss zu einem unscheinbaren Seiteneingang. Dahinter schließt sich eine aus Backsteinen gemauerte Arbeitshalle an die andere an. Durch die offenen Oberlichter fällt die frühe Nachmittagssonne spärlich auf Irrgärten von Förderbändern, auf Zertrümmermaschinen, auf riesige, mit Löchern versehene Trommeln, auf Druckluftkompressoren, Drainagesystem und Pumpenkammer. Alles wirkt gut erhalten, aber völlig eingerostet.

»Die Mine wurde 1880 von der Firma John Taylor gegründet«, sagt Peter und guckt mich prüfend an, als wolle er sich vergewissern, dass ich den Namen richtig verstanden habe. »Bis zum Schluss kamen die meisten Maschinen aus England.« Er wischt den fingerdicken Dreck von einem gusseisernen Monstrum in der Form einer Baggerschaufel, auf dem der Schriftzug »Sandycroft« steht. »Die Polizei hat die Maschinen zerstört, damit keiner sie klaut. Die Inder hassen die Briten.

Weil sie vergessen haben, wie gut sie eigentlich von ihnen gelebt haben.«

Peter erklärt mir die Drainage und das Pumpensystem. Er beschreibt mir, wie das Gestein zerstoßen und zermahlen wurde, wie der Staub in den Trommeln mit Zyanid versetzt und mit Sauerstoff versorgt wurde, damit sich schließlich, unter der Beigabe von Zink, das Gold löste. »Damals«, sagt er immer wieder. Es klingt, als spreche er von einem anderen Zeitalter.

»Kolar war der erste Ort in Asien, der elektrischen Strom bekam«, sagt Peter, als ich hinter ihm wieder nach draußen trete. »Heute sitzen wir nachts im Dunkeln. Wie ein Mann, der plötzlich blind geworden ist.«

Er entlässt mich durch das schiefe Blechtor. Aber Ravishankar ist fort. Ich suche ihn in der nahen Siedlung. Ich wandere durch den Ort aus säuberlich geweißten Häusern, die so klein sind, das in Europa nicht einmal eine Person darin wohnen würde. Hier finden ganze Großfamilien darin Platz. Ich spreche mit einem jungen Mann, der sagt, er sei ausgebildeter Ingenieur. Manchmal finde er jetzt in Bangalore Arbeit für eine oder zwei Wochen. »Aber die Fahrt dorthin und die Übernachtungen sind so teuer, dass es sich nicht lohnt.« Ein grauhaariger Pensionär steht vor seinem Geschäft, in dessen Auslage es nichts gibt als Streichhölzer und Kerzen, Zigaretten und Kartoffelchips. »Keiner hier hat Geld«, sagt er.

Ich setze mich in das Teehaus, bestelle einen Tee und schlinge vier Samosa, frittierte Teigtaschen, hinunter. Der Dicke im Feinripp-Unterhemd ist von seinem Nähtisch aufgestanden. Jetzt schneidet er am Tresen mit einem langen, rostigen Messer Schalotten. Drei ältere Herren treten ein. Sie hocken sich schweigend ans andere Ende des rohen Holztisches. Ich frage sie, wovon sie leben. Und bekomme keine

Antwort. Ich frage sie, ob sie Rente bekommen. Sie schweigen beharrlich.

Plötzlich steht ein junger Mann mit einer Spiegelbrille, aus der mich zwei Totenköpfe angrinsen, neben mir. »Wir sind es leid, Fragen zu beantworten«, sagt er. »Wir haben schon alles erzählt. Und allen: den Zeitungen, dem Fernsehen. Unsere Fotos waren auf den Titelseiten der Magazine, unsere Worte waren im Radio zu hören. Aber am Ende haben wir nichts davon gehabt. Außer entwürdigt zu werden. Und die anderen haben dabei Geld verdient.«

Während er weiter schimpft, tritt Ravishankar in die Tür. »Du hast gesehen, was zu sehen ist«, sagt er. »Es ist besser, wenn du jetzt gehst.« Die drei Alten stehen hinter ihm und werfen mir feindselige Blicke zu. Jetzt hält der Mann mit der Totenkopfbrille das rostige Schalottenmesser in der Hand. Er schleudert es in die Luft, sodass es sich zweimal überschlägt, und fängt es gekonnt am Griff wieder auf.

Ich drehe mich nicht um. Ich halte den Stock umklammert und haste im roten Licht der schrägen Sonne dem Abend entgegen. Nach einer halben Stunde erreiche ich jenseits der aufgewühlten Goldfelder ein nach Osten abfallendes Plateau, weites Grasland, in dem einzelne Baumgruppen stehen. Im Schutz des Gestrüpps am Rand der Piste lehne ich mich an einen weißen, wackelnden Monolithen. Daneben erkenne ich noch einen. Und dann ein ganzes Dutzend. Es sind die Überreste eines kolonialen Friedhofs.

Das Gräberfeld liegt in Trümmern, fast alle Ruhestätten sind geplündert, selbst die Steine der Kindergräber in Stücke gehauen. Ich entziffere die vergilbten Aufschriften: Jung sind die Kolonialherren verstorben, die hier um die vorvergangene Jahrhundertwende beigesetzt wurden. William Moss aus Lancashire brachte es immerhin auf neunundvierzig Jahre,

James A. Harris aus London, dem die »liebende Gattin« einen Stein setzte, verstarb schon mit fünfunddreißig, ebenso John L. James. Und der arme John Sincock aus Cornwall verschied bereits mit fünfundzwanzig. »Hitzschlag« ist als eine der häufigeren Todesursachen in den Stein gehauen. Wie es wohl ist, in der Fremde zu sterben? Ich will es mir gar nicht vorstellen.

Als ich den Friedhof in der Dämmerung verlasse, entdecke ich jenseits der zerfallenen Mauern ein Grab, darauf tanzt eine Kinderstatue mit abgeschlagenen Armen. Anstelle der Augen klaffen tiefe Höhlen im pausbackigen Gesicht. Ich bin sicher, dass sie einst mit Gold gefüllt waren.

Hanuman

Am nächsten Tag bin ich wieder auf dem Weg nach Kolar. Die eigentliche Stadt, die den Goldminen den Namen gab, liegt 30 Kilometer entfernt auf meiner Route nach Norden. Parallel zum Highway Nummer 7 will ich auf Landstraßen der Metropole Hyderabad entgegenlaufen. Hinein in den Bundesstaat Andhra Pradesh. In das Herz des indischen Subkontinents. Nur wenige Dörfer und kleine Städte sind auf meinen Karten in dieser Region zu erkennen. Einzelne Bergketten und spärliche Flüsse, die in ihrem Verlauf versiegen. Dünn besiedeltes, trockenes Land.

Auf dem Weg zwischen den Goldfeldern und der Stadt säumen Ziegelfabriken und Granitschneidereien meinen Weg. Eine »Modern Rice Mill«, so die Aufschrift auf dem blauen Blechschild, ragt aus dem struppigen Land, ein niedriges unscheinbares Gebäude, von einer zerbröselnden Mauer umgeben. In der Ferne thront der Umriss einer letzten dürren Stahlkonstruktion, ein aufgegebener Förderturm. Vor einem verglasten Verkaufsgebäude glänzen Reihen frisch gewaschener, knallroter Mahindra-Traktoren; neue Modelle mit absurd windschnittiger Karosserie.

Mittags geht die postindustrielle Brache in Agrarland über. Die enge, stark befahrene und frisch geteerte Landstraße schlängelt sich durch Eukalyptuspflanzungen und Tomatenfelder. Die Kühe tragen ihre Hörner noch bunt lackiert vom Erntedank: feine, knallig glänzende Querstreifen in Rosa, Lila und Silber, Gelb und Blau. Auf die Stirn ist den ahnungslosen Wiederkäuern ein dunkelroter Punkt gemalt, um ihre faltigen, grauen Hälse baumeln abgewetzte Blumenketten. Zwei Männer surfen auf einem Pflug hinter einem weißen Ochsen über ein von blassen Strunken bestandenes, trockenes Feld. Große Greifvögel kreisen über Bewässerungsgräben und jagen sich gegenseitig die Beute ab.

Am Westrand von Kolar finde ich ein Hotel. Es hat Fenster, deren Scheiben so durchlöchert und deren Holzrahmen so verzogen sind, dass mich bereits am Nachmittag Schwärme von Insekten umkreisen. Aus der Küche direkt unter mir höre ich Rufen und das Geklapper von Geschirr. Aber es klingt wie Musik. Der Lärm macht mir nichts mehr aus. Ich bin glücklich, wieder auf dem Land zu sein. Ich erwarte keine Ordnung mehr, keine Ruhe, keine Planbarkeit. Ich habe mich endlich mit der indischen Wirklichkeit abgefunden.

In einem Geschäft an der Hauptstraße erstehe ich am frühen Abend Moskitoringe, Streichhölzer aus Wachspapier und die üblichen Kekse für das Frühstück am nächsten Morgen. Am Tresen stehend, beobachte ich einen Brahmanen, der mit flackernden Lampen in dem niedrigen Hindutempel nebenan herumhuscht. Plötzlich steht der Priester, ein junger Mann in Jeans und Polohemd, im Laden. In der Hand hält er einen rosafarbenen Plastikbeutel, der mit einer gelben flockigen Masse gefüllt ist: Prasad, ein Rohrzucker-Reis-Gemisch, das er seinem Gott Hanuman als Opfer darbringen will. Ich kann die Unterstützung des kraftstrotzenden Affenheroen auf meiner bevorstehenden Wanderung durch die Wüste gebrauchen. Ich falte die Hände und verbeuge mich. Der Geistliche drückt mir mit dem rechten Daumen ein heiliges Zeichen, einen Tika, auf die Stirn.

Als ich nach einer kurzen Nacht um vier Uhr früh, noch im Kerzenlicht, in den Spiegel schaue, ist der rote Punkt nur leicht verschmiert. Auf der Hauptstraße vor dem Hotel tauche ich in ein Meer aus Nebelschwaden. Ich husche durch ein stilles Land. Kaum ein Licht blinkt zwischen den schemenhaften Knicks und Feldern. Es ist so still auf der Allee, dass ich den Tau von den Bäumen tropfen höre. Und es ist überraschend kühl an der Schwelle zwischen dem Plateau von Süd-Karnataka, auf dem Bangalore und Kolar liegen, und den vegetationsarmen Ebenen, die sich vor mir ausbreiten. Als der Tag endlich aus dem Nebel aufsteigt, setze ich mich zum ersten Mal auf dieser Reise zum Aufwärmen in die Sonne, auf einen eiskalten Findling.

Je weiter ich an diesem Vormittag wandere, desto spärlicher wird die Vegetation. Die Eukalyptushaine dünnen aus, bevor sie von dichtem Tamarindengestrüpp abgelöst werden. Vor Bananenplantagen und über Hühnerfarmen wachen Vogelscheuchen mit Tontopfköpfen. Unter dem Dach eines Tempels wirbt ein deutscher Chemiekonzern mit bekanntem Schriftzug für die globale Dimension der Grünen Revolution. Die öffentlichen Telefone sind nicht mehr wie im Süden mit Regenschirmen versehen, sondern mit kleinen Wellblechbögen, von denen nackte Glühbirnen baumeln.

Am späten Mittag taucht die Stadt Chintamani aus der Ebene auf. Zwei unbefestigte, stark befahrene Ausfallstraßen formen sich zu einem T unter einem zentralen Hügel. Ich komme im Hotel Balaji Deluxe unter, das den letzten Teil seines Namens zumindest für das delikate Gemüse verdient, das ich mit Reis und Fladenbrot in meinem Zimmer verzehre, während ein riesiger Makake mit grauem Backenbart hinter den Gitterstäben des Fensters herumzappelt. Der Primat stiert mich an und zieht vor Hippeligkeit und Gier fast den kompletten geblümten Vorhang durch die zerschlagenen Fensterscheiben. Ich stelle das Metallgeschirr in den Flur, verscheuche den alten Affen mit lautem Schreien und verschließe, bevor ich das Zimmer verlasse, die Riegel des Gitterfensters. Das denke ich jedenfalls.

Unterhalb des Tempelberges finde ich eine entzückende Altstadt. Fein gefegte, mit Steinplatten gepflasterte Gässchen. Offene, bunt bemalte Holztüren. Geranien in Töpfen und Konservendosen auf den Fensterbänken. Miniaturgärten hinter Steinmauern, in denen gerade die Saat ausgestreut wird. Ich steige den Berg hinauf. Das Land zu meinen Füßen liegt unter einem nachmittäglichen Dunstschleier. Am Horizont streben Hügelketten nach Nordwesten und Nordosten. Aber dazwischen, wo meine Route verläuft, verliert sich das Mosaik von Feldern rund um den Hügel in der flachen, braunen Steppe.

Ich studiere die Karten des Great Trigonomical Survey und kann den Namen Chintamani nicht finden. Aber ich identifiziere einen unbezeichneten Punkt exakt auf meiner geografischen Position, der als Ausgangspunkt der Dreiecksmessungen eingetragen ist. Genau hier müssen die Wissenschaftler gesessen haben. Sie sind frustriert, das Klima in der Region setzt ihnen zu. Hat Lambton Anfang 1810 noch notiert, er hoffe, im selben Jahr die »Vermessung durch die Mitte der Halbinsel, von den nördlichen Grenzen Mysores bis zu den Ufern des Krishna-Flusses auszuweiten«, so muss er bereits im September 1811 die East India Company darum bitten, seine Mitarbeiter noch länger zu beschäftigen: »Das schlechte Wetter und der ständige Nebel, der die Bergspitzen verdeckt, haben den Fortschritt erheblich behindert.« Das Unternehmen wird zunehmend kostenintensiv.

Vielleicht ahnt William Lambton auch, dass ihm noch mehr Schwierigkeiten bevorstehen: Etwa 160 Kilometer nördlich von Bangalore begann damals das Reich des Nizam von Hyderabad. Madras ganz im Süden wurde schon lange von den Briten regiert, und Mysore unterstand den Kolonialherrschern indirekt im Rahmen einer »untergeordneten Allianz«. Aber für die Gebiete des Nizam würden sie erstmals eine Sondererlaubnis benötigen. Denn sie waren berüchtigt, wie Lambton schreibt, »für die Plünderbanden, die in Abwesenheit der Armee diesen Landesteil heimsuchen«.

Wo vor zweihundert Jahren ein Theodolit der britischen Vermesser gestanden haben könnte, ragt jetzt ein Antennengeäst vom Bungalow der Police Wireless Station in den Himmel. Daneben erhebt sich ein kleiner, turmartiger Tempel mit einem spitzen Dach über ein niedriges Gebäude, die Unterkunft der Priester. Ein athletischer junger Mann in kurzer blauer Hose übt den Stockkampf; einhändig lässt er eine Bambusstange über den Kopf kreisen. Auf einem kleinen Spielplatz zwischen Eukalyptusbäumen sausen drei kleine Kinder eine Rutsche hinunter. Auf einer Betonbank schläft ein Priester mit nacktem Oberkörper. Den Ritualdienst hat er einer Maschine überlassen: Im Tempel entdecke ich in einer Nische einen gusseisernen Automaten mit einer Mechanik, die den Schlegel einer Trommel und eine kupferne Klingel in Gang setzt.

Über einen Teppich von toten Rinden und trockenen Eukalyptusblättern stiefele ich in der Dämmerung den Berg hinab. Als ich in mein Hotel zurückkomme und die Zimmertür öffne, blicke ich in zwei erschreckte Augen. Der alte Affe hockt auf meinem Tisch, eine gepellte Orange in der Hand. Fruchtschalen und Kekspackungen sind über das Doppelbett verstreut, mein Kulturbeutel ist zerwühlt, die Zahnpasta herausgedrückt, die Packung Schmerztabletten zerfetzt. Entsetzt fixiere ich die Kreatur. Sie glotzt zurück und faucht. Sekundenlang starren wir einander in die aufgerissenen Augen. Dann erst nehme ich die Arme hoch, ich brülle und trommele mit den Füßen auf den Steinboden. Die Orange im Mund, rast der Affenmann zu jenem Gitterfenster hinaus, das ich beim Verlassen des Zimmers offenbar nicht ver- sondern entriegelt habe.

Gott gibt keine Audienz

Hinter Chintamani beginnt die Steppe. Drei Tage lang wandere ich durch eine trockene Ebene, durchsetzt von roten Hügeln mit niedrigem Buschwerk, und durchquere nur eine Handvoll Dörfer und Siedlungen. Riesige Spatzenschwärme fliegen raschelnd von dürren Büschen am Wegesrand auf. Verhüllte Arbeiterinnen bücken sich in hellgrün leuchtende Reisfelder unterhalb kleiner, spiegelglatter Stauseen. In alten Brunnen, die swimmingpoolgroß in den Fels unter der dünnen Krume der Hirsefelder gehauen sind, steht das Wasser zehn Meter in der Tiefe. Lkw, Pick-ups und Piaggio-Dreiräder rasen über die aufgeplatzte Piste; auf den Ladeflächen schaukeln Bauern mit Turbanen hinter zusammengepferchten Kühen. Ich vermute, sie sind auf dem Weg zu einem Viehmarkt. Oder sie wechseln die mageren Weiden. Immer wieder lehne ich Angebote ab, auf den Viehtransportern, auf Granitlastern, Zweitakttaxis, Traktoren und Motorrädern mitzufahren. Das Land ist so leer, keiner will mich hier allein gehen lassen.

Ich bin auf dem Weg in die Stadt Gottes. Zum Sai Baba, jenem seltsamen Heiligen mit der ausladenden Afrofrisur, dem so viele Inder anhängen. Und nicht wenige Westler. »*Sai Ram*«, rufen die Dörfler und Ziegenhirten fröhlich und heben die Rechte an die Stirn. Aber ich stelle mich dumm. Ich sträube mich dagegen, einen Menschen im Gruß zu »*Ram*« zu erheben, zu »Gott«: »*Ram Ram*«, rufe ich zurück. Und »*Jai Ram*«, »Es lebe Gott.«

Jeden Morgen laufe ich singend hinaus in die endlose Weite. Fröstelnd unter dem sternbesetzten Firmament, marschiere ich durch das fast geräuschlose Vakuum der Ebene. Beharrlich lenke ich meinen Körper durch das bläulich gelbe Licht der Dämmerung und opfere meine Schritte der in den wolkenlosen Himmel hinaufrasenden Sonne. Aber schon am späten Vormittag verwandeln sich meine Wanderlieder regelmäßig in Flüche. Die Mittagstemperaturen steigen auf deutlich über 30 Grad. Der Wind, der auch hier beständig von Norden weht, bringt keine Kühlung. Dafür trockenen Husten. Ich verbrauche Unmengen von Süßigkeiten, Halva und Konfekt. Möglichst keine Schokolade, denn die ist meist um neun Uhr früh schon geschmolzen. Ich trinke sieben Liter Wasser täglich, angereichert mit Elektrolyten und laufe bis zu 40 Kilometer am Tag. 750 Kilometer liegen jetzt, nach einem Monat Wanderung, hinter mir.

Eines frühen Morgens überschreite ich die Grenze in den Bundesstaat Andhra Pradesh. Am Nachmittag erreiche ich Puttarparthi mit wackelnden Knien. An einer Kreuzung unterhalb der Stadt hocke ich erschöpft am Straßenrand und beobachte die Feuer in den umliegenden Hügeln, flächendeckende Brandrodung vermutlich, als ein Wagen hält. Ein Mittfünfziger mit europäischem Gesicht und Gel im Haar bittet mich hinein. Er ist komplett in Weiß gekleidet und drückt mir eine Cola-Flasche in die Hand. »Scheiß Hitze, oder?« Der Mann spricht mit breitem Cockney-Akzent. »Ich bringe dich in ein Hotel.« Über das Dachfenster der Limousine fliegt ein schneeweißer Torbogen hinweg, auf dem *Welcome – Sri Sathya Sai Taluk* steht. Wir passieren die Sri Sathya Sai University: Mauern und Türme, alles in Rosa, dann ein Rollfeld. »Indian Airlines fliegt Puttaparthi immer mal als Stopover an. Und dann wieder für ein paar Jahre nicht«, sagt der Mann in Weiß. Er hat ein vier-schrötiges, narbiges Gesicht mit einem gewaltigen Zinken in der Mitte. Er heißt Alan und kommt aus London. »Ich wohne hier in einem Luxusappartement«, sagt er, als wir die Stufen zum Hotel Sri Sai Sadan hinaufgehen. Dann ist er weg.

Über dem Bett meines Hotelzimmers hängt das Konter-fei des Meisters. Über der Tür ist mit schwarzem Stift ein Sinnspruch an die Wand geschrieben: *Pleasure is an interval between two pains.* Das exakte Gegenteil meiner Lebensphi-losophie.

Am nächsten Morgen will ich versuchen, dem Sai Baba ein paar Fragen zu stellen. Ich habe mich schon von Deutschland aus bemüht, einen Termin bei ihm zu bekommen, aber ich wurde aufgefordert, persönlich um eine Audienz vorzusprechen. Ich laufe durch eine Stadt, in der alles den Namen des Guru trägt. Im Sai Super Bazar kaufe ich neue Kugelschreiber und Notizblöcke, auf denen Sai Baba steht. Die Glasfassaden des neu eröffneten Hotels Sai Heritage protzen neben dem schlichten Eingang der Sai Residence. Unterhalb der Sri Sathya Sai Clinic und des Sai Theja Medical Store gratuliert die State Bank of India anlässlich ihres eigenen zweihundertsten Geburtstags auf einem Plakat »ehrfurchtsvoll« dem »Göttlichen Meister«.

Das Herz des Sai-Universums ist gut gesichert. Hinter hohen Mauern kontrollieren Ashram-Polizisten in weißen Uniformen mit blauen Halstüchern die Scharen, die hinein-strömen. Westliche Pilger in wallenden indischen Hemden, bleiche russische Halbwüchsige in Jeans und Nike-Turnschu-hen, koreanische Besucher mit Mundschutz, nordindische Gläubige mit gelben Schirmmützen, auf denen »Travel Time India« steht, ein humpelnder alter Nepali, eine italienisch aus-sehende Mutter mit Hüfttuch, ein Kind am Arm, eines in der Klappkarre. Ein junger Europäer mit Ziegenbart umrundet, eine Gebetskette in der Rechten, einen Schrein für den Gott Ganesh. Ein blonder Riese mit Rainer-Langhans-Frisur legt, die Hände zum indischen Gruß gefaltet, einen weißen Blumenkranz auf den Altar.

Der Ashram ist eine Stadt in der Stadt. In den gelb und rosa gestrichenen Gebäudekomplexen gibt es ein Postamt und eine Wechselstube, einen Bankautomaten, ein Shoppingcenter, eine Bibliothek und eine »Canteen«, geöffnet bis 18.30 Uhr. Dahinter durchquere ich Dutzende einfacher Massenunterkünfte in einer gepflegten Parkanlage, ausladende, schlichte, einstöckige Hallen mit roten Ziegeldächern, auf denen *Ladys* und *Gents* steht.

Ein Schild weist zu »Radio Sai Global Harmony« und zur PR-Abteilung des Gurus. Vor einem komplett runden Gebäude steigen zwei junge Mönche aus einem polierten Geländewagen. Sie sehen kerngesund und archaisch aus, den Kopf kahl geschoren bis auf einen Zopf im Nacken, gelbe Gewänder, die nur die linke Schulter bedecken. Ich folge ihnen in einen Warteraum, der wie ein Krankenhausflur wirkt. Ein Bediensteter mit blauem Halstuch sitzt in einem gläsernen Empfangskasten: »*Sai Ram.* Wohin wollen Sie?«

Zum ersten Mal kommt mir der göttliche Gruß über die Lippen. Es nützt ja nichts. »*Sai Ram.* Ich möchte den Swami sprechen. Ich bin ein Autor aus Deutschland und habe ein paar kurze Fragen.«

»Sie können warten. Vielleicht hat sein Sekretär, Herr Chakravorty, Zeit für Sie.«

»Ich würde gern zum Meister selbst.«

»Nehmen Sie Platz. Vielleicht haben Sie Glück und Chakravorty kann Ihre Fragen übermitteln.«

Ich setze mich auf einen weißen Plastikstuhl und warte. Die Mönche sitzen neben mir und plauschen angeregt.

Eine Tür geht auf, ein schmächtiges, altes Männlein in einem weißen Uniformchen nickt die Mönche herein, die Tür geht wieder zu. Ich starre auf einen unregelmäßig blubbernden Wasserautomaten, unter dem eine Batterie Pappbecher angeordnet ist. Eine halbe Stunde später geht die Tür wieder auf. Der Mann in der weißen Uniform entlässt die Mönche und wendet sich mir zu, es muss Chakravorty sein: »Sie möchten den Meister sprechen? Das ist nicht so einfach. Er hat viel zu tun. Fragen Sie mich.«

Ich zögere. Vielleicht ist dies der Moment, in dem ich mir den Weg zum Sai Baba endgültig verbaue. »Ich laufe zu Fuß durch dieses Land, und ich habe Armut und Reichtum gesehen«, sage ich. »Ich habe Menschen gesehen, die es sich gut gehen lassen wie europäische Großstädter, und andere, die ein Leben fristen wie im Mittelalter. Es gibt Leute, die sagen, dieses Land wird auseinanderdriften. Ich möchte wissen, was der Swami über die Zukunft Indiens denkt.«

Der Uniformierte verzieht die sinnlichen, dicken Lippen zu einem süffisanten Lächeln. »Der Sai Baba lehrt die Menschen Demut, er lehrt sie, einander zu dienen. Die Armut in Indien wird besiegt werden. Der Baba hat es gesagt. Es wird nur noch wenige Jahre dauern.«

»Aber dazu muss doch mehr getan werden, als zu beten. Die Maoisten erobern das Hinterland. Hindufanatiker brennen Kirchen und Moscheen nieder, Islamisten sprengen Züge. Was nützt da Demut?«

Mein Gegenüber ergreift beschwichtigend meine beiden Handgelenke. »Ich verstehe Ihre Zweifel, junger Mann. Aber Sie übersehen, dass der Sai Baba Krankenhäuser baut und Wasserprojekte durchführt. Dienst am Menschen ist Dienst an Gott. Und Gott wird alles richten. Sehen Sie, ich war selbst ein Revolutionär in den späten Sechzigern, ich war anti-swami.

Dann bekam ich zufällig einen Job beim Sai Baba. Eines Tages hatte meine Mutter mir einen Brief geschrieben, ich legte ihn mit anderen Sendungen ungeöffnet auf meinen Schreibtisch. Mir ging undeutlich durch den Kopf, dass ich vergessen hatte ihn zu lesen, als ich mein Zimmer verließ. Da traf ich den Baba im Flur. ›Du solltest das Schreiben deiner Mutter öffnen‹, sagte er nur. Und ich dachte, ich habe Gott gesehen. Und kehrte auf der Stelle um.«

Der Uniformierte lässt meine Handgelenke los. Seine kurzsichtigen Augen strahlen mich hinter Lupengläsern an. »Gehen Sie heute Abend zum Darshan in die große Versammlungshalle. Da zeigt sich der Guru seinen Jüngern. Manchmal beantwortet er auch Fragen. Vielleicht spricht er ja zu Ihnen.«

»Und wenn nicht?«

»Schreiben Sie ihm ein Fax. Hier ist die Nummer.«

Aber auch beim Darshan komme ich dem Sai Baba nicht näher. In einem silbernen Kleinwagen fährt der Vielverehrte in die Halle ein. Im Rollstuhl manövriert eine Helferin den Greis über einen roten Teppich in ein zweistöckiges, von blaugelbem Zierrat besetztes Balustraden umgebenes Rund, den innersten Tempel an der Stirnseite der Halle. Mit regungslosen Gesichtszügen wird der Sai Baba auf einen Platz unterhalb einer Ganesh-Statue und zweier Reliefs des tanzenden Gottes Shiva gerollt.

Aber der Meister zeigt sich mir nur halb. Wie ich mich auch recke und strecke, zwischen uns ist in jeder Position eine der mannsdicken rosafarbenen Marmorsäulen, die die zehn Meter hohe, in der Mitte von einer Glaskuppel umwölbte und mit Kronleuchtern versehene Stuckdecke tragen. Ich versuche dichter heranzukommen. Doch die vordersten Reihen auf dem kalten, weißen Marmor sind bis auf den letzten Zentimeter von weiß gekleideten Jüngern besetzt. Und die komplette rechte Seite der Versammlungshalle ist allein den Frauen vorbehalten. Als ich mich hinstelle, um durch die Gitter über den mittleren Bereich hinwegzuspähen, wo eine mobile Krankenstation und ein altertümlicher Spritzenwagen in einer halb versenkten Garage parken, springen sofort zwei der Ashram-Polizisten auf und weisen mich energisch auf meinen Platz zurück.

Der Darshan ist unspektakulär. Der Sai Baba sitzt versunken im Kreise von Priestern mit europäischen, indischen und ostasiatische Gesichtern unter dem mit goldenen Pfauen verzierten, hellblauen Dach des zentralen Tempelrunds und blickt ein paar Treppenstufen hinab auf die Hundertschaften Jünger, die gekommen sind, ihn zu sehen. Gejagt von rasantem Trommelrhythmus, stimmen die frommsten Jünger Bhajans Lieder der Hingabe an, um dem Götterpaar Sita und Ram zu huldigen. Die Gesänge wechseln sich ab mit kurzen Vorträgen eines Priesters, der die Essenz der Bhagavadgita erklärt: Bhakti-Yoga. Sich dem Herrn liebevoll hinzugeben, sagt er, ist so gut wie jede andere Form des Gottesdienstes. Der Weg der Liebe führt genauso zu Gott wie der Weg der Erkenntnis, der Weg der richtigen Taten und der Weg der geistigen Entwicklung.

Die Hingabe der Jünger ist begrenzt ekstatisch. Neben mir hockt ein abenteuerlich mit den Gesichtsmuskeln zuckender jugendlicher Bengale, der ständig arhythmisch klatscht und sich auf den Boden wirft. Ein asthmatisch hustender Althippie singt jede Silbe der Lieder mit. Einige Westler fallen mit geschlossenen Augen auf mitgebrachten Sitzkissen in innere Verzückung. Aber die indischen Anhänger verharren weitgehend stocksteif im Schneidersitz, manche halten dabei schlafende Kinder im Arm.

Der Baba sitzt stumm und regungslos da. Bis ein Klingeln ertönt, der Kleinwagen angelassen wird, der Rollstuhl über eine Holzrampe hineinrollt. Die Jünger springen auf und blicken dem Auto hinterher, die Herren links, die Damen rechts. Dann ist der Meister fort.

Am Ausgang des Ashrams entdecke ich Alan. Er spricht mit einem europäischen Zopfträger in grauer Jogginghose. »Kommt, wir trinken noch eine Cola«, sagt er.

Wir setzen uns in den kleinen Getränke- und Süßigkeitenladen von Alans Bekanntem Ragu, der umgehend versucht, mich mit einem Prospekt zu Spenden für die Gehörlosenschule, an der er vormittags arbeitet, zu bewegen. Der Zopfträger heißt Jamie. Er setzt sich auf einen weißen Plastikstuhl, schaut auf den gestampften Lehmboden und massiert seinen großen Zeh, der aus einem Badelatschen ragt. Er sieht betrübt aus, niedergeschlagen.

Umso lebhafter ist Alan. »Ich bin schon früh auf den Hippiezug aufgesprungen«, erzählt er. »Meine Eltern sind Atheisten, mein Vater war bei der Air Force. Die sind vor Lachen von den Stühlen gefallen, wenn ich ihnen von Gott erzählt habe.« Unter Alans T-Shirt schaut ein misslungenes Tattoo von einem Adler, der den Erdball in den Fängen hält, hervor. »Ich habe schon mit fünfzehn Jahren Zen gelernt. Vor siebenundzwanzig Jahren, in den besten New-Age-Zeiten, war ich dann das erste Mal hier. Und ich war so beeindruckt, dass ich Angst bekam. Europäer haben ein Problem: Sie verbinden Gott mit Strafe.«

Also floh Alan vor der Anziehungskraft des Sai Baba nach Bombay, nach Kalkutta, nach Bangalore. Er arbeitete in Diamantenminen in Venezuela und entdeckte, zurück in seiner Heimatstadt London, dass er zum Tanzen berufen war. »Von einem Tag auf den anderen. Ich wurde ein Star, ich tanzte in den besten House-Clubs der Stadt. Bis ich genug hatte.« Er habe ein Jahr Pause gebraucht vom Stadtleben, dann noch eins. »Dann bin ich wieder hierhergekommen. Zurück nach Indien. Weil der Baba mich nicht loslässt.«

Ragu verkauft über den Tresen eine Mineralwasserflasche an ein etwa sechzehnjähriges Mädchen, das Englisch mit russischem Akzent spricht. Endlich bricht auch Jamie sein Schweigen: »Nachts holen sie in den Pilgerunterkünften die Balalaikas raus«, wirft er ein. »Die Russen sind hier in der Überzahl. Der Kommunismus und Putin haben ihnen die Seele gestohlen.« Er sei Schriftsteller, sagt Jamie. »Früher habe ich Dramen geschrieben, jetzt schreibe ich lustige Geschichten. Weil sie mich selber zum Lachen bringen.«

»Hast du den Sai Baba jemals persönlich getroffen?«, frage ich.

Jamie setzt ein Grinsen auf. »Er spricht regelmäßig mit mir. Wenn ich schlafe. Er hat mich befreit. Von den Drogen, von den Frauengeschichten. Er hat mich zur Quelle des Ganges geführt, und ich habe den Lauf des heiligen Flusses angehalten wie der Gott Shiva. Er hat vor meinen Augen Perlen aus heiliger Asche gezaubert.«

»Ich habe vergeblich versucht, zu ihm vorzudringen«, sage ich.

»Vielleicht waren deine Gebete nicht stark genug.«

Oder waren sie es doch? Nach zwei Tagen verlasse ich Puttaparthi. Das Fax, das ich noch in der Stadt an den Sai Baba geschrieben habe, wurde nie beantwortet. Aber aus unerfindlichen Gründen hat mich der Swami doch berührt. Obwohl Bhakti-Yoga eigentlich nichts für Besserwisser wie mich ist. Jetzt rufe ich höflich »*Sai Ram*«, wenn ich in die Dörfer komme. Und alle grüßen und winken fröhlich zurück.

Heimwärts

Das Hinterland von Andhra Pradesh liegt im Windschatten des indischen Wirtschaftswunders. Im Zentrum der Provinzstädte Dharmavaran, Anantapur und Tadipatri säumen bautechnisch bedenkliche Ladenzeilen kilometerlang die offene Kanalisation. Motorrad- und Fahrradläden reihen sich an Autowerkstätten und Geschäfte für Landwirtschaftsbedarf, in denen Bayer und Monsanto Saat und Dünger verkaufen. Ansammlungen von Apotheken ballen sich um heruntergekommene Augen- oder Entbindungskliniken. Die Versicherungsbüros von Bajaj Allianz finden sich zumeist in den Obergeschossen, Nähereien und Schustereien, in denen halb nackte Arbeiter auf dem Boden hocken, stets in den Erdgeschossen. In Tamil Nadu war das Elend über das ganze Land ausgeschüttet, im Flächenstaat Andhra Pradesh scheint es sich in den Städten zusammenzurotten. Ich bin froh, wenn ich lange vor Sonnenaufgang in die Weite jenseits der Stadtgrenzen aufbreche, um im Takt meiner Schritte dem endlosen Asphaltband der Landstraße zu folgen, das durch die Hügel mäandert. Unter dem weiten Himmel. Über die rote, dürre Erde.

In der Stadt Dharmavaran kaufe ich an einem Abend ein paar Guaven und Bananen. In einer Ladenzeile entdecke ich den unscheinbaren Eingang zu einer Moschee. Ich steuere hinein. Ein Vollbärtiger stellt sich vor das Tor.

»Was ist in der Tüte?«, will er wissen.

»Nur Früchte«, sage ich und merke, wie leicht mir die Worte auf Urdu von den Lippen gehen. »Mein bescheidenes Frühstück.«

Er inspiziert den Inhalt der Plastiktasche kurz, aber gründlich. Als könnte ich ein Terrorist aus den USA sein. Dann nickt er mich hinein. Im Inneren der Moschee sehe ich: nichts. Ein großer, leerer Gebetsraum mit einem Koranspruch an der grün lackierten Wand über zwei Reihen abgewetzter Gebetsmatten. Vergitterte Fenster. Ein Tor aus Metall. Was für ein Gegensatz zu den götter- und dämonenschwangeren Tempeln Tamil Nadus, denke ich. Zum neohinduistischen Barock des Sai Baba. Was für ein vertrauter Rationalismus.

Aus purer Sympathie verspeise ich neben der Moschee ein sehr muslimisches Biryani, gewürzten Reis mit Hammel. Mit einem Bauern am Nachbartisch versuche ich mich an einem Gespräch über die unterschiedlichen Grade der Mechanisierung der Milchwirtschaft in Niedersachsen und Andhra Pradesh. In einem Friseurstudio lasse ich mir von einem nervösen Barbiersgehilfen bei der Rasur fast die Nase kastrieren. Zur Desinfektion hält er mir rasch einen faustgroßen, beißenden Seifestift an den Schnitt. Mit einem kleinen Pflaster im rechten Nasenflügel falle ich in mein Hotelbett. Auf dem Weg in das Herz Indiens fühle ich mich ein ganz kleines Bisschen, als käme ich nach Hause.

In Anantapur treffe ich im »China-Basar«, der vollgestopft ist mit batteriebetriebener, blinkender Plastikware von Elvis bis zum Affengott Hanuman, einen jungen Mann namens Prasad. Er zeigt mir sein Geschäft in einem Obergeschoss in einer Seitenstraße, das aus wenig mehr als einem großen leeren Raum besteht. Im Eingang ein Tresen mit einem Computer, in der Mitte ein silberner Kühlschrank, weiter hinten eine Bettstatt aus Laken auf dem Linoleumboden. Er sei Anwalt, aber jetzt handele er auch mit PCs und anderen Elektroartikeln. »Die Ware kommt in den nächsten Tagen.«

Wir setzen uns in ein Restaurant, und Prasad weist die Bedienung an, Teller und Becher noch einmal gründlich zu waschen, bevor mir serviert wird. Er beobachtet, wie ich Berge von Reis, Brot, Gemüse und Linsen verschlinge. »Ich esse später«, sagt er. Ich ahne, dass er Brahmane ist. Vielleicht hat er Angst, das Essen könne unsauber sein. Vielleicht befürchtet er sogar in ganz traditioneller Denkweise, dass es von einem Kastenlosen zubereitet wurde.

Wir sprechen über die Entwicklung Indiens. Sein Land werde bald so stark sein wie die USA, sagt er. »China und Indien werden die wichtigsten Nationen der Welt sein. Die Dinge wiederholen sich. Vor zweitausend Jahren waren wir eine Hochkultur und in Europa lebten die Wilden im Busch.« Er redet über die indische Mondsonde und die »Innenwelt«, in der unsere Seele durch Gottes Kraft wie ein Magnet mit Ihm verbunden sei. Er spricht von der »Außenwelt«, vom Universum, darüber, wohin sich das Licht ausdehnt und wann die Menschen den Mars besiedeln werden. »Ich hätte gern ein Teleskop, um nachts in die Sterne zu schauen.« Er kommt mir vor wie ein Priester des IT-Zeitalters, der vor mir die metertiefen Schichten und unglaublichen Interpretationen seiner Religion ausbreitet. Fantastisch und faszinierend zugleich.

Was hatten die Muslime diesen Religionen entgegenzusetzen, frage ich mich, die mittelalterlichen arabischen Missionare im Süden und nach ihnen die türkischen und monogolischen Eroberer im Norden? Zwar flohen die armen Inder aus dem Kastensystem in ihre Hände. Aber gleichzeitig lebte der Hinduismus in vielen Formen des indischen Islam weiter. Er befruchtete die Religion der Eindringlinge mit seiner Philosophie und Kunst. Die muslimischen Mystiker übernahmen die Gottesliebe der indischen Bhakti-Bewegung, sie besangen Allah mit Liedern in Hindi. Und in der Gegenrichtung eroberten persische Musik und Tischsitten die Höfe der einheimischen Fürsten. Weil dem Hinduismus keine philosophische Idee und kein Gotteskonzept fremd ist, entstanden schließlich Mischreligionen wie der Glaube der Sikhs. In der Mogulära vereinten sich die beiden Religionen zu einer Kultur, die vor allem spektakuläre Bauwerke wie den Taj Mahal hervorbrachte.

Doch der Hinduismus selbst, der alles Andersartige, alles Eindringende über Jahrtausende hinweg ganz einfach geschluckt hat, ist bis heute rätselhaft geblieben. Unergründlich und komplex. Zumindest für uns Europäer.

Uns ist die muslimische Kultur leichter zugänglich, ganz einfach weil sie der christlichen Tradition verwandt ist. Der Hochburg des Islam in Zentralindien laufe ich jetzt entgegen: Hyderabad, einer Metropole voll muslimischer Geschichte. Es ist nicht mehr weit bis dahin.

Freiluftgefängnis

Auf der Wanderung durch das zentrale Hochland lerne ich die Sprache des indischen Hupens. Ein kurzes Tröten bedeutet »Achtung«, ein langes warnt: »Aus dem Weg!« Oft folgt ein drei- bis vierfaches Überholmanöver, das die gesamte Straßenbreite einnimmt.

An einem frühen, diesigen Morgen weiche ich vor den Toren der Stadt Anantapur einem entgegenkommenden Tanklaster aus. Er überholt einen Ochsenkarren und zwei Milchkannen transportierende Radfahrer, die ihrerseits von einem Maruti-Minibus passiert werden. Fast springe ich in ein Schild mit der Aufschrift »Open Air Jail«. Ich rätsele, auf welche Seite der Straße es weist. Durch den dichten Nebel führt links eine gepflegte Allee in eine parkähnliche Anlage. Auf der rechten Straßenseite zweigt eine staubige Piste von der Hauptstraße ab. Ich entscheide mich für die Piste.

Der unbefestigte Weg führt vorbei an einem kleinen Dorf, aus dem mir ein Mann in rotem Trainingsanzug im Zeitlupentempo entgegenjoggt, und an einem Knick, in dem Dutzende unbenutzte Kondome herumliegen, aufgerissen mitsamt den Verpackungen, als hätte jemand nicht gewusst, was damit anzufangen ist. Aus dem satten Buschwerk jenseits des Dorfes erheben sich hellgraue Mauern eines Gebäudes, umgeben von einem breiten Betongraben, in dem trübes Wasser steht. Beim Näherkommen fliegt ein weißer Vogel aus der stinkenden Suppe auf.

Hinter einem unbesetzten Wachhäuschen betrete ich den äußeren Hof. Er ist säuberlich gefegt. In der lauen Brise hängt schlaff die indische Fahne. Um die geölten, glänzenden Angeln des gewaltigen Haupttors, von dem der grüne Lack blättert, surren dicke Wespen im Morgenlicht. Ich klopfe an ein winziges Sprechfenster in einer schmalen Tür, die in das Tor geschnitten ist. Sofort öffnet ein Wächter. Er könne mir keinen Zugang gewähren, sagt er und weist auf eine Betonbank unter zwei alten Akazien, wo ich warten soll. Ich setze mich hin und habe das Gefühl, beobachtet zu werden. Vielleicht aus der improvisierten Zeltkonstruktion, die sich über dem Metalltor hinter ein paar Sandsäcke duckt. Vielleicht durch das Sprechfenster in der schmalen Tür.

Ein Polizist mit einem Fahrrad rollt in den Hof. Das Tor geht auf, er schiebt hinein, es schließt sich wieder. Ein unrasierter Alter mit Papayas auf dem Gepäckträger und einem Netz im Rahmenkreuz bremst sein Fahrrad vor der Bank. Er ruft die Mauer hinauf. Neben der Zeltkonstruktion erscheint ein fröhlich gestikulierender Wächter. An einem Seil lässt er eine Leinentasche hinab. Der Alte schlurft hinüber und legt drei Papayas hinein, der Wächter zieht die Ware die Mauer hoch.

Die Tür im Metalltor öffnet sich. Eine imposante, massige Erscheinung tritt in den Hof, ein Mann wie ein Stier. Er brüllt den Wächter über sich an. Umgehend fällt ihm das Seil von der Mauer vor die geputzten Kunstlederstiefel. Der Alte klaubt die drei Früchte aus der Plastiktüte, hastet zurück zu seinem Fahrrad und legt die angeschlagenen Papayas wieder in den Korb.

Der Stiermann winkt mir zu. »Kommen Sie rein.« Er stellt sich als Gefängnisleiter vor, Vijay Chowdary. Er wirkt wie eine Mischung aus wilhelminischem Polizeihauptmann und Zirkusdirektor. Der Bart ist gezwirbelt, die Brust presst er nach vorn, vier Streifen glänzen auf seinen Schultern. APJS steht darunter, Andhra Pradesh Jail Security. »Wir haben keine Geheimnisse«, sagt Chowdary und führt mich im Paradeschritt, ein knackendes Funkgerät im weißen Lackgürtel, zwischen akkuraten Geranienbeeten über von weißen Kalkstreifen markierte Sandwege zu den einzelnen Abteilungen. Ich stelle mir vor, wie es wäre, in Deutschland an die Tür einer Haftanstalt zu klopfen und zu fragen, ob man sich mal eben umschauen dürfe. In Indien ist es leicht, Zugang zu den geheimsten Orten zu bekommen. Sondergenehmigungen sind in diesem korrupten Land bis heute Vertrauenssache, eine persönliche Angelegenheit zwischen Ehrenmännern. Ein Handschlag genügt. Und ein Fremder ist natürlich eine Attraktion, eine harmlose, weil außenstehende. Ein Westler in der indischen Provinz wird oft hofiert, als wäre er ein exotischer Prinz.

»In diesem Gefängnis haben wir derzeit zweihundertdreiundfünfzig Insassen«, sagt Chowdary. »Manchmal sind es bis zu vierhundert. Die meisten sind wegen Mordes oder versuchten Mordes hier. Sie wohnen in Trakten, die nach indischen Flüssen benannt sind: Kaveri, Krishna, Godavari, Tapti, Narmada, Yamuna, Ganga.« Chowdary spricht so schnell, dass er klingt wie ein übereifriger Geografieschüler, der seine Hausaufgaben aufsagt. »Wir haben auch einen separaten Trakt für Frauen.«

Dessen Metalltor ist blau-gelb lackiert. Zwei Wächterinnen mit strengen Dutts unter beigefarbenen Mützen stehen davor stramm. »49 Insassen, ein Kind« steht auf einer Tafel. Beim Eintreten stoße ich mir am niedrigen Rahmen so heftig den Kopf, dass ich auf den Rücken falle. »Sind Sie verletzt?« Chowdary zieht besorgt die Stirn in Falten. »Wir haben einen hervorragenden Arzt.«

Auf zwei Veranden versammeln sich etwa zwanzig Frauen aller Altersstufen zu kleinen Gruppen und verfolgen stumm, wie ich mich langsam vom Boden erhebe und mir den Staub von den Hosenbeinen klopfe. Das Kind kann ich nirgendwo entdecken. Eine Wächterin schlägt einem Mädchen, das uns nur langsam den Weg frei macht, mit der flachen Hand in den Rücken. »Eigentlich sollte sie eine Uniform tragen«, erklärt Chowdary. »Wie die anderen Verurteilten da.« Er zeigt auf zwei Frauen, die in identischen weißen T-Shirts unter einem Baum hocken.

Die Gemeinschaftszelle des Frauentrakts ist leer bis auf einen Einbauschrank, der die gesamte Längsseite einnimmt. In den Schrankfächern liegen Matratzenrollen. Gegenüber steht ein Fernseher auf einem Beistelltisch. »Zehn Häftlinge wohnen hier«, sagt Chowdary. »Drei Quadratmeter pro Person, das ist das Mindestmaß.« Ich stelle mir vor, wie in Stoßzeiten fünfundzwanzig Gefangene hier unterkommen.

Im Meditationsraum flattern blau-weiße Wimpel von der Decke, an der Stirnseite hängen ein Gemälde des hinduistischen Asketen Vivekananda und eine psychedelisch wirkende Grafik, in der bunte Linien zu einem poppigen Lichtfetzen verschmelzen. *God is One* steht darunter. In der Küche bröckelt der Putz in einen unbeaufsichtigten Alutopf, in dem braune Linsen köcheln. »Zweimal am Tag gibt es Reis und Linsen. Jeden Sonntag macht der Koch Hammel«, sagt Chowdary.

Neben einem Gitterfenster lehnt gelangweilt eine dünne, vielleicht vierzigjährige Frau in grünem Sari und mit hochhackigen weißen Lackschuhen. Ich frage sie, weswegen sie eingesperrt ist. »Keine Ahnung«, sagt sie und kratzt sich am Scheitel. »Es war zu Diwali. Wir aßen zu Mittag. Da kam die Polizei rein und nahm mich mit. Sie sagten, ich habe eine Nachbarin umgebracht. Aber das ist eine Lüge. Seit drei Monaten bin ich jetzt hier.« Ich frage sie, ob sie einen Anwalt hat. Aber Chowdary bricht das Gespräch ab. »Übernächste Woche muss sie zum Richter«, sagt er, blickt auf seine silberne Armbanduhr und weist mir den Weg zum Ausgang. »Sie müssen jetzt gehen.«

Am offenen Haupttor dirigiert ein halbes Dutzend Wächter eine Gruppe Häftlinge in den äußeren Hof, in dem ein Gefangenentransporter mit blubberndem Diesel wartet. Rund um die Betonbank hat sich eine Schar Besucher angesammelt. Aus dem Augenwinkel sehe ich den alten Obstverkäufer, der, ehrfürchtig einem Wärter salutierend, das Gefängnis verlässt. Das leere Papayanetz baumelt in seiner Linken. »Was ist denn nun das Besondere an diesem Gefängnis?«, frage ich den Gefängnisleiter. »Was soll hier besonders sein?« Chowdary zündet sich im Gehen ein Bidi an. »Es ist ein ganz gewöhnliches Distriktgefängnis.«

»Und wieso steht dann Open Air Jail daran?«

»Sie haben sich verlaufen, Sir. Das Open Air Jail ist auf der anderen Straßenseite. Aber jetzt muss ich leider zurück in mein Büro. Nett, dass Sie uns besucht haben.«

Ich trete aus dem niedrigen Buschwerk auf die schlecht asphaltierte Straße nach Tadipatri, über der die Sonne senkrecht am Himmel steht, und tauche auf der gegenüberliegenden Seite in den Schatten der Alleebäume ein. Ein roter Sandweg führt schnurgerade zwischen Sonnenblumenfeldern und einer Reihe Bungalows hindurch. »Verwaltung« steht an einer Gartenpforte. Dahinter sitzt eine Dame in blauem Sari auf einer Veranda in einer Hollywoodschaukel. Ich frage sie, ob ich mit dem Leiter des Gefängnisses sprechen kann. »Mein Mann schläft noch.« Sie weist auf die zugezogenen Gardinen im Fenster hinter ihr. »Versuchen Sie es in einer Stunde wieder. Solange können Sie sich ruhig umschauen.«

Der Sandweg führt weiter zu einer Ansammlung von Stallungen. Ein nackter Junge wäscht sich an einer Handpumpe den Bauch und zwitschert einer Ente zu, die in einem Betonbecken herumspritzt. Ein Mann in kurzen blauen Hosen treibt mit scharfen Rufen zwei vor einen Pflug gespannte Ochsen über den Weg. Das Gerät hängt schief, immer wieder schlägt das Metall einem Tier gegen den Huf.

Neben einem Stall sitzt ein kleiner Herr mit Schnauzer, Halbglatze und Segelohren vor einer Anzahl schwarzer Haufen und rüttelt groben Kompost durch ein großes Sieb. Er ist ein Häftling, wie es scheint. Ich frage ihn, warum er hier ist.

»Ich habe einen Mann getötet. Er wollte vor Gericht gegen den Chef meiner Partei aussagen. Kurz vor der Wahl. Da haben wir ihn in den Wald gelockt und erschlagen.«

»Und was ist dann passiert?«

»Sie haben uns noch vor der Wahl verhaftet. Aber unser Kandidat hat trotzdem gewonnen. Aus der Zelle heraus.«

Der Gefangene legt das Sieb beiseite, nimmt eine Schaufel und füllt einen blauen Plastiksack mit Kompost. Der strenge Geruch von Kuh- und Büffelkot steigt auf. »Vor zehn Jahren wurde ich verurteilt. Sieben Jahre habe ich im Zentralgefängnis gesessen. Vor zwei Jahren haben sie mich wegen guter Führung hierherverlegt. Jetzt bin ich so gut wie frei. Ich arbeite, am Wochenende besucht mich meine Familie, sie schläft im Gästehaus. Ich fahre zum Markt von Anantapur, um Gemüse zu verkaufen. Nur nachts muss ich in der Baracke da sein.« Er zeigt auf ein weiß gestrichenes Haus gegenüber. In der Achsel seines blauen Baumwollhemdes klafft ein großes Loch. Ein höflich grüßender Wächter radelt vorbei. Ein Specht klopft lautstark in einem Wipfel.

Der Schnauzbärtige hievt den Sack auf einen Holzkarren und fährt ihn in den Stall. Dort ist der Kompost zu großen

Haufen aufgeworfen. Er greift in einen hinein und präsentiert mir einen fetten, weißen Regenwurm. »Das war mal Kacke.« Er grinst. »Jetzt ist es beste Muttererde.«

Wir stapfen über die umliegenden Plantagen und Felder. Der Häftling humpelt mit dem rechten Fuß. »Deswegen kann ich nicht auf dem Feld arbeiten.« Er zeigt mir die Mangoplantage, jahrzehntealte Bäume mit massiven Stämmen und runder Krone so weit das Auge reicht. Er führt mich in die Karottenfelder. »Zu dem Gefängnis gehören mehr als vierhundert Hektar Land. Wir produzieren Milch und Gemüse für alle hundertachtzig Gefangenen. Wir verkaufen Mangos, Teakholz und neuerdings auch Seide.« Er zupft einen frischen Bund Karotten aus den säuberlich angelegten Reihen, reißt das Grün ab und bietet mir die vier Wurzeln an. »Sonnenblumen, Linsen, Erdnüsse, was Sie wollen. Anantapur zählt zu den trockensten Regionen Indiens. Aber wenn Sie Wasser auf den roten Sand hier gießen, wächst alles. Haben Sie Hunger?«

In der Mittagshitze entfacht der Häftling ein Feuer unter einem alten Mangobaum. Als die Glut heiß genug ist, wirft er Karotten, Auberginen und Kartoffeln ungeschält hinein und lässt sie langsam garen. »Vegetarian Indian Barbecue. Es gibt nichts Gesünderes.« Wir pulen das Gemüse aus den harten, heißen Schalen und trinken frisches Brunnenwasser aus einem irdenen Krug. Im Zentralgefängnis habe er ständig an Flucht gedacht, aber hier nie, sagt der Gefangene und stochert mit einem dornigen Ast die letzten zwei Kartoffeln aus dem Feuer. Den anderen Insassen gehe es ähnlich. »Das letzte Mal ist hier vor drei Jahren einer abgehauen.«

Ich frage mich, wie es möglich ist, dass gesellschaftlicher Fortschritt und juristische Rückständigkeit so dicht nebeneinander liegen, ohne einander zu berühren. Seine Menschenrechte einzufordern, muss man sich in diesem Land leisten können. Ich denke an die ungezählten indischen Inhaftierten, die jahrzehntelang nicht verurteilt werden, weil ihnen nach einem Gesetz, das noch von den Briten stammt, schlicht das Gerichtsverfahren vorenthalten wird. Und weil sie, ungebildet und wehrlos, ihr Schicksal einfach hinnehmen.

Auf dem Rückweg über die Sandpiste ist im Verwaltungsgebäude niemand zu sehen. Als ich das Open Air Jail durch das gusseiserne Tor wieder verlasse, wirft die grelle Sonne ein gleißendes Licht gegen die grauen Mauern des District Jail auf der anderen Straßenseite. Die nur von zwei schlingernden Radlern befahrene Straße nach Norden liegt vor mir wie die Trasse in eine Zukunft voller zweifelhafter Chancen.

Durch die Wüste

Hinter den ungleichen Gefängnissen beginnt die Wüste. Bis zum Abend taucht kein einziges Dorf aus der Ebene auf. Nur die nackten, hellbraunen Seshachalam-Berge, die Ausläufer jenes Bergsystems, das Indiens Ostküste von Tamil Nadu bis hinauf nach Bengalen flankiert. Mit der Sonne schräg im Rücken erreiche ich eine Siedlung, eine Oase aus quadratischen Katen neben einem Stausee. Ich decke mich mit zwei Dutzend losen, runden Butterkeksen und sechs Samosas für die Nacht ein. Ich fülle meine Wasserflaschen an einem von vier tröpfelnden Hähnen, die am Straßenrand aus einer Steinmauer ragen, mit einer gelblichen Flüssigkeit, und desinfiziere sie mit Trinkwasserentkeimer. In den Hügeln jenseits des Dorfes schaue ich mich zwischen Tomatenfeldern und Guavenhainen nach einer Übernachtungsmöglichkeit um. Ich verwerfe die schmale Plattform auf einem zehn Meter hohen Wasserspeicher, zu dem eine rostige Wendeltreppe emporsteigt, weil gegenüber in einer Siedlung von Behelfszelten aus schwarzer Plastikfolie die Arbeiter einer Steinschneiderei gerade ihre schreienden Kinder zu Bett bringen. Und weil keiner sehen soll, wo ich mein Quartier errichte, wenn ich draußen übernachte.

In einem Stoppelfeld erspähe ich einen mannshohen Quader, zweihundert Meter vom Straßenrand entfernt, ein idealer Platz, wie ich beim Näherkommen feststelle. Das Gestrüpp außen herum ist abgefackelt, das sonnenwarme Flachdach eben und sauber. In dem verlassenen Speicher liegt nur ein

Haufen Kot. Zur Sicherheit stapele ich ein paar Dutzend Feldsteine auf das Dach und platziere meinen Stock daneben. Im Schatten der Behausung esse ich die Samosas, warte bis die Februarsonne hinter einen spitzen Hügel gefallen ist, der aussieht wie ein Elefantenkopf, und klettere aufs Dach. Ich krieche in meinen Schlafsack und lausche den Geräuschen auf der wenig befahrenen Landstraße. Ein Lkw hupt. Ein Ochsenwagen fährt hufklackernd vorbei. Aus einem Überland-Dreiradtaxi höre ich übermütiges Kindergeschrei. Der stetige Geräuschpegel beruhigt mich.

Ich schlafe bis nach Sonnenaufgang und wache auf, weil etwas an meinen Füßen zupft. Ich reiße die Augen auf. Blitzartig greife ich nach meinem Stock und schwinge ihn über meinem Kopf. Ein braunes Etwas huscht vom Dach. Ich blicke hinab – und in das Gesicht eines Bauernjungen. Er sitzt auf der Schulter eines anderen Knaben, die rechte Hand noch an der Dachkante. Beide schreien erschrocken auf. Und rasen über die Stoppeln davon. Die Angst der Einheimischen vor dem Ausländer ist so groß wie die des Fremden vor Verrückten, die ihn im Schlaf überfallen könnten.

Die letzten zwei Wandertage durch das zentrale Andhra Pradesh verlaufen ruhig. Die Dörfer sind grüne Inseln in der staubigen Einöde. Sie riechen nach Geranien und Heu, nach einer strengen Mischung aus Orangenblüten und frischem Asphalt. In den Oasen flattern Schwärme weißer Falter aus Bougainvilleas. Aber draußen auf dem Land sind die wenigen Reisfelder brandgerodet und gesäumt von dicken Salzkrusten. »Har Har« und »Hoy« rufen die Hirten, wenn sie ihre Kühe und Büffel darübertreiben. Ich lese das Schild eines Aufforstungsprojektes. Bis vor drei Jahren sollten in der flachen Steppe zweitausend Bäume gepflanzt sein. Ich sehe keinen einzigen.

In einem Dorf vor der Stadt Tadipatri gehen zwei Jünglinge mit offenen Hemden fäusteschwingend aufeinander los, hinter jedem hat sich eine Traube grölender Mitstreiter versammelt. Ein strenger Alter versucht den Zwist zu schlichten. »Was ist los?«, rufe ich ihm zu, während ich mich durch die tobende Menge schiebe. »Sie streiten um Wasserrechte«, antwortet der Alte.

In Tadipatri komme ich in einer Offsetdruckerei mit einem Mann ins Gespräch. Er tackert Schwarz-Weiß-Drucke für das fünfundzwanzigjährige Jubiläum einer Secondary School zu vierseitigen Broschüren zusammen. Ich erzähle ihm von dem Wasserstreit. Indien sei ein Land der Parallelgesellschaften, proklamiert er. Sein kultureller Reichtum habe sich nur durch Ignoranz gegenüber den Bedürfnissen der anderen Kasten, der anderen Religionsgemeinschaften erhalten können. »Das Kastensystem zerfällt. Heute müssen auch Brahmanen in Fabriken und auf Baustellen schuften. Dalits werden Politiker und Präsidenten. Aber die alten Denkweisen sind geblieben.« Für die Gesellschaft als Ganzes fühle sich keiner verantwortlich. »Wir werfen den Müll auf die Straße, weil irgendein anderer ihn schon aufheben wird. Wir hinterlassen verdreckte Klos, weil irgendjemand sie schon sauber machen wird. Wir prügeln uns um Wasserrechte. Und darum, wer als Erster in den Zug steigen darf. Selbst wenn wir Platzkarten haben. Indien ist jeder gegen jeden.«

Am letzten Tag meiner Wanderung in diesem Winter verwandelt sich die Landschaft noch einmal. Kantige Sedimente durchstoßen jetzt die verwehte Schicht roter Erde. Die Sandwüste weicht einem toten Meer aus Stein. Männer in Feinripp-Unterhemden und Arbeiterinnen mit weißen Kopftüchern stehen Hunderte Meter tief in Kalkgruben. Bis zum Grundwasser hinab schneiden sie blaue Platten aus dem Boden. Zwischen den Gruben türmen sich Halden von braunem Abraum. Ihr Hämmern ist meilenweit zu hören und oft das einzige Geräusch. Der Wind wechselt fast unmerklich von Nord auf Süd. Trecker donnern mit Steinplatten auf den Anhängern vorbei. Ich passiere eine Zementfabrik und frühstücke in einer Wellblechbarackensiedlung, in der die greise Teestubenbesitzerin den Arbeitern vor Schichtbeginn frittiertes Fladenbrot in Zeitungspapier wickelt.

Oberhalb der Fabrik liegt ein verlassenes Dorf, aufgegebene Terrassenfelder, ein ausgetrockneter Fluss in den Hügeln, dahinter eine Stadt, komplett aus Stein. Die Mauern der Wellblechdachhäuser sind aus Steinplatten gebaut, ebenso die Straßen, die Fußwege, selbst die Zäune um die brachen Felder.

Am Nachmittag passiere ich auf einer wenig Schatten spendenden Allee die Belumhöhlen, in denen vor Jahrtausenden buddhistische und Jainmönche gelebt haben sollen, die aber bis vor zwanzig Jahren als Abfallhalden benutzt wurden. Ein riesiger, schneeweißer Buddha hockt vor dem Eingang auf einer Lotusblume. Mit einem Stock in der Hand kommt mir ein alter Mann einen Hügel hinab entgegen. Er ruft »*Good morning*«, schüttelt meine Hand und erzählt, dass er zum Sai Baba pilgere.

Von den Hügeln blicke ich auf ein braunes Chaos aus Stein und Staub, auf Schutthalden bis zum Horizont. Zwei Esel irren schreiend in der Hitze durch die Trümmer. Eine Busreisegruppe hat sich auf einer kleinen Kuppe unter einer windschiefen Tamarinde zur Rast versammelt; eine Windrose steuert aus der Ebene auf sie zu.

Die Passagiere fliehen in ihr Fahrzeug. Ich springe hinterher. Die verbleibenden 250 Kilometer nach Hyderabad werde ich mit dem Bus fahren. In Deutschland wartet Arbeit auf mich.

Wir sind Indien

In Hyderabad eine passende Unterkunft zu finden ist schwierig. Die Sternehotels im Nobelviertel Banjara Hills sind teuer und unterkühlt. Und alle Mittelklasseunterkünfte in den Stadtvierteln Abids und Nampally sind ausgebucht. Also checke ich im Harsha ein, einem klassischen indischen Businesshotel zwischen Hauptbahnhof und Altstadt. Über dem WC prangt eine weiße Papierschärpe mit der Aufschrift *Disinfected for your Protection*. Der Flaschenöffner ist mit einem rosa Bändchen am Kühlschrank befestigt. Das bodentiefe Panoramafenster geht zur Straße hinaus. Die schmalen Gehwege an der Public Garden Road und den umliegenden Durchgangsstraßen sind gesäumt von anonymen Bürogebäuden und wenigen kleinen Geschäften, in denen Lederwaren oder Textilien verkauft werden. Die gaslose Doppelverglasung reicht nicht aus gegen den Verkehrslärm. Um kurz nach Mitternacht versuche ich an der Rezeption ein anderes Zimmer zu bekommen. Vergeblich.

Nach einer Nacht mit beidseitigem Ohropax besuche ich etwas zerknittert den Charminar, die Moschee mit den vier Türmen, die der Gründer Hyderabads im 16. Jahrhundert bauen ließ, nachdem Allah die Stadt von der Pest befreit hatte. Ich steige die gewundene Treppe hinauf und blicke über die Brüstung auf eine Stadt, die wie ein Mosaik vor mir liegt: Weiße und türkisfarbene zweistöckige Flachdachhäuser erstrecken sich nach Norden zum Begum River, einer breiten, grünen Flussoase mit Palmen und Schilfstreifen, die die Altstadt vom neuen Teil der Metropole trennt. Irgendwo im Dunst jenseits des Flusses liegt HITEC City, das IT-Zentrum der Dreieinhalb-Millionen-Einwohner-Stadt, ein großzügig angelegter Glasfassadenvorort mit Wurzeln aus Hochgeschwindigkeitsdatenleitungen.

Aber unter mir schieben sich Mopedfahrer und Fußgänger durch die engen Gassen des historischen Laad Bazar. Händler breiten auf dem Platz vor dem Charminar Granatäpfel und Kürbisse, Orangen und Kartoffeln auf den Ladenflächen ihrer Fahrradtransporter aus. Viele tragen Salwar Kamiz, Pyjama und Hemd, jene Tracht, die aus dem heutigen Pakistan in den Süden kam. Und viele haben ihr Haupt mit einer weißen Kappe bedeckt. Es ist eine fast nordindische Szene. Hyderabad, eine Stadt, in der das indogermanische Urdu und das dravidische Telugu die beiden meistgesprochenen Idiome sind, markiert die Grenze zwischen dem Norden und dem Süden des Landes.

Ich schlendere hinüber zur Mekka Majid. Auf der Hauptstraße passiere ich die poppigen Poster, mit denen »Fariq Ammunition« und »Nazeer Ammunition« Handfeuerwaffen anpreisen. Ich spähe in eine ausgestorbenen Ladenzeile, in der »Noorie Wedding Collection« und »The Burqa House« ihre Ware offerieren; eine rotblonde Schaufensterpuppe lugt unter einem nicht ganz geschlossenen Tschador hervor.

Vor der Moschee, einem klotzigen, graubraunen Komplex mit Zwiebeltürmen und fünfundzwanzig Meter hohen Torbögen, posiert eine Mädchenklasse in blauer Uniform zum Erinnerungsfoto. Auf den Mauern des Gotteshauses hocken Schwärme gurrender Tauben. Der Hof ist großflächig mit Schichten von getrocknetem Vogelkot bedeckt. Ein Mann fegt unermüdlich den Steinboden mit einem Zwei-Meter-Palmblattbesen.

Neben einem trüben, rechteckigen Wasserbecken steht eine niedrige, zerbrochene Bank aus massiven Marmorplatten. Dies muss der Ort sein, an dem am 18. Mai 2007 beim Freitagsgebet eine Rohrbombe explodierte, die elf Gläubige tötete, woraufhin sich ein aufgebrachter Mob einen blutigen Kampf mit der Polizei lieferte. In einem lang gestreckten Pavillon neben dem Hauptgebäude reihen sich die Gräber des Herrschers Nizam Ali Khan und seiner Nachfolger aneinander, eines davon ist mit rot-grünen Tüchern bedeckt. Von der Decke der Haupthalle hängen zentnerschwere, verhüllte Kronleuchter wie schlafende Vampire. Über dem Eingang lese ich ein Schild: *Outsider not allowed.* »Dieser Bereich der Moschee wird nur am Ende des Ramadan genutzt«, sagt ein Arbeiter, der mit dem Meißel den Boden der Halle aufklopft. »Dann beten hier zehntausend Menschen.«

Mittags speise ich in einem feinen Restaurant im Stadtteil Abids. Ein Mann namens Mohammed Khuddus setzt sich an meinen Tisch. Er trägt einen säuberlich frisierten Vollbart und Adidas-Turnschuhe. Bei Butter-Naan, Geflügel und Joghurt erzählt er mir, dass er vor zwei Jahren nach Hyderabad gezogen ist. »Meine Kinder brauchten ein Zuhause.« Er habe am Golf gearbeitet, dann in den USA, immer in der Mobilfunkbranche. Er fragt mich, ob mich die Geschichte Hyderabads interessiere. Er schlägt vor, seine Bekannten zu besuchen, sie könnten mir viel darüber erzählen.

Wir steigen in einen SUV der Marke Chevrolet. Khuddus steuert das Auto durch den modernen Teil der Stadt. Ständig bleibt der schwere Wagen in trägen Strömen von Fahrradrikschas, Fußgängern und Kleinbussen stecken. Mitten auf der Straße halten Autos ohne ersichtlichen Grund an und ändern nach einer kleinen Pause, im Schritttempo fahrend, die Richtung. Auf einer Kreuzung rutscht eine angebundene Ziege aus einer Motorrikscha. Das Tier liegt auf dem Rücken im Staub und schreit erbärmlich. Eine kleine Menschmenge versammelt sich. Ein Polizist mit orangefarbener Warnweste pustet zornig in die Trillerpfeife. Khuddus schimpft über den Verkehr: »Die Leute hier sind so langsam.«

Im alten Schiitenviertel ist kaum Verkehr. Khuddus bremst den Wagen vor einer unscheinbaren weißen Hauswand mit zwei Windfenstern und einer dunkelgrünen Holztür. Wir treten in einen gepflegten Garten, der in der Nachmittagssonne liegt, ein kleiner Park mit kurz geschorenem Rasen, gestutzten Hecken, blühenden Torbögen und Blumenrabatten. Tauben fliegen von einem olivfarbenen Pfahlhäuschen auf. Neben dem einstöckigen Hauptgebäude liegen schlichte Unterkünfte für die Angestellten. Über eine ausladende Veranda mit runden Säulen führt der Weg zwischen Bäumchen in Terrakottatöpfen ins Herrenzimmer. Die Wände sind vier Meter hoch und von Schwarz-Weiß-Bildern bedeckt, an der Decke hängen zwei Kronleuchter mit vergilbten Glasornamenten, von denen nur einer leuchtet. Ich lasse mich in einen schwarzen Ledersessel fallen.

Ein schmächtiger kleiner Mann mit länglichem, blassem Gesicht und schütterem Haar tritt in das Zimmer. »Mein Name ist Hasanuddin Ahmed.« Er schüttelt mir kräftig die Hand und macht keine Umschweife. »Junger Mann, wir leben in Zeiten, die ein Samuel P. Huntington mit großem Erfolg unter dem Titel *Clash of Civilizations* beschrieben hat. Aber ich will Ihnen etwas über eine Kultur erzählen, die genau von dieser Denkweise zerstört wird.«

Eine schlanke Bedienstete in kariertem Kleid, die aussieht, als wäre sie höchstens vierzehn, reicht Tee auf einem Holztablett.

»Unsere arabischen Vorfahren sind vor tausend Jahren nach Indien gekommen, wir hatten damals eine mächtige Marine, wir kämpften gegen Vasco da Gama. Die Araber siedelten an der Westküste, dann stießen sie langsam ins Landesinnere vor. Die Hindubevölkerung war froh über das Wissen, das wir mitbrachten, wir bauten Straßen, wir pflanzten neue Obstsorten, wir organisierten die Verwaltung. Es entwickelte sich eine Mischkultur unter muslimischen Herrschern. Der Letzte von ihnen war Osman Ali Khan. 1948 gab er die Macht ab.«

Der Alte seufzt, er schiebt seine dritten Zähne hin und her und nimmt einen kleinen Schluck Tee.

Indiens Probleme hätten begonnen, als die Briten, er nennt sie »Britishers«, den Subkontinent wieder loswerden wollten.

»Nehrus Kongresspartei und die Muslim League gingen eine unheilige Allianz mit ihnen ein, um unser Land in die beiden Teile Pakistan und Indien zu spalten. Bei der Teilung 1947 bestand der Nizam darauf, dass der Staat Hyderabad unabhängig bleibt. Aber noch während darüber verhandelt wurde, stampfte der Kongress rund um die Stadt paramilitärische Camps aus dem Boden. Arbeiter und Arbeitslose wurden rekrutiert. Gemeinsam mit der Armee griffen sie die Stadt an. Obwohl Hyderabad reif war für ein Plebiszit. Bis heute wird dieser Angriff *police action* genannt. Aber in Wahrheit war es eine militärische Aktion.«

Das Mädchen reicht Kekse auf feinen Silbertellern mit Glasornamenten.

»Probieren Sie, das ist ein altes Rezept des Hauses«, sagt Ahmed. Er beißt vorsichtig in einen, der aussieht wie eine kleine weiße Blüte, und lümmelt sich zurück in seinen Sessel.

»Mein Vater war damals Polizeichef von Hyderabad.« Seine kleinen, trüben Augen werfen einen müden Blick auf einen Angestellten, der im Garten einen Busch beschneidet. »Ich sehe noch heute vor mir, wie der Mob nach der Einnahme der Stadt durch die Straßen zog, *Jai Hind'* rief, junge Männer aus den Häusern holte und tötete. Zweihunderttausend Muslime wurden gelyncht. Ein Großteil der Elite Hyderabads floh nach Pakistan. Aber wir sind hiergeblieben, weil wir uns als Inder fühlen. Weil wir an einen Staat glauben, der alle Religionen vereint. Die indischen Muslime sind dem Staat gegenüber immer loyal gewesen. Nicht weniger als Allah.«

Er führt mich zu einem verglasten Holzschrank im Inneren des Anwesens. In den mit Intarsien verzierten Kopf des Möbels ist ein Bild seines Großvaters Aziz Jung eingearbeitet, die Nickelbrille und ein zuversichtlicher Blick zwischen langem Bart und weißem Turban. Hinter der Scheibe ruht sein Lebenswerk auf Arabisch: vergilbte Schriftstücke mit Titeln aus den Bereichen Finanzen, Landwirtschaft und Lexikografie. »Mein Großvater war kein Orthodoxer, ich bin es auch nicht. Ich habe keinen Bart, aber ich habe studiert. Ich habe die Bhagavad Gita ins Arabische übersetzt. Und kenne sie besser als mancher Hindu.«

Als wir ins Herrenzimmer zurückkehren, frage ich mich, in was für einer verschrobenen, verstaubten Welt ich gelandet bin. Im Herzen des muslimischen Zentralindiens scheinen die Regeln des Islam ebenso zu gelten wie die ursprüngliche Maxime des indischen Freiheitskampfes: dass Indien ein einziger Staat sei, von Karatschi bis Dhaka. Dass Hindus und Muslime einer Nation angehörten. Doch ich spüre auch die Verletztheit der größten Minderheit dieses Landes bei dem hemdsärmeligen Versuch meines Gastgebers, die Geschichtsschreibung der Nation zu beugen: Waren es nicht, ganz anders als er es darstellt, in Wahrheit die Vertreter der Muslime und nicht die der Kongresspartei, die die Teilung des Landes in Pakistan und Indien forcierten? War es nicht die Muslim League, die die Religion zum wichtigsten Identifikationsfaktor der indischen Muslime erklärte, anstelle von Sprache oder

Herkunft? Mein Gastgeber trägt nicht Kappe und Bart wie die Strenggläubigen. Aber wie Hasanuddin Ahmed dasitzt in seiner altertümlichen westlichen Kleidung, in einer Nische hinter ihm die angeschlagene Keramikfigur zweier arabischer Kamelreiter, an der Wand ein Schwarz-Weiß-Foto, auf dem er mit Indira Gandhi zu sehen ist, in der Tür die kleine, Telugu sprechende Dienerin, die jetzt Salzgebäck bringt, wirkt alles ebenso geschichtsträchtig wie absurd. Ein über die Jahrhunderte zusammengepuzzelter Kosmos, der jüngst in eine deutliche Schräglage geraten ist.

Durch den Eingang des Herrenzimmers schlurft ein rundlicher Mann in schwarzem Anzug. Es ist Ahmeds Bruder, eine Gentlemanerscheinung mit zurückgegeelten Haaren und weichen Gesichtszügen. Eigentlich sei er Jurist, sagt er, während Khuddus den Raum zum Nachmittagsgebet verlässt. In London sei er zur Universität gegangen, lange habe er dort gelebt. Aber heute interessiere er sich vor allem für Kaligrafie. Bei seinen Studien sei er zu dem Schluss gekommen, dass die indischen Schriften von der tibetischen abstammten. »Komisch«, bemerke ich. »Ich habe genau das Gegenteil gelernt.« Nach gängiger Forschermeinung haben indische Gelehrte im 7. Jahrhundert jene Schriftzeichen über den Himalaya gebracht, aus denen sich das Tibetische bis heute zusammensetzt.

Ich bringe das Gespräch auf den deutschen Soziologen Max Weber und seine Interpretation des Islam als hedonistisch und antikapitalistisch. Hasanuddin Ahmed ergreift wieder das Wort. »Ich verehre Weber«, sagt er. »Aber von unserer Religion hatte er keine Ahnung. Wie er glauben bis heute viele im Westen, die islamische Gesetzgebung wäre irrational. Das Gegenteil ist der Fall. Wir Muslime lehnen den Kapitalismus aus höchst rationalen Gründen ab. Weil er ungerecht ist und kolonialistisch.«

Khuddus ist vom Gebet zurück. Er sitzt neben mir und hüstelt. Es ist ein Wink zu gehen. Ich blicke durch das Fenster. Der Garten liegt im Dunkeln. Die kleine Dienerin tänzelt mit zwei Bündeln dünner Plastiktüten durch das Neonlicht am Ausgang. »Und jetzt haben Sie den Kapitalismus in Ihrem Land«, sage ich. »Und den Terror dazu.«

»Es ist eine Verschwörung, junger Mann«, erwidert Ahmed. »Von der *police action* bis zum heutigen Terror.« Er atmet schwer und macht eine Geste mit der Rechten, als wolle er mitsamt hausgemachten Keksen und Teetassen die ganze postkoloniale Welt von seinem Beistelltisch wischen. »Die Anschläge in Mumbai waren eine Aktion des Mossad, die Rohrbombe beim Freitagsgebet in der Mekka Majid haben Hindus gezündet, um die Stadt in Aufruhr zu versetzen. Auch der 11. September war die Tat eines wütenden jungen Mannes. Bestenfalls. Organisiert wurde er vom CIA.«

Wir verabschieden uns von den Brüdern. Der Chevrolet gleitet durch die kühle Nacht. Erdnussverkäufer haben Kerzen um ihre rollenden Stände angezündet. Großfamilien machen einen Abendspaziergang in einem beleuchteten Park. Auf einer Bank hat ein Mädchen mit Kopftuch den Arm auf die Schulter eines jungen Mannes in T-Shirt gelegt. Ich frage Khuddus, ob seine Familie nach der Rückkehr aus Amerika in Hyderabad Fuß gefasst habe.

»Meine Frau und mein älterer Sohn schon. Aber mein jüngerer Sohn macht mir Sorgen. Er kennt nur die USA. Er wird hier nicht heimisch. Er zieht herum, läuft durch die Straßen. Er hockt in Internetcafés und Samosabuden anstatt zu lernen.«

Khuddus begleitet mich in die Hotellobby. »*Salam Sir*«, sagt der Mann an der Rezeption. »Wir haben ein neues Zimmer für Sie eingerichtet.«

Gebet zu Allah

Am zweiten Vormittag in Hyderabad treffe ich in dem Stadtviertel AC Guards vor einer Vodafone-Verkaufsbude auf einen
Mann, der Tee aus einem sehr kleinen Einwegplastikbecher
schlürft. Er ist schwarz wie die Nacht und hat afrikanische
Gesichtszüge. Ich frage ihn, woher er stammt. »So genau weiß
ich das nicht«, sagt er. Er nennt sich Haled bin Abdalah und
zeigt mir seinen Laden, in dem eigentlich nichts zu sehen ist
außer einem Tresen aus Pressholz und einem Dutzend Windräder des britischen Mobilfunkunternehmens, die mit Draht
unter dem schrägen Wellblechdach befestigt sind. Haled trägt
ein weißes T-Shirt, weiße Turnschuhe und eine enge Mar-
kenjeans. Er ist stämmig und wendig. Er gießt mir Tee aus
einer roten Thermoskanne ein. Er sei ein Siddi, sagt er, seine
Vorfahren seien vor etwa zweihundert Jahren von irgendwo
aus Afrika nach Indien gekommen. »Unsere Großväter waren
Soldaten, Reiter. Sie waren die African Cavalry Guards des
Nizam. Daher auch der Name dieses Viertels.« Hundertdreißig
Siddi-Familien gebe es in Hyderabad. »Aber auch anderswo
in Indien. In Karnataka, in Gujarat. Und auch in Pakistan.«
Zwanzig- bis dreißigtausend Siddis soll es in Indien geben.
    Er wirft den Plastikbecher in den Graben vor der Bude.
Ich blicke die Straße hinab, eine monotone Reihe schmuck-
loser, einstöckiger Häuser, darin einzelne Geschäfte und eine
Moschee mit grünem Metalltor. Der Mittelstreifen ist mit
niedrigen Phönixpalmen besetzt. Haled zieht die Nase hoch

und die Stirn in Falten. »Nach der Unabhängigkeit wurde die Armee aufgelöst. Viele Siddis wurden arbeitslos. Aber heute sind wir ganz normale Hyderabadi. Muslime wie die anderen.« Manche Siddis seien bekannte Musiker oder Hockeyspieler. »Aber die meisten machen ganz gewöhnliche Arbeiten.«

Ein dünner Alter betritt den Laden, er will sein Prepaidhandy mit fünfzig Rupien auffüllen. »Dieser Mann hier hatte allerdings einen besonderen Job«, sagt Haled. »Er war Leibwächter.« Der Alte heißt Esa bin Omar. Weiße Bartstoppel wuchern über sein kantiges Kinn, krause schwarze Haare wachsen um die Glatze. »Ich hole ein paar Bilder«, sagt Esa kurz, verschwindet schnell in einem Haus auf der anderen Straßenseite und kommt nach zehn Minuten mit drei großen abgewetzten Plastiktüten in den Händen wieder. Er hockt sich auf einen Plastikstuhl, fingert vergilbte Zeitungsartikel, Fotos und sehr verschwommene Fotokopien von Fotokopien aus den Tüten. Seine Stimme ist rau: »Hier bin ich mit dem Sai Baba, hier mit dem Innenminister von Andhra Pradesh.« Ein Bild zeigt ihn in stolzer Pose in einer Reihe mit anderen Sicherheitsmännern, das Gewehr an einem Gurt über der Schulter. Im Zentrum des Fotos lächelt ein kerniger südindischer Sunnyboy. »Mein zuverlässigster Arbeitgeber«, sagt Esa. Es ist Haji Mastan, der legendäre Mumbaimafiosi der 1970er, der erst nach Bollywood und dann in die Politik ging.

Ein Moped hält vor der Tür, zwei schwarze Männer steigen ab und servieren uns klebrigen Schlagsahnekuchen mit Cocktailkirschen auf rosa Servietten. Wir essen mit Plastiklöffeln und spucken die Kirschkerne auf die Straße. Dann winkt Haled mich nach draußen. »Wenn Sie schon hier sind, sollen Sie auch unsere Kultur kennenlernen.«

Ein dicker, grauhaariger Mann steht im Schatten einer Tamarinde. Er ist barfuß in Polyester-Bundfaltenhose und halb offenem kariertem Hemd, unter dem eine Goldkette auf der Brust glänzt. Haled legt sich eine gelb-schwarze Basstrommel über die Schulter. Ein Junge mit einer Cowboyjeans haut zwei Trommelstöcke gegeneinander. »Das ist Daf«, sagt Haled. »Unsere Musik.« Der Beat ist treibend, das Lied fast ohne Melodie. Der Grauhaarige singt *Wele-Ya-Wele-Bam* und *Siddi-Laya-Bum*. Er geht in die Knie und tanzt auf mich zu. Wir wackeln synchron mit Hintern und Bäuchen, reißen die Arme hoch, schwingen die Hüften. Haled stimmt in den Gesang ein. Eine kleine Menschenmenge kommt zusammen. Zwei hellhäutige Männer in langen Hemden wippen dezent mit den Füßen. Ein schmaler, ostafrikanisch aussehender Jüngling in Polohemd tänzelt in die Mitte. Er legt einen Breakdance hin, dreht sich auf den Schulterblättern, macht einen Kopfstand, rotiert um die eigene Achse. Nach drei Stücken bricht der dicke Sänger abrupt ab. »Zeit für das Mittagsgebet.«

Ich frage Haled, was sie gesungen haben. »Keine Ahnung. Kommt von unseren Eltern. Irgendwas Afrikanisches.«

»Und jetzt mischt ihr Breakdance in den Daf?« Ich nicke dem Jungen mit dem Polohemd hinterher, der gegenüber in einem Schlachterladen verschwindet.

»Ja«, sagt Haled und lacht. »Aber der Typ ist nicht von hier. Das ist ein Somalier. Er studiert hier.« Hyderabad sei besonders bei ostafrikanischen Studenten beliebt, sagt Haled. »Warum, das weiß ich nicht.«

Am nächsten Tag bin ich bei Khuddus' Familie zum Mittagessen eingeladen. Ich bewundere die Pokale im Wandschrank und unterhalte mich mit seinem Jüngsten, Bilal. Der Knabe hat ernste schwarze Augen und ein langes, bleiches Gesicht und ist viel zu schmächtig für sein Alter. Er fragt mich, welche Musik ich gern höre, und erzählt, dass er Stürmer ist.

Im vergangenen Jahr hat seine Mannschaft bei den Schulmeisterschaften den Pokal geholt. Ich frage, welche Fächer er in der Schule am liebsten mag, aber er antwortet nur ausweichend. Wir lachen zusammen mit seinem großen Bruder über Mr. Bean, der im Fernsehen mit einem ausgestopften Hund einen Dressurtierwettbewerb gewinnt. Während wir in einer Sitzgarnitur im arabischen Stil sitzen, hantieren Khuddus' Tochter und Frau in der Küche mit Geschirr und Töpfen. Das ganze Gebäude besteht aus einem riesigen Wohn- und Essbereich, von dem alle Zimmer direkt zu erreichen sind. Eine Treppe führt in das obere Stockwerk. »Das Haus ist nach amerikanischem Vorbild errichtet«, sagt Khuddus. »Ich habe es mitentworfen.«

Wir essen gemeinsam zu Mittag, Hammelfrikadellen, Eier und Huhn, zunächst nur die Männer. Khuddus' Frau und Tochter setzten sich erst dazu, als wir uns das zweite Mal bedienen. Er sei unzufrieden damit, wie die Muslime in Hyderabad heute behandelt werden, sagt Khuddus, während wir uns vor dem Haus mit Blick auf eine handgemalte Werbung für Ameisen- und Kakerlakenvernichter verabschieden. »In Amerika hatten wir einen separaten Gebetsraum in der Firma. Hier beten wir auf der Terrasse.«

Am Nachmittag fährt mich Khuddus zu einer Madrasa, einer islamischen religiösen Hochschule. Sie liegt im armseligen Viertel Kishan Bagh im Süden der Stadt. Das dreistöckige Gebäude ist von Balustraden umgeben. Unter einem Baum raucht ein offenes Feuer. Vor zwei Matador-Schulbussen mit arabischen Aufschriften versucht ein Junge einen selbst gebastelten Drachen steigen zu lassen.

Der Leiter der Madrasa heißt Ahmed, ein rundlicher Mann mit kurz geschorenem, Henna gefärbtem Vollbart und listigen braunen Augen. Er führt mich durch das Gelände. Die Szene in den Gängen und Treppenhäusern beschwört die gängigen Bilder vom radikalen Islam herauf. Hohlwangige Jünglinge haben ihren ersten Flaum zu einem dürren Ziegenbart stilisiert. Zehnjährige mit Gebetskappe und langen Hemden verknoten sich, die Arme und Köpfe auf den Schultern von Mitschülern, zu menschlichen Knäueln. In den Zimmern hocken kleine Jungen und Jugendliche auf dem Boden, wippen auf und ab und intonieren einen gleichförmigen Singsang. Ahmed zeigt mir die einfachen Klassenzimmer, niedrige Tische aus Holzimitat, darauf wilde Stapel von Büchern mit arabischen Titeln, verglaste Regale mit weiteren Büchern. An der Wand eines Raumes ein Poster mit dem Schriftzug *The Tree of Knowledge. A brief Compilation of the Teachers and Students of Imam Abu Hamifah R. A.*, darunter ein Baum mit Dutzenden roter und gelber Äpfel, auf deren Blätter die Namen jener Gelehrten geschrieben sind. »Wir bringen den Schülern auch Basiswissen in Englisch, Mathematik, Elektronik und PC-Kenntnisse bei. Das Geld kommt aus Spenden, aus dem Zahat, der verpflichtenden Abgabe der Gläubigen an Bedürftige. Muslime aus ganz Hyderabad unterstützen uns. Tausendachthundert Schüler und Zwölfhundert Schülerinnen unterrichten wir, dreihundert von ihnen wohnen auch hier. Die jüngsten sind sieben Jahre alt.«

Eine Schar kleiner Schüler folgt uns tuschelnd, aber ernst und in respektvollem Abstand. Ahmed erzählt mir von den neuen Mädchenklassen und öffnet die Holztür zu einem engen Zimmer, das nach Mottenkugeln riecht. Darin ist nichts als ein einziges abgewetztes Sitzkissen. Er schiebt den grünen Vorhang zu einem kleinen Innenfenster zur Seite, hinter dem sich ein weiterer schlichter Klassenraum befindet: »Weil wir keine Lehrerinnen haben, unterrichten die Lehrer hinter diesem Vorhang.«

Wir setzen uns in sein Zimmer in einem niedrigen Nebengebäude. In einer in Gold gefassten Vitrine parken Plastik-
autos, daneben bläht ein Gockel die knallrote Emaillebrust,
zwei Delfine aus Porzellan machen einen Synchronsalto vor
einem dunkelbraunen Vertikomodell, in dem eine Miniatur-
kuckucksuhr tickt. Um die Glasscheiben der Vitrinen hängen
Kunstblumen, unter zwei Neonröhren prangen Kalligrafien
mit den arabischen Aufschriften »Allah« und »Es gibt nur
einen Gott«. Auf der Couch liegen Häkelkissen. Aus einem
Vorhang an der Stirnseite reicht eine kindlich aussehende
Hand eine lila Wasserflasche und zwei Plastikbecher. Ahmed
stellt sie auf den niedrigen Glastisch. Wir trinken.

»Die Welt ist eine Illusion«, sagt er und fährt sich durch
den Bart. Er erzählt, was die Schüler lernen, um nach sieben
Jahren Hafiz zu werden, dann Alim, dann Mufti. »Wir lehren
vor allem den religiösen Islam. Aber es geht auch um ganz
pragmatische Dinge, zum Beispiel um die richtige Art zu essen.
Der Islam ist ein Programm für das ganze Leben.«

»Warum lehren Sie für das Diesseits, wenn die Welt eine
Illusion ist?«

»Damit die Schüler nach dem Tod in den Himmel kommen.«

Ich frage Ahmed, was er über Gewalt denkt, ob ein Muslim
sich wehren soll, wenn er angegriffen wird.

»Gewalt ist immer das falsche Mittel«, sagt er. Aber es gebe
andere Meinungen. »Fragen Sie mal meinen Vater oder meinen
Großvater. Die haben gelernt zu kämpfen. Die sagen, dass ein
Arzt nun mal schneiden muss, um ein Geschwür zu entfernen.
Dass die Katze nun mal kratzt, wenn sie angegriffen wird.«

In der Gebetshalle treibt ein Helfer mit einem Holzstock
die Schüler zu Reihen zusammen. Alle sind barfuß. Ahmed
bedeutet mir, mich neben ihn hinzuhocken. Ich werfe mich

Dorniger Seitenstreifen, neue Schuhe: Der erste Teil der Wanderung war der schwierigste.

Die Schattenseite des indischen Wirtschaftsbooms: Näher in Karur.

Alte Grenze: Markierungsstein zwischen den heutigen Bundesstaaten Tamil Nadu und Karnataka.

Rechte Seite
Gebaut zu Gottes Ehren:
Der Charminar in Hyderabad.
Rechts
Religiöse Disziplin:
Schüler beim Gebet in der
Madrasa in Hyderabad.

Kostbare Früchte:
Vogelscheuche mit Tontopf-
kopf auf dem Weg in die Stadt
Chintamani.

Ziegenhirten im südlichen
Andhra Pradesh.

Foto bitte: Der Autor inmitten der Anhänger eines Lokalpolitikers nördlich von Anantapur.

Die Stadt Gottes: Straße im Zentrum von Puttarparthi.

Bescheidener Luxus: Hotel in Tadipatri.

Verlassene Kantine in der Mysore Mine, Kolar Gold Fields.

Betonauto:
Hausdach in Pandharkaoda,
Maharashtra.

Medizin aus der Natur:
Der Heiler Sadhu
mit Enkelkind im Tal von
Patalkot.

Land der Wasserbüffel:
Bauer auf dem Weg zwischen
Gwalior und Agra.

Die Schichten der Vergangenheit:
Blick auf Paläste und Wohnhäuser in der Altstadt von Datia.

Stolz der indischen Architektur: Der Taj Mahal in Agra.

Altar von Shiv Dayal Singh,
Meister der Radhoswami-Religion,
n Soami Bagh, Agra.

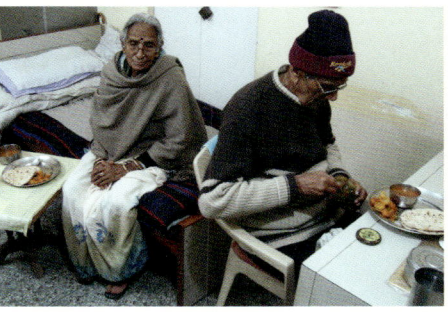

Acht Quadratmeter
Lebensabend: Seniorenpaar
im Altenheim der Paras
Foundation, Delhi.

Heilige Kuhfladen: Nördlich
von Delhi wird der Kot
der Tiere zu Türmen
geschichtet, um als
Heizmaterial verwendet
zu werden.

Koloniales Anwesen: Hathipaon, der Wohnsitz von George Everest, nahe Mussoorie im Himalaya.

Unverwüstbare Technik: Der große Theodolit im Museum des Survey of India in Dehra Dun.

Die Straße zum Basar: Kamelkutscher mit Säcken voller Hirsestroh auf dem Weg zum Markt in der Hauptstadt.

auf dem roten Teppich nieder. Aber es gelingt mir nicht, zu Gott zu beten. Es ist nichts als eine äußerliche Geste. Ich bleibe auch hier ein Fremder.

Am Abend habe ich eine Verabredung in Banjara Hills im Nordwesten der Stadt. Ein Bekannter von Khuddus möchte mit mir sprechen, er ist Anwalt und Menschenrechtler. Im Eingangsbereich des feinen Restaurants My House schwimmen Kerzen unter einer massiven Ganesh-Statue aus schwarzem Stein in einem Blumenbecken. Im Foyer stellen Künstler konstruktive Gemälde aus. Im überdachten Innenhof versuchen zwei kleine Kinder, mit Glühbirnen besetzte Girlanden von den Bäumen zu angeln. Dies ist das moderne Hyderabad, das kurz vor der Jahrtausendwende gern Cyberabad genannt wurde. Die Stadt der boomenden Informationstechnologie und des jungen Bürgertums. Des neu erworbenen Wohlstands, an dem die alteingesessene muslimische Elite kaum Anteil hat.

Faizur Rahman hat bereits Platz genommen. Der Advokat trägt elegante Ledersandalen, er hat das schwarz gefärbte, halblange Haar zu einem gepflegten Seitenscheitel geföhnt. Er will mir etwas über den Anschlag auf die Mekka Majid erzählen. Über die Tankstelle jenes »Hindugentleman«, in die sich die Polizisten verkrochen, als der Mob nach der Explosion der Rohrbombe Steine werfend durch die Straßen zog. Über die Schüsse, die die Beamten in die Menge abgaben. Über die unter Mordverdacht verhafteten Studenten, allesamt Muslime. »Ihre Aussagen waren erzwungen. Es gibt nur Geständnisse. Aber keine Beweise.«

Rahman bestellt Curry von einem Süßwasserfisch, über dessen Namen er selbst lange rätselt, weil er ihn vergessen hat. Er gibt den Kellnern in gelb-schwarzen Westen, deren Namensschilder sie allesamt als Hindus ausweisen, ungemein forsche

Anweisungen. Er holt einen Laptop hervor und spielt inmitten des dinierenden Publikums mit voller Lautstärke ein Video ab, betende Gläubige in der Moschee, ein fast unmerklicher Knall, auffliegende Tauben am grauen Himmel. Und dann bürgerkriegsähnliche Szenen. Zivilisten mit Bambusstäben stehen brüllend und orientierungslos auf der mit Steinen übersäten Straße vor der Moschee. Die Polizei eröffnet das Feuer aus der Deckung eines Hauses. Blau Uniformierte mit Baretts und beige Gekleidete mit Helmen rücken aus Gewehren schießend gegen die Menge vor. Die toten Demonstranten werden unter Trauerrufen auf Bahren abtransportiert. Rahman schließt den Rechner mit der Linken. Mit der Rechten mischt er gründlich Reis und Fisch, bevor er sich einen Happen in den Mund wirft.

»Die Polizei behauptet, sich in der Tankstelle verschanzt zu haben und dann angegriffen worden zu sein. Aber warum liegen dann die Leichen so weit von der Tankstelle weg? Warum wurden viele in den Rücken geschossen?« Rahman erklärt mir, dass das indische Rechtssystem »immer versagt« habe, dass es viele »Kriminelle in der indischen Politik« gebe, und beschwert sich über Narendra Modi, den Chief Minister von Gujarat, der nicht verhindert habe, dass sich 2002 Hunderte Moslems und Hindus in seinem Staat massakrierten. Dann erläutert er mir die Machtverhältnisse in Hyderabad. »Nach der Unabhängigkeit haben sie den Muslimen ihren Besitz genommen. Dann haben sie sie um ihren Anteil gebracht. Sie haben sie von der Reservierungspolitik ausgeschlossen: davon, einen festen Anteil an öffentlichen Arbeitsplätzen im öffentlichen Dienst oder an Studienplätzen zu bekommen wie etwa die Kastenlosen.«

Als wir das letzte Stückchen Fisch verzehrt haben, bricht er abrupt ab. Jetzt wirkt der dynamische Mann ganz ruhig. So als würde er sich sammeln, um am nächsten Morgen noch weit vor Sonnenaufgang die nächste Schlacht für seine Glaubensbrüder auszurufen. Für jene, deren Fürsten von den Briten hofiert wurden. Deren einstige Macht seit der Unabhängigkeit stetig schwindet.

Auf einer kleinen Bühne unter einem Baldachin stimmen ein Sänger und ein Tablaspieler Qawwali an, klagende Sufimusik mit nordindischen Einflüssen. Der Anwalt schweigt. Mein Blick wandert über die Tische im überdachten Innenhof. Eine Gruppe junger Männer prostet sich mit überdimensionalen Biergläsern vor einer indirekt beleuchteten Felswand zu; es sieht aus wie der Abschluss eines Betriebsausflugs. Ich überlege, wer eigentlich die Eindringlinge sind im modernen Hyderabad und wer die Unterworfenen. Nehmen sich die jungen Informatiker und Softwareentwickler aus allen Teilen des Subkontinents, die hier Bier trinken, nicht zurück, was ihnen die arabischen Eindringlinge einmal gestohlen haben?

Es ist spät in der Nacht, als ich mich von Rahman trenne. Aber trotz des neuen, ruhigen Zimmers finde ich wieder keinen Schlaf im Hotel Harsha. In der ungewohnten nächtlichen Stille gehen meine Gedanken auf Reisen. Ich frage mich, was ich erreicht habe, seit ich vor fünfeinhalb Wochen in Kanyakumari losgelaufen bin, 1270 Straßenkilometer von hier. Fast 1000 Kilometer bin ich zu Fuß gelaufen. Ich bin tief in den indischen Süden eingetaucht, in die ärmliche Provinz, die vergessenen Kleinstädte und die boomenden Metropolen. Aber es bleibt das Gefühl, wenig verstanden zu haben. Zu komplex waren die Eindrücke, zu verschieden die Lebenswelten der unterschiedlichen Kasten und Gesellschaftsschichten, der zahlreichen Kulturen und Religionen. Als Europäer in Indien kann man froh sein, wenn man auch nur gelegentlich einen Identifikationspunkt findet. Aber hier heimisch zu werden scheint mir ganz und gar ausgeschlossen.

So wie Hyderabad für mich das Ende des ersten Reiseabschnitts markiert, beginnt hier an der Schwelle nach Nordindien auch für die britischen Vermesser ein neues Kapitel. In der Stadt des Nizam trifft William Lambton erstmals George Everest, seinen späteren Nachfolger. Im Jahr 1818 feiern die beiden ungleichen Gentlemen hier gemeinsam Weihnachten: der korpulente Lambton, von dem bekannt ist, dass er gern mit seinen Mitarbeitern Rotwein zecht und deftige Duette anstimmt, und der strenge Everest mit dem Backenbart und der markanten Nase, die an einen Adler erinnert; ein Mann ebenso nüchtern wie jähzornig.

Es ist das sechzehnte Jahr, in dem William Lambton den Subkontinent vermisst. Bereits drei Jahre zuvor umfasste die Gesamtstrecke mehr als zehn Grad oder 1100 Kilometer Länge; sie war damit, wie er in einem Bericht betonte, »die längste, die jemals auf der Erdoberfläche vermessen wurde«. Und sie übertraf, was die Präzision anging, »alles bisher in der Geschichte der angewandten Wissenschaften da Gewesene«. Lambton gilt jetzt als Genie. Er ist zum Ehrenmitglied der Royal Society ernannt worden. Die französischen Kollegen haben ihn in die Akademie der Wissenschaften aufgenommen. Er ist lange nicht mehr der verschrobene Fähnrich aus der nordamerikanischen Wildnis, sondern ein Mann von Welt.

Wenn auch vielleicht nicht von exakt jener kolonial-erhabenen Welt, in der viele seiner Kollegen leben. Anders als sie scheint er keine Standesdünkel zu kennen. Als Everest in Hyderabad eintrifft, hat der tolerante Lambton in seinem Hauptquartier ein buntes Völkchen um sich geschart. Neben seinem Sohn William und Frances, der Mutter zweier weiterer in Indien geborener Nachkommen, gehören dazu auch fünf Assistenten von – in den Augen der Kolonialherren – zumeist zweifelhafter Herkunft. Viele sind Halbinder, wofür sie von den Briten verachtet werden. Der dienstälteste Unterassistent Joshua de Pennings ist im Waisenhaus von Madras aufgewachsen und lebt mit Gattin und fünfzehn Kindern im Hauptquartier.

Aber in Hyderabad hat Lambtons Lebenskraft bereits die ersten Kratzer bekommen. Etwa fünfundsechzig Jahre ist er jetzt alt. Er hat die Ostindien-Kompanie um einen Nachfolger gebeten: »Ich hoffe, dass nach meinem Ausscheiden jemand gefunden wird, der Begeisterung, Ausdauer und Kenntnisse besitzt, um sie nach den bisherigen Grundprinzipien weiterzuführen«, hatte Lambton seinen Auftraggebern geschrieben. »Es wäre für mich in der Tat eine große Befriedigung, könnte ich auch nur die schwache Hoffnung hegen, dass ein Werk, das ich begonnen habe und das zu so beachtlicher Größe gelangt ist, in der Zukunft über ganz Britisch-Indien ausgedehnt werden kann.«

Sein Arbeitgeber ist dem Wunsch nachgekommen. Doch wen er ihm nach Hyderabad geschickt hat, das kann Lambton bisher nur ahnen. Der Führungsstil des Mannes, der zunächst parallel mit ihm den indischen Subkontinent mit Dreiecken überziehen wird, um ihn einige Jahre später abzulösen, wird ein völlig neuer sein. Everest wird seine Mitarbeiter das Fürchten lehren. Ganz besonders die Inder.

Zweite Reise
Von Hyderabad nach Dehra Dun

Seitenwechsel

Zehn Monate später, im Dezember 2008, bin ich zurück in Hyderabad. Mit einem neuen Paar Schuhe an den Füßen will ich in Nirmal, einer Stadt rund 200 Kilometer weiter nördlich, meine Wanderung wieder aufnehmen, dort, wo die trockene Hochebene von Andhra Pradesh sich in die grünen Berge Zentralindiens hineinstreckt. Ich muss meine Reise etwas verkürzen, denn ich habe mein Urlaubskonto zur Genüge belastet. In Hyderabad treffe ich mich noch einmal mit Khuddus. Wieder esse ich in seinem amerikanisch-arabisch wirkenden Haus mit der Familie zu Abend, wieder spreche mit seinem Sohn Bilal. Er erzählt viel lebhafter als im Vorjahr von der Schule. Er habe sich langsam in Hyderabad eingelebt, versichert sein Vater.

Khuddus vermittelt mir einen Kontakt zum Polizeichef von Adilabad, dem nächsten Distrikt im Norden, berüchtigt für eine lange und blutige Tradition maoistischen Terrors. Adilabad gehört zum Kernland der sogenannten Naxaliten, die seit den 1960er-Jahren einen Guerillakampf für die Rechte der Kleinbauern und Ureinwohner Indiens führen. In einem Korridor, der von der Grenze Nepals bis in den Süden Andhra Pradeshs reicht, überfallen sie Polizeistationen und bringen Züge zum Entgleisen, fordern Schutzgelder und Steuern. In den tiefen Dschungeln von Adilabad haben allerdings in den vergangenen Jahren auch viele Topmaoisten ihren letzten Kampf gefochten und sind im Kugelhagel der Polizeipistolen gestorben. »Eigentlich solltest du da gar nicht zu Fuß gehen. Wer in einem Stück aus Adilabad rauskommt, kann froh sein«, sagt Khuddus. Ich solle mich auf der Polizeiwache melden, wenn ich in Nirmal bin. »Die Beamten wissen Bescheid.«

Die Strecke nach Nirmal ist eintönig. Der Highway führt auf der alten Piste des National Highway 7 durch tiefe Schluchten, rechts und links werfen Bagger Dämme aus gelbem Sand auf. Der Bus durchquert Tupran und Ramayampet, Kleinstädte ohne Tiefe, müde ausgestreckt entlang der Hauptstraße. Am Abend rücken die ersten Strohhüttenwände kleiner Dörfer in den Scheinwerferkegel. Dutzende Polizeikontrollen tauchen im Dunkel auf, kleine Hütten an Schlagbäumen, mit Sandsäcken verbarrikadiert. Am Fluss Godavari rollen im Kunstlicht Walzen über gigantische Staudämme.

Am Busbahnhof von Nirmal fängt mich eine Polizeipatrouille ab, fünf Uniformierte in einem Jeep. Die beiden Männer auf der Rückbank tragen Maschinenpistolen, der Chef der Einheit einen Revolver im Halfter. »Wir bringen Sie in ein Hotel«, ordnet er an. »Sie können nicht nach Adilabad wandern. Morgen fahren Sie im Auto dorthin.«

Die Stadt ist dreckig und menschenleer an diesem Abend. Die Geschäfte sind verrammelt, Müll und Steine pflastern die Piste. In der Dunkelheit versteckt sich Nirmal vor der maoistischen Gefahr aus dem Busch.

Der Jeep stoppt am Tirumala Hotel. In der Lobby aus grauem Marmor hocken die Bediensteten auf Matratzen vor einem dröhnenden Fernseher. Ein rot livrierter Boy bringt mich in ein Zimmer, ohne dass ich ein einziges Formular unterschrieben hätte. Keiner hat auch nur nach meinem Ausweis gefragt. Das Zimmer ist schlicht und kühl. In einer blau gestreiften Vase stecken Kunstrosen. Auf dem Steinfußboden dreht sich ein Tausendfüßler im Kreis.

Am nächsten Tag weckt mich der Chef der Jeep-Patrouille. Eine Stunde lang warte ich neben ihm im Morgenlicht vor dem Hotel auf den Fahrer und beobachte die Besucher, denen ein bewaffneter Polizist die Glastür zum Geldautomaten der State Bank of Andhra Pradesh öffnet. Es gelingt ihm nicht, immer nur einen Kunden zur Zeit einzulassen. Nach der dritten Diskussion über die zulässige Anzahl der Besucher lässt er die Tür einfach offen stehen.

Ich steige in das Taxi, ohne für Übernachtung oder Frühstück bezahlt zu haben. Nicht einmal für das Mineralwasser, keiner hat mich danach gefragt. Ich begehre nicht dagegen auf, Teil eines korrupten Systems zu werden. Ich würde es kaum ändern können. Der Fahrer ist schweigsam, sein Wagen ungewöhnlich schlicht: keine Götterstatue, keine baumelnden Kreuze, keine arabischen Schriftzüge. Dafür ein universelles Handy-Ladekabel im Zigarettenanzünder.

Kurz hinter der Ortsausfahrt taucht eine Hügelkette auf. Aus der Ferne wirkt sie sanft. Aus der Nähe ist sie struppig. Die Straße windet sich Serpentinen hinauf. Die Teakbäume auf den Anhöhen wirken zersaust und trocken: gleichmäßige, vier Meter hohe Pflanzen, in denen die großen, halb vergilbten Blätter im Wind flattern, dazwischen kniehohe, trockene Sträucher. Am Straßenrand hocken die obligatorischen Passstraßen-Affen und warten auf zugeworfene Früchte oder Kekse. Ein totes Huhn liegt auf dem Asphalt. »Gibt es hier Tiger?«, frage ich den Fahrer. »Ja. Auch«, sagt er. Und versinkt wieder in Schweigen.

Mein Blick fällt nach Osten, wo Eukalyptuswälder bis in die Ebene hinunterdrängen. Die britischen Vermesser müssen glücklich gewesen sein, diese Schwelle zu erreichen. Das Gebiet südlich des Flusses Godavari ist zu ihrer Zeit von dichtem Urwald überzogen, ein von Malaria und Großkatzen wimmelndes Hindernis.

George Everest wird dort auf eine erste Probe gestellt. Während William Lambton sich immer mehr aus der eigentlichen Vermessung zurückzieht und seinen halb indischen Mitarbeiter de Penning vertrauensvoll ins Feld schickt, soll Everest durch die Vermessung der Gebiete östlich von Hyderabad eine Verbindung schaffen zu den trigonometrischen Stationen entlang der Ostküste.

Everest muss sich beweisen. Er ist sich im Klaren darüber, dass er die Pionierleistungen eines weltberühmten Großmeisters fortführt. Und er ist fasziniert von der Vorstellung, dass seine Arbeit das Rückgrat für das gesamte Skelett des Great Trigonmetric Survey liefern soll. Geboren 1790 im walisischen Gwerndale, getauft bezeichnenderweise auf dem Nullmeridian von Greenwich und aufgewachsen in einfachen Verhältnissen, hat er an der Royal Military Academy in Wooolwich Mathematik, Mechanik und Messtechnik studiert. Im Jahr 1806 ging er als Offiziersanwärter für die Ostindien-Kompanie nach Indien, in den folgenden sieben Jahren diente er in Bengalen. Während der britischen Besetzung von Niederländisch-Ostindien zwischen 1814 und 1816 übernahm er einen Vermessungsauftrag auf Java.

Als Everest 1819 die Vermessungen für den Great Trigonmetric Survey beginnt, ist er ein hochdekorierter junger Leutnant, der sich von nichts aufhalten lassen will. Mitten im Monsun peitscht er seine Mannschaft in den Dschungel. Doch die vierzig Soldaten aus Hyderabad, die der Nizam Sikander Jah ihm zur Seite gestellt hat, weigern sich, die drohenden Strapazen auf sich zu nehmen. Einige versuchen offenbar aus dem Lager zu fliehen. Everest ist schnell überfordert. Er will ein Exempel statuieren, er lässt einen Delinquenten öffentlich züchtigen. Und dadurch den Zorn der indischen Soldaten explodieren. Sie greifen zu den Waffen, sie drohen gemeinsam abzuziehen. Der Leutnant befiehlt seiner hauseigenen Eskorte, zwölf Mann, die in britischem Gebiet rekrutiert worden waren, auf die Meuterer anzulegen. Die Rebellen geben dem Druck nach. Der Expeditionsleiter lässt drei von ihnen vor den Augen der anderen verprügeln. »Damit wurde«, so notiert er, »sehr früh in meiner Karriere ein umstrittener Punkt geklärt, der für Colonel Lambton eine Quelle ständigen Disputs und Ärgernisses dargestellt hatte, seit er in das Territorium des Nizam vorgestoßen war.« Sehr früh wurde damit auch ein neuer Führungsstil deutlich. Hatte Lambton mit Toleranz und Geduld reagiert, wenn das Unternehmen ins Stocken geriet, so führte Everest seine Mannschaft mit unnachgiebiger Härte.

Doch seine Expedition kommt deshalb nicht schneller voran. Unter seinen Mitarbeitern grassiert die Malaria. In Everests Aufzeichnungen findet sich eine Passage, die beschreibt, wie die Männer »durch den wildesten und dichtesten Wald, den ich je betreten hatte«, einen heiligen Berg nahe einem Dorf namens Yellapuram am mittleren Godavari erklimmen. Und wie innerhalb von nur fünf Tagen fast alle der hundertfünfzig Männer erkranken: Träger, Elefantenführer, Läufer und Gehilfen. Verzweifelt schreibt Everest: »Es schien, als habe sich schließlich der Geist des Dschungels zornig erhoben, um diese Männer für den Frevel zu züchtigen, dass sie es gewagt hatten, die Heiligkeit des von ihnen erkorenen Ortes zu verletzen. So blieb nur noch, möglichst viele Teilnehmer der Expedition nach Hyderabad zu führen … (und) enttäuscht und geschlagen die gesamte Strecke von fast zweihundert Meilen zurückzulegen.«

Auf Sänften und Karren, mit Elefanten und Kamelen werden die Pioniere aus dem Dschungel geholt. Drei Wochen benötigen sie für den Rückweg, auf dem »das Dschungelfieber meine Gruppe verfolgte wie ein Schwarm aufgebrachter Bienen.« Fünfzehn Männer sterben unterwegs. Die Überlebenden »besaßen nur noch wenig Ähnlichkeit mit menschlichen Wesen, sondern sahen aus wie Leichen, die man frisch aus dem Grab gezerrt hatte«.

Für Everest sind die ersten Monate der Triangulierung ein höchst unglücklicher Einstieg, für die gesamte Unternehmung zwar ein herber Rückschlag, aber nichts Außergewöhnliches: In den kommenden Jahrzehnten sollten noch weitaus mehr Mitarbeiter ihr Leben für das Projekt lassen.

Unser Jeep erreicht den Pass, dahinter erstreckt sich ein breites Tal. Die Häuser haben Schindeldächer und Holzwände, zwischen den Weilern und Höfen liegen Baumwoll- und Maisfelder und Viehweiden. Frauen mit Brennholz auf dem Kopf laufen darüber; manche transportieren halbe Bäume. Traktoren mit überladenen Anhängern liefern Baumwolle an Kooperativen, die weißen Berge lagern, unter Planen zusammengedrückt, vor offenen Hallen. Die Straßengräben sind von einer Watteschicht gepudert. Und alle fünf Kilometer steht ein Polizeiposten.

In Adilabad sitzen Blumen- und Fischhändler am staubigen Straßenrand, die Fassaden schmaler Geschäfte sind bunt bemalt. Die Foyers der Hotels Laxmi und Ravitja wirken in der Hitze und dem Staub absurd gewienert. Auf das Dach eines Hauses ist das originalgroße Betonmodell eines Kampfhubschraubers geklebt. Auf einem ungepflegten Kricketplatz üben Jungen in schneeweißen Schuluniformen Werfen. Die Polizeiwache an der zentralen Kreuzung in der Stadtmitte duckt sich hinter Mauern und Doppelreihen von Stacheldraht. Zwei schmale Durchlässe, die wie überdimensionale

Schießscharten wirken und nur über eine Rampe zu erklettern sind, bilden den Eingang. Der Fahrer lenkt den Wagen in eine schattige Allee. Vor der Residenz des Polizeichefs setzt er mich ab.

Ein Empfangschef mit Vollbart, weißem Turban und leuchtenden Knopfaugen bittet mich, meinen Namen auf ein leeres Din-A4-Blatt zu schreiben. Ich warte eine halbe Stunde mit einem Glas Wasser in einem Nebenraum auf einem Plüschsofa. Dann öffnet Anil Kumar die schwere, mit Lederkissen gedämpfte Holztür: ein kleiner Mann mit rundem Gesicht, eckiger Brille und breitem Grinsen. An der Wand über seinem Schreibtisch hängt das indische Wappen mit den vier Löwen als Kupferrelief. Der Polizeichef fragt nach meinem Anliegen und lehnt sich in einen mit einem Laken bezogenen Sessel zurück. Umständlich fummelt er ein Tuch aus der Tasche und wischt die Brille: »Haben Sie mal was von Vinoba Bhave gehört?« Er erzählt mir von jenem Freiheitskämpfer, der 1951 aufbrach, um durch Indien zu wandern und von den Großgrundbesitzern Bodenflächen für die landlosen Massen zu erbitten. Innerhalb von sechs Jahren und 20 000 Kilometern Fußmarsch hatte er immerhin zwei Millionen Hektar zusammen. »Aber davon wurde nur wenig verteilt«, sagt Kumar. »Den größten Teil schluckte die Korruption.«

Ein Diener reicht ein Tablett mit zwei Bechern Tee, die mit weißen Papierdeckeln bedeckt sind. Durch das offene Fenster zwitschern die Vögel. Kumar erzählt von seiner Heimat Shimla im Himalaya, von seiner Familie und seiner Karriere, die ihn durch halb Indien geführt hat. »In Adilabad bin ich erst seit drei Jahren. Eine relativ friedliche Zeit. Auch wenn ich hier ständig in Gefahr bin. Polizeichefs stehen ganz oben auf der Liste der Extremisten. Gefolgt von Lokalpolitikern.«

Früher habe der Terror andere Ziele gehabt, sagt Kumar und streicht sich sorgfältig den dichten Schnauzer glatt. »In den siebziger Jahren ermordeten die Maoisten die Großgrundbesitzer. Sie suchten ganz gezielt die Leute aus, die ihre Arbeiter ausbeuteten. Sie kamen mit Äxten und Messern aus dem Wald, metzelten erst die Großbauern nieder, dann ihre Angehörigen und Diener. Die Landlords gerieten in Panik, sie flüchteten aus dem Distrikt. Und die Landlosen schlossen sich den Maoisten an, Massen von ihnen. Sie hatten nichts zu verlieren.« Adilabad sei damals sehr arm gewesen, sagt er. Und es ist nicht zu überhören, dass er Verständnis für die Beweggründe seiner Gegner hat. »Es gab kein Telefon, kaum Straßen. Die Menschen kämpften ums Überleben.« Erst als die Regierung in die Verkehrsinfrastruktur investierte, die Stromversorgung verbesserte, änderten die Rebellen ihre Strategie. »Sie gingen dazu über, Polizeiwachen anzugreifen, sie töteten Lokalpolitiker.« Dann wurden die *Grey Hounds* aufgestellt, erzählt Kumar, eine Eliteeinheit, fünftausend Mann, spezialisiert auf den Kampf gegen die Guerilla. Sie durchkämmten die Dörfer. Sie hatten die Erlaubnis, Sympathisanten zu töten. »Ihre Methoden sind umstritten«, sagt der Polizeichef. Und er scheint sich zu bemühen, dabei neutral zu wirken. »Aber ihr Einsatz war effektiv.« Seit zwei Jahren sei die Lage in Adilabad ruhig. »Viele Maoisten sind übergetreten, wir stellen sie ein, sie arbeiten als *Home Guards,* als Helfer für die Polizei. Sie bewachen Brücken, fahren mit den Streifen in die Dörfer. Oder halten unsere Gebäude sauber.«

»Ist es möglich mit einem von ihnen zu sprechen?«

»Kein Problem, ich organisiere das für Sie.«

Ich frage Kumar, ob die Strecke nach Norden gefährlich ist. »Ab hier können Sie zu Fuß gehen. Aber schlafen Sie nicht draußen. Und bleiben Sie immer auf dem Highway. Auch wegen der Tiger.«

Kumar quartiert mich in der *Police Mess* ein, in »Suit No 2«, die ihren Namen trotz fehlendem »e« verdient. Rote Nylonvorhänge trennen die Räume voneinander, durch die nur vereinzelt Mücken summen. Die Sitze in der Essnische sind mit frisch bezogenen Kissen belegt.

Ich gehe hinunter in den Hof. Ein schmächtiger, kleiner Mann fegt die Steintreppen vor dem Gebäude, auf einem offenen Gelände auf der gegenüberliegenden Straßenseite sehe ich einen Jahrmarkt in Ruhestellung. Das unbewegte Riesenrad wird von Neonlicht geflutet, das Kettenkarussell ist mit Planen abgedeckt. Ich wandere einen Holzzaun entlang, der die Kirmes umgibt. Sieben Rupien kostet der Eintritt, den mir ein junger Mann in einer schwarzen Lederjacke abnimmt.

Der Vergnügungsparcours hinter dem Zaun ist gähnend leer, an wenigen Verkaufsständen werden Süßigkeiten und Plastikspielzeug angeboten. Die Schiffschaukel hat blau lackierte Wände aus Pressholz und einen gelb-schwarzen Salamanderschwanz. Aber auch sie steht still. Dafür schmeißt jetzt ein schielender Turbanträger den Dieselmotor des Riesenrads an; in viereckigen, bunt lackierten Metallkörben drehen sich je drei quietschende Kinder. Ich schieße ein Foto von einem Karussell mit Plastikenten und Hühnern als Reittieren, ein halbes Dutzend Schuljungen drängt winkend in den Fokus, um abgelichtet zu werden.

Plötzlich steht ein humpelnder junger Mann mit Jeans und weißem Hemd im Bild und streckt die Hand aus. »Gib den Chip her«, sagt er. »Hier wird nicht fotografiert. Das ist mein Land!« Ich denke an George Everest, ich denke an William Lambton. Für Ausländer gibt es in Indien vor allem zwei Wege, um zum Ziel zu gelangen: Man kann sich als lauter, törichter Fremder aufführen oder mit außerordentlicher Höflichkeit jede Schwierigkeit umschiffen. Ich entscheide mich für die zweite Methode, lächele bescheiden, entschuldige mich und schwöre, die Bilder zu löschen.

Zurück in der *Police Mess* hat sich eine kleine Abordnung versammelt. Vier Ex-Maoisten sitzen im zweiten Stock des Gebäudes brav auf einer Reihe Plastikstühle unter einem stehenden Ventilator: eine Frau mit einem vielleicht dreijährigen Kind und drei junge Männer. Der Polizeichef hat sie bestellt und einen Dolmetscher gleich dazu. Alle vier sind schmächtig, alle sind Adivasi, sagen sie, sie gehören zur indischen Urbevölkerung, zu den Stammesvölkern des Subkontinents. Und alle sprechen Telugu und kein einziges Wort Hindi.

Die meisten von ihnen sind Mörder. Ein Mann, der sich Sriram nennt, schildert sein früheres Leben im Dalam, dem Team. Zwischen den Sätzen macht er seltsame Schnalzgeräusche. Er erzählt von langen Fußmärschen durch den Dschungel, von Camp zu Camp, bis hinauf in den Nachbarstaat Chattisgarh. Er erzählt vom frühen Aufstehen und den Übungen im Wald und davon, dass sie im Sommer oft tagelang nichts zu essen hatten. »Die Bewegung ist in Adilabad unter Druck geraten. Die Kommandeure haben uns immer öfter in die Dörfer geschickt, um Wasser und Essen zu holen.« Zum Schluss oft unter Androhung von Gewalt. Die Unterstützung in den Dörfern habe deshalb abgenommen. Fünf Menschen hat Sriram getötet, darunter einen Großgrundbesitzer und einen Politiker der Telugu Desham Party, einer Regionalpartei, die in den 1980er-Jahren vom damaligen Filmstar und späteren Chief Minister Andhra Pradeshs, N. T. Rama Rao, gegründet worden war. Vor zwei Jahren ist Sriram schließlich im Osten Adilabads zu einem *Subinspector* gegangen, um »die Bewegung« zu verlassen. Weil es nicht mehr gut sei, was die Maoisten machen. Weil die Bewegung alt geworden sei. »Früher gab es noch eine Ideologie. Jetzt geht es nur noch um die Macht.«

Die Frau mit dem Kind im Arm sagt, sie sei beigetreten, weil nichts los war in ihrem Dorf. »Die Rebellen kamen und sangen auf dem Dorfplatz die Lieder der Revolution. Ich mochte die Musik. Da bin ich mitgegangen.« Sieben Jahre ist das her, zwanzig war sie damals. Sie hat ihren Mann in einem Camp im Osten Adilabads kennengelernt. »Aber vor vier Jahren wurde er bei einem Angriff der Polizei erschossen.« Sie hat vor allem wegen ihrer beiden kleinen Kinder kapituliert, neben dem Mädchen auf ihrem Schoß hat sie einen zehnjährigen Sohn. »Hier gibt es jetzt auch neue Schulen.« Nun arbeitet sie als *Home Guard*. »Meistens mache ich in den Gebäuden der Polizei sauber. Bei Veranstaltungen koche ich.« Dreitausend Rupien bekommt sie dafür monatlich, umgerechnet sechzig Euro. »Aber das ist nicht genug zum Leben.«

Ich habe den Eindruck, die Frau lächelt mir mit einem Anflug von Laszivität zu. Ich habe das Gefühl, sie würde mir gern ihr Kind auf den Schoß setzen. Vielleicht sucht sie Schutz. Wenn nicht bei den Rebellen und nicht bei der Polizei, dann eben bei irgendeinem Fremden.

Als wir uns verabschieden, frage ich Sriram, wie man schläft, wenn man fünf Morde auf dem Gewissen hat. »Ich habe nie schlecht geschlafen.« Er schnalzt wieder mit der Zunge. »Es war immer der Dalam, der bestimmt hat, wen ich töte. Und ein Ziel ist ein Ziel.«

Wer ist William London?

Mein Weg in den Norden führt über Indiens kahlen Rücken. In der Dunkelheit jenseits von Adilabad überspannt eine breite Brücke einen Fluss. Lkw stauen sich vor einem Schlagbaum. Mit lautem Hupen treibt ein Fahrer zwei Esel auseinander. Auf dem Tisch des Checkpostens liegen Geldrollen. Unten am Ufer glimmen die Zigaretten der Trucker, die ihre morgendliche Notdurft verrichten. Daneben leuchtet ein Tempel, langgestreckt und weiß. Er wirkt wie ein Schiff; aus seinem Inneren klingen Glocken.

Im Morgenlicht frühstücke ich, an einen Baum am Straßenrand gelehnt, frittierte Teigtaschen und beobachte zwei Jungen, die sich durch ein Baumwollfeld auf mich zubewegen. Es sieht aus, als würde einer von ihnen hüpfen. Als sie vor mir stehen, erkenne ich, dass der Kleinere verkrüppelt ist. Er watschelt über das linke Bein, seine Arme hängen schlaff am Körper herunter. Der Größere hat ihm sanft die Hand auf die Schulter gelegt. So gehen sie weiter die Straße hinab, der eine mit gleichmäßigen, geraden Bewegungen, der andere mit tanzendem Oberkörper. Als stütze sich der Größere auf den Kleineren. Als wäre der offensichtlich Schwache der eigentlich Starke. Was für eine schöne Szene in einem Land, in dem der sozialen Diskriminierung schon in den heiligen Schriften des Veda mit dem Kastensystem ein religiöses Fundament gelegt wurde.

Hinter dem zweiten Strom, den ich an diesem Tag überquere, liegt der Bundesstaat Maharashtra. Durch die lila glänzenden Hügel am Fluss Penganga manövrieren Bauern knarrende Ochsenwagen mit massiven Eisenrädern. Der Fluss markiert auch die Grenze zwischen den dravidischen Sprachen des Südens und den indoeuropäischen des Nordens. Die Landessprache Marathi ist mit Hindi verwandt und wird in derselben nordindischen Schrift, dem Devanagari, geschrieben. Von nun an werde ich kaum noch Verständigungsprobleme haben.

Eine halbe Stunde lang schlurfe ich neben einem schweigsamen alten Sikh her. Auf dem Rücken trägt er einen zerschlissenen Militärrucksack, der zum Schutz vor Straßenstaub in eine orangefarbene Plastiktüte gestopft ist. Er geht barfuß und sehr langsam. Aus seinem Rucksack wippt ein Kirpan, ein kurzes Schwert.

»Wir machen eine Reise durch ganz Indien, so wie du«, sagt er auf Hindi. Womit er allein sich meint, Sikhs drücken mit dieser Redeweise Respekt vor sich selbst aus und werden dafür ähnlich mild belächelt wie bei uns die Ostfriesen. In Mahbubnagar, südlich von Hyderabad, hat er seinen Bruder besucht, jetzt läuft er nach Hause, nach Patna.

Er pflückt ein paar Beeren von niedrigen Büschen am Straßenrand, wir essen sie im Gehen, er stopft sich die Taschen voll. Der Highway ist frisch asphaltiert, doch es fährt kaum ein Auto. Das Land ist dünn besiedelt, aber es wird zusehends grüner. Zwischen niedrigen Hügeln liegen Flüsse und Kanäle. Schilfdickicht und Tomatenfelder wechseln sich mit Flächen ab, von denen ich nicht weiß, ob sie Weiden oder Äcker sind. Ein graues Kalb mit wackelndem Höcker rast einem Hirten davon, Hunderte Meter weit rennt der Mann ihm durch dichtes Gestrüpp einen Stacheldrahtzaun entlang hinterher. Als er das Tier direkt auf meiner Höhe erreicht, dreht es sich rasant um, er springt zur Seite, um den Hörnern auszuweichen, dann rasen Verfolger und Verfolgtes den Zaun in umgekehrter Richtung wieder davon.

Spät am Abend rolle ich nach einem langen Marschtag auf dem Gepäckträger eines Radfahrers, der mich die letzten Kilometer mitgenommen hat, nach Pandharkaoda hinein. Die erste Stadt in Maharashtra ist hübsch und kompakt. In kleinen, offenen Läden unter überstehenden Ziegeldächern gehen Friseure, Schneider, Landmaschineningenieure und Männer, die kaputte Kugelschreiber wieder instand setzen, ihrer Arbeit nach. Kaum einer beachtet mich auf der dunklen Hauptstraße. In der Pankaj Lodge bin ich der einzige Gast. Zum Entzücken der beiden Portiers lese ich den auf Nagari geschriebenen Namen des Hausbesitzers und den viel längeren eines Heiligen, der in einer Nachbarstadt residiert, laut vor. Auf der Suche nach einem Restaurant spricht mich ein junger Mann namens Aziz Khan an. Er will mich nach Deutschland begleiten. Den Grund, den er angibt, kann ich in diesem Landsteil kaum nachvollziehen: »Indien ist so überbevölkert«, sagt er.

Die Restaurants und Bars in Pandharkaoda sind mit Lichterketten geschmückt. In einem der Etablissements trinke ich zwei 650-Milliliter-Flaschen Royal Challenge Premium Lager und esse drei Stück trockenen Fisch. Dicke, grüne Stoffvorhänge verschließen die Türen der Separees. Aus den benachbarten Holzkästen höre ich Geldgeklimper, lautstarkes Rechnen, Schreien und Husten. Alle zehn Minuten geht der grüne Vorhang auf. »Brauchst du noch etwas?«, fragt dann ein Bediensteter. »Alles bestens«, sage ich. »Relax«, antwortet er. Ich folge seiner Anweisung.

Am nächsten Tag passiere ich Hügel und Büsche und verstreute Siedlungen, durch die sich ein Strom von Lastwagen windet. Ständig hupen die Fahrer und bieten mir winkend eine Mitfahrgelegenheit an. In dem kleinen Ort Pohna halte ich auf einem der matratzenlosen Betten, die vor dem Aroma Family Restaurant aufgebaut sind, Siesta mit tamilischen Truckern. Sie bieten mir an, mich mit ihren Stammprostituierten zu vergnügen. »Kostenfrei«, sagen sie.

Am frühen Nachmittag marschiere ich in eine niedrige Hügelkette hinein, als nach einigen Kilometern das sechszehnte Fahrzeug an diesem Tag hupt. »Bis Hinganghat findest du keinen Ort zum Schlafen mehr«, sagt der Beifahrer, ein Junge mit Zahnlücke, Jeans und sehr langen Fingernägeln. »Und im Wald gibt es Tiger.« Ich gebe mich geschlagen. Etwas unbehände klettere ich mit meinen schweren Wanderstiefeln über ihn hinweg, um mich in die Mitte des Führerhauses zu setzen. In der Frontscheibe des Lasters baumelt eine große Muschel an einem Band. Auf dem Armaturenbrett blinken kleine blaue Glühbirnen um den Kopf einer Statue des Gottes Krishna. Auf einem kitschigen Bild reißt Hanuman den kompletten Berg Dronagiri aus dem Himalaya. Der Fahrer ist Mitte vierzig und hat feine Gesichtszüge.

In einer Serpentine springt der Junge aus dem Wagen und bricht Zweige von einem Niembaum. Wir knabbern die Rinde ab, der Fahrer zeigt mir, wie man sich mit dem Inneren die Zähne putzt. Der Saft, der aus den gelben Fasern rinnt, schmeckt bitter. Die Wirkstoffe des Niembaums wurden von indischen Ärzten schon vor zweitausend Jahren genutzt. Doch seit zwei Jahrzehnten gibt es einen Streit um Patente, die amerikanische, japanische und europäische Unternehmen auf Niemprodukte anmelden. »Biopiraterie« nennen Globalisierungskritiker das Phänomen.

Oben auf der Hügelkette halten wir an einem Truckstop. »He Junge, hol Tee!«, sagt der Mann hinterm Steuer. Er komme aus Bihar. Er zeigt mir eine lange Liste mit Zahlen, Einnahmen und Ausgaben. Er fahre quer durchs Land, mal von Benares nach Nagpur, mal von Chennai nach Hyderabad. Jetzt hat er Zuckerrohr geladen, das er nach Delhi bringt. Doch die Bilanz seiner Arbeit ist dünn: »1200 Rupien bekomme ich im Monat, aber das geht durch zwei. Ein zerlumpter Kerl tritt ans Fenster des Lastwagens und redet auf den Trucker ein. Sein ganzes Geld sei ihm gestohlen worden, er sei beim Trinken eingeschlafen, ob er ihm helfen könne. Der Fahrer lehnt ab. »Die Leute in Maharashtra sind so was von krank«, sagt er. »Sie saufen den ganzen Tag.«

Der Beifahrer bringt den Tee, kämmt sich die schnell noch gewaschenen Haare und platziert einen Plastikkrug mit Wasser im Fußraum des Cockpits. Der Fahrer startet den Diesel. Ich schlafe auf meinem Sitz ein und wache nicht wieder auf, bis wir Hinganghat erreichen.

Hinganghat wirkt wie eine Reihe einzelner, aneinandergeklebter Siedlungen. Ladengeschäfte und Kioske liegen neben Lagerhallen und Fabriken. Ansammlungen von Wohnhäusern wechseln sich mit Nähereien, Wäschereien und Fahrradläden ab. Kaum ein Gebäude ist höher als drei Stockwerke. Auf den öffentlichen Plätzen stehen Statuen des Sozialrevolutionärs Dr. Ambedkar, der von 1891 bis 1956 lebte; seine Hand ist mal lehrerhaft erhoben, mal weist sie pedantisch irgendeine Straße hinab. In meinem engen Hotelzimmer bemühe ich all meine Vorstellungskraft, um zu verstehen, dass die halb verspiegelten Wände und die hüfthohen, knallgrünen Kacheln vermutlich einmal als elegante Komposition gemeint waren.

In Hinganghat haucht William Lambton im Januar 1823 sein Leben aus. Er hat sich Tuberkulose eingefangen, er leidet unter chronischen Hustenanfällen. Dennoch hat er auf die Feiertage mit der Familie um den Jahreswechsel verzichtet und ist mit seinem Assistenten Joshua de Penning aufgebrochen, um das Hauptquartier des Survey von Hyderabad in die knapp 500 Kilometer weiter nördlich gelegene Stadt Nagpur zu verlegen. Sein Arzt hat dem für seinen guten Appetit bekannten Expeditionsleiter zweimal einen Aderlass verordnet, zudem die »entzündungshemmende Methode der Enthaltung von Fleisch und Wein«. Zwar ernährt sich Lambton folgsam von Unmengen von Orangen, jenen Früchten, für die die Region Nagpur bis heute bekannt ist. Doch dem Wein spricht er weiter kräftig zu.

Am Abend des 7. Januar 1823 bechert Lambton einen halben Liter Madeira, bevor er zu Bett geht. Am nächsten Morgen fühlt er sich so schlecht, dass sein Arzt befürchtet, er werde sterben. Die Expedition ist gezwungen, in Hinganghat Station zu machen. Am 19. Januar wird das Camp aufgebaut.

Doch den nächsten Morgen erlebt Lambton nicht mehr. Ein Diener findet ihn tot im Bett. »So still und ruhig hatte er seinen letzten Atem ausgehaucht«, notiert George Everest später, »dass niemand seinen Tod bemerkte.« Er ist so bescheiden gestorben, wie er gelebt hat.

Am Nachmittag mache ich mich auf die Suche nach dem Grab des genialen Geodäten. Aber ich finde niemanden, der auch nur eine Ahnung davon hat, wer Lambton überhaupt war. Nicht der Boy meines Hotels, der dreihundert Rupien als Sicherheit für das Zimmer verlangt, aber fünfhundert Rupien nicht wechseln kann. Nicht der Mann im Laden, der neben mir Henna für die Hände seiner Frau kauft und sie vor dem Bezahlen noch einmal besorgt anruft, um nachzufragen, ob es die richtige Marke sei. Auch der Koch, der in einem Straßenrestaurant hinter Strohwänden ein *Special Menue* zusammenstellt, das sich als nichts weiter entpuppt als Linsen mit Fladenbrot, kann mit dem Namen nichts anfangen. »William London?«, fragt er zurück. Verzweifelt schlinge ich mein Essen hinunter und beobachte dabei, wie ein Hund mit einem Sprung einen Samosa aus einer an der Straße aufgestellten Auslage klaut. Die Auslage fällt um, die Ware kippt in den Staub. Der Mann verscheucht den Hund, pustet die Samosas ab und ordnet die Teigwaren neu.

Ich frage mich zur Polizeiwache durch. Ein Beamter mit randloser Brille und drei weißen Sternen auf der Schulter bittet mich an einen Schreibtisch. Ich erzähle ihm, was ich suche. »Hm«, macht er, und es klingt nicht sehr begeistert. »Wir müssen erst mal den christlichen Friedhof finden.« Er durchwühlt mit melancholischem Gesichtsausdruck einen Ordner. Er ruft bei der Kirche an, aber es nimmt niemand ab. »Warten Sie bitte«, sagt er und ordert mit einer Sturmklingel, die an seinem Schreibtisch befestigt ist, einen Bediensteten herbei, damit er uns Tee holt. »Sie brauchen einen Fahrer.« Ich nehme auf einem Schalenstuhl Platz. Ich schweige, weil ich das Gefühl habe, er will nicht mehr sprechen. Im Nebenraum knattert ein Funkgerät.

Eine Polizistin in olivgrünem Sari führt eine Frau herein, die aussieht wie eine Indianerin. Sie zetert und schreit, jemand habe sie geschlagen. Die Frau wird in den Nebenraum gebracht. Der Tee kommt, der Polizist bietet mir Anis und andere Gewürze aus einer mit Intarsien versehenen Schatulle an. »Haben Sie auf der Straße nach Hinganghat irgendwelche Schwierigkeiten gehabt?«, fragt er.

Nach einer Stunde erscheint ein Mann in schwarzer Lederjacke. Er fährt mich mit dem Motorrad quer durch die Stadt. Vor einem Schreibwarengeschäft parkt er die Maschine. »Früher war mein Vorname Thomas«, sagt der Mann hinter der Ladentheke. Heute heißt er Vinod Samuel, ist Mitte zwanzig und trägt ein kariertes Hemd. Christ ist er dennoch geblieben.

Vinod holt sein Fahrrad. Wir überqueren ein Kricketfeld, auf dem ein paar Jungen mit Knüppeln statt mit Schlägern trainieren. Wir passieren eine niedrige Moschee und sausen in ein Lehmhüttenviertel hinein. In einer engen Gasse neben einem Kanal springt eine Frau zur Seite, die mit dem Handy telefoniert, während sie mit der rechten Hand in einer bronze-farbenen Schüssel Reis wäscht. Ein Mädchen, das offenbar gerade eine Hüttenwand geweißelt hat, balanciert einen Plastikhocker, Pinsel und Farbeimer von dem schmalen Weg herunter.

Am anderen Ende der Siedlung bremst Vinod. Wir stehen unter einem ausladenden Baum vor einem zertrümmerten Grabstein. Daneben erhebt sich eine viereckige Einfriedung aus Granitblöcken. »Die Leute bauen ihre Hütten immer wei-ter auf unseren Friedhof«, klagt er, als er die Tür öffnet. Das Schloss in der Mauer ist aufgebrochen. Eine kleine Gruppe Jugendlicher aus der Siedlung folgt uns.

In der Mitte der Einfriedung steht eine Stele mit einer ver-blichenen Inschrift. »Das hier ist der Ort, an dem er begraben liegt«, sagt Vinod. Er betet die Fakten herunter: »William Lambton, Leiter des Survey of India, gestorben im Dienst an Tuberkulose, am 19. Januar 1823, im Alter von neunundsech-zig Jahren. Er hatte keine Chance, hier gab es keinen Doktor, keine medizinische Versorgung, dies hier ist tiefste Provinz.« Das alles, sagt Vinod, hätten er und seine Familie aber erst aus der Zeitung erfahren. »Das ist ein paar Jahre her. Kurz danach haben die Briten dem Survey of India Geld gegeben, um die Mauer zu bauen. Dann kam ein Professor aus Dehra Dun und fragte, wo unser Friedhof ist und was wir über das Grab von Lambton wissen. Die Mitarbeiter des Survey haben eine Marmorplatte mit einer Inschrift auf das Grab gelegt. Aber die ist auch schon geklaut.«

Die umstehenden Jungen aus der Hüttensiedlung grinsen frech.

»Ist euch eigentlich völlig egal, wer hier liegt?«, frage ich sie.

»Klar!«, ruft einer. »Was gehen uns die alten Britishers an?«

Buddhas Krieger

Bis nach Nagpur laufe ich weiter auf dem National Highway 7. Hinter der Stadt biegt er nach Nordosten ab, in das zentralindische Hochland führen nur Landstraßen. Es ist kurz vor dem Jahreswechsel, und es sind die letzten beiden Tage auf Indiens längster Autobahn, die ich das erste Mal einen Winter zuvor auf dem Südzipfel des Landes betreten habe.

Das System der Umleitungen hat sich in mein Unterbewusstsein gegraben. Blind erfühle ich im morgendlichen Dunkel die lose Erde an jenen Stellen, wo ich die Straßenseite wechseln muss, um auf den neu gebauten, aber noch unbefestigten Streifen zu gelangen; meist ein Damm über der alten Fahrbahn. Immer wieder weiche ich in der Finsternis Menschen aus, die auf dem Sandstreifen Yogaübungen machen, Liegestütze mit durchgedrückter Wirbelsäule, Kopfstand, Atemtraining. Auf manchen Abschnitten sind reihenweise Matten ausgebreitet, anderswo übt ein Mensch allein. Aus den Häusern jenseits der Autobahn dringt Husten und Röcheln. Das Reinigen der Atemwege ist ein lautstarkes Ritual, das ich immer nur aus Männerkehlen höre. Ich frage mich, ob es Frauen gibt, die sich daran gewöhnen.

Am ersten Tag meiner Wanderung nach Nagpur unterhalte ich mich in einem Teehaus mit zwei Bankern über die internationale Finanzkrise. Indiens Wirtschaft könne davon gar nicht betroffen werden, sagen sie. »Der Bankensektor ist zu kontrolliert. Riskante Finanzgeschäfte waren hier nie möglich.

Die Realwirtschaft ist nicht in Gefahr. Das ist alles Hysterie.« Tatsächlich hat die Finanzkrise in Indien nur wenige Branchen erschüttert, vor allem die vom US-amerikanischen Markt abhängigen Textil- und Technologieunternehmen.

Kurz vor dem kleinen Ort Borkhedi hält in der Abenddämmerung ein junger Mann auf einem Motorrad neben mir und bietet mir eine Unterkunft an. Ich komme in einem ungenutzten, völlig leeren Zimmer im ersten Stockwerk über der Hauptstraße unter. Die Fenster haben keine Scheiben, die Tür ist aus lackiertem Blech. Der Mann fragt mich, ob ich mit ihm trinken möchte. Aber ich schiebe Erschöpfung vor und lasse mich vom Durchgangsverkehr in den frühen Schlaf dröhnen.

Am nächsten Tag mache ich mir Sorgen um meinen Fuß. Das Wandern fällt mir in diesem Jahr viel leichter als im Winter zuvor. Vielleicht auch, weil ich die Zeit zum Aufstehen um eine Stunde nach hinten verschoben habe, auf fünf Uhr früh. Außerdem ist es hier im Norden kühler und trockener als im Süden, perfektes Wanderwetter eigentlich. Und doch wird mein Neustart von Beschwerden begleitet.

Ich raste in der Nähe eines Bauernhofs, der von riesigen Kokospalmen gesäumt ist, und schnüre meinen rechten Schuh auf. Ich untersuche meine Ferse. Seit dem ersten Wandertag habe ich dort leichte Schmerzen. Morgens scheint es, als würde die Achillessehne bei der ersten Belastung regelrecht quietschen, ein gespenstisches, fast unhörbares Geräusch. Im Laufe des Tages lassen die Beschwerden nach, aber immer wenn ich eine Pause mache, tut meine Hacke wieder weh. Die Symptome werden nicht schlimmer, aber sie verschwinden auch nicht. Ich frage mich, ob es an den neuen Stiefeln liegt, die ich seit Adilabad trage.

Ich liege auf meiner Regenjacke neben einem Teich und beobachte eine vorbeiziehende Hochzeitsgesellschaft. Ein

Jüngling mit einer überdimensionalen Spraydose sprüht Konfetti über die Prozession. Die Männer tanzen ekstatisch. Eine Band in blauen Hemden und weißen Hosen marschiert, einer ganz vorne schlägt eine Basstrommel. Ich döse ein, plötzlich steht eine junge Frau vor mir, breitbeinig, bis zum Kopf in ein einziges grünes Tuch gehüllt. Sie schaut auf meinen Fuß, nur der rechte ist nackt. Vielleicht sieht sie nur die Blasen auf den Zehen. »Du solltest ohne Schuhe gehen«, sagt sie. Doch ich befolge ihren Rat nicht aus Furcht vor noch mehr Blasen.

Die Zwei-Millionen-Stadt Nagpur wirkt sauber und grün. Die Mittelstreifen der Hauptstraßen sind mit gepflegten Beeten ausgestattet, bunte Geranien inmitten von geschorenem Rasen. *Plant Trees for Peace* steht auf einem Schild. Durch das zentrale Geschäftsviertel Sitalbudi, das völlig ohne Glasfassaden und Hochhäuser auskommt, strömen Menschenmassen, Mopeds, Fahrräder. Aber nur sehr wenige Autos. Die Gesichter der Bewohner erinnern an die von Aborigines.

Ich habe mir vorgenommen eines der geistig-moralischen Zentren der Stadt zu besuchen: Nagaloka, ein buddhistisches Institut in der Tradition Bimrao Ramji Ambedkars, Gandhis radikalem Gegenspieler. Aber ich finde es erst nach langer Suche. Das Zentrum liegt hinter einem Industriegebiet im Nordosten der Stadt; ein unscheinbarer Eingang, ein Sandweg unter einem Blechschild gegenüber einem Toyota-Autohaus.

Es ist bereits dunkel, als ich mich bei einem kauzigen kurzhaarigen Mönch in rotem Fleecepullover und schwarzer Adidas-Hose vorstelle. Er führt mich in das Gästezimmer D-3, einen schlichten Raum, dem das Tunneldach aus unverputztem Beton die Atmosphäre eines Zugabteils verpasst. Im Zimmer stehen zwei Betten, ein Schreibtisch, ein Einbauschrank, auf dem vergitterten Balkon ein Plastikstuhl und ein Wäscheständer.

Der Mönch zeigt mir die gemeinschaftliche Kochnische am Ende des Ganges, den Propankocher und den Aquaguard-Wasserfilter, den Essbereich mit eleganten Korbstühlen und Blick über das Gelände. Den Schlüssel zu meinem Zimmer legt er lächelnd unter die Fußmatte des Gebäudes. »Hier wird sowieso nichts geklaut.«

Zwanzig Minuten später sitze ich neben ihm auf einem mit Stoffgurten bespannten und mit zwei Lagen grüner Sofakissen belegten Bettgestell im zentralen Tempel der Anlage und frage mich, was nun kommt. Kampfgesänge oder Meditation? Politische Indoktrination oder spirituelle Unterweisungen? Was habe ich zu erwarten in einem Heiligtum, das jenem Mann geweiht ist, der mit Gandhi für die Rechte der Kastenlosen kämpfte, bis er an der Hinduismustreue des Mahatma verzweifelte, am Hinduismus an sich, und exemplarisch für Millionen Kastenlose zum Buddhismus konvertierte? Der Bücher geschrieben hat wie *The Buddha or Karl Marx*?

Vor mir stimmt ein Dutzend Männer im Lotussitz in der alten indischen Sprache Pali ein monoton klingendes Lied für den »Bhagvan« an, den Erleuchteten, der »die geistige Ablenkung zerstört«. Zu meinen Füßen liegen eine Trommel aus Gusseisen, die aussieht wie ein Kochtopf, und ein Schlegel. Immer mehr Männer strömen herein. Im Zentrum des Raumes thront eine drei Meter hohe bronzene Buddhastatue mit klassischer Lockenfrisur, davor Blumentöpfe, ein winziger Tisch, eine Kerze, Blütenblätter. Die Halle wirkt spartanisch, die Wände sind unverputzt wie die meiner Unterkunft; die puristische Version einer orientalischen Religion. Ich fühle mich an ein Zenkloster erinnert und gleichzeitig an protestantische Kirchen.

Die Adepten setzten sich, jetzt haben alle die Augen geschlossen, drei der Schüler hinter schwarzen Kastenbrillen. Unter Wolldecken tragen sie Pullunder und Jeans, einer eine kurze Hose und eine Schirmmütze, ein anderer ein feminin wirkendes Halstuch und weiße Handschuhe. Die Stille ist ebenso entspannt wie diszipliniert. Plötzlich erhebt einer ganz ruhig die Stimme. »Warum ist der Fremde hier?«, fragt er und blickt in meine Richtung.

»Das wird er gleich erzählen«, sagt der Mann in der Adidas-Hose neben mir.

Die Meditation dauert eine Viertelstunde, dann richten sich die Schüler der Reihe nach auf, schreiten zum Buddha hinüber und verbeugen sich vor ihm bis zum Boden. »*Om Muni Muni Sakyamuni Svaha*«, singen sie. »*Om Muni, Muni, Om Maha Muni.*« Dann verbeugen sie sich vor mir. Und ich frage mich, warum mir das nicht peinlich ist.

Der Mann neben mir schlägt die Metalltrommel. Das Ritual, die Puja, ist zu Ende. Ich erzähle von meiner Wanderung. Ich höre mich selbst ganz entspannt einen kleinen Vortrag auf Hindi halten, nur hier und da von ein paar englischen Vokabeln durchsetzt. Es fällt mir leicht vor diesen Menschen zu sprechen, ich fühle mich fast unter Gleichgesinnten. Das Publikum nickt und hört aufmerksam zu. Der Junge mit den Handschuhen will wissen, warum die Menschen in Europa ihren Glauben verloren haben. Ich versuche zu erklären, wie sich die Kälte in die westlichen Religionen geschlichen hat, wie der Katholizismus den Protestantismus hervorgebracht hat, wie sich der Atheismus entwickelte. Aber ich habe das Gefühl, dass keiner meine Ausführungen wirklich versteht. Ein Leben ohne Glauben ist für meine Zuhörer unvorstellbar.

Ich frage den Jungen, warum er hier ist. »Um das Kastensystem zu zerstören«, sagt er. Er kommt aus dem Bundesstaat

Rajasthan. »Ich lerne hier Sozialarbeit. Dann gehe ich in die Dörfer und helfe den Menschen dort.«

»Ich bin in Nagaloka, um gelassener zu werden«, sagt ein anderer. »In meinem Dorf in Orissa habe ich geprügelt und gespielt. Jetzt bin ich ein halbes Jahr hier. Die Meditation hat mir sehr geholfen.«

Die Nacht ist ruhig, nur einmal schlurft jemand über den Gang, öffnet eine Kette, schließt eine Tür. Ich höre die Grillen zirpen. Und nur gelegentlich einen Lkw, das Hupen einer Mopedrikscha jenseits des Geländes. Ein kleines bisschen juckt mein Fuß.

Ich bleibe einen Tag in Nagaloka. Am Morgen bewässere ich mit den Schülern die frisch gepflanzten Feigenbäume und die Bougainvilleas und jäte das Unkraut zwischen den niedrigen Hecken, die zu Kreisen angelegt sind, im Garten des Direktors, von dem sie sagen, er sei auf einem *Social Retreat*. Was immer das ist. Sein Haus liegt in einem kleinen Park, davor wachsen Rosen unter Eukalyptusbäumen, durch die ein Palmenhörnchen springt. Ein Mobilfunkmast ragt in den Himmel wie ein Markierungspunkt des Great Trigonometric Survey. Wie eine Fahne, die der neue Leiter des Unternehmens, George Everest, dort hat aufstellen lassen.

Everest tritt im März 1923 offiziell die Nachfolge William Lambtons als oberster Leiter des Survey an. Der Zweiunddreißigjährige mit der schmächtigen Statur und dem schmalen Mund, der auf Fotos aus der zweiten Hälfte seines Lebens oft mit imposanter Löwenmähne abgebildet ist, macht sich auch in seiner neuen Funktion sofort unbeliebt. Nach dem Tod Lambtons in Hinganghat hält er den Mitarbeitern umgehend einen mahnenden Vortrag: Er ist erzürnt, weil sie die Hinterlassenschaften Lambtons umgehend verkauft haben, einschließlich zahlreicher Gegenstände, die eigentlich dem Survey gehörten. Dabei dürfte es ihm weniger um die Ehre des Verstorbenen gehen, als eben um diese Aufzeichnungen und Instrumente, die verloren sind. Die Männer, von denen viele seinem Vorgänger zwei Jahrzehnte lang treu gedient haben, laufen Everest nun davon. Als auch Lambtons Assistent Joshua de Penning, der besonders von den indischen Vermessungsgehilfen geschätzt wird, seinen Rücktritt anbietet, droht das Unternehmen ins Stocken zu geraten. Wutentbrannt notiert Everest über de Penning, einen der verdientesten Mitarbeiter des Survey: »Diese Person besaß, abgesehen von den Dezimalzahlen, dem Umgang mit den Taylorschen Logarithmen und der ersten und zweiten Wurzel, nicht einen Funken mathematischer Kenntnisse.« Und verwendet dann doch große Mühe darauf, den Assistenten zu überreden, noch ein Jahr zu bleiben. Um die drohende Massenflucht abzuwenden.

Everest lässt seine Mannschaft in Nagpur den Monsun abwarten, neun Monate verbringen die Männer dort. Er selbst wird unterdessen erneut von der Malaria heimgesucht, ist fast ein halbes Jahr lang so schwach, dass er auf einer Sänfte getragen werden muss, und beginnt dennoch nach Ende der Regenzeit wieder mit den Vermessungen. »Es war eine verzweifelte Lösung, denn da meine Glieder in höchstem Maße gelähmt waren, bestand die unangenehme Notwendigkeit, mich auf einen Platz am Zenitsektor zu setzen und während der gesamten Arbeit mit dem Instrument von zwei Männern hochheben zu lassen. Damit ich am großen Theodolit die Schraube des Vertikalkreises erreichen konnte, mussten zwei meiner Gefolgsleute mir häufig den linken Arm stützen. Und manchmal war ich so schwach und erschöpft, dass ich, ohne gestützt zu werden, nicht an dem Instrument stehen konnte.«

Die Vermessungen sollen nun von Achalpur, etwa 100 Kilometer westlich von Nagpur, wo eine neue Grundlinie ermittelt worden war, nach Sironj, 300 Kilometer weiter im Norden, durch den Subkontinent führen. Zwischen dem Fluss Godavari und dem zentralen Madhya Pradesh, dem Bundesstaat, der sich auf meinem Weg an Maharashtra anschließt, liegt die Strecke der Triangulation etwas westlich jener Route, auf der ich unterwegs bin. Genauer gesagt: zwischen dem 77. und dem 78. Längengrad.

Mittags besuche ich Dhiksabhumi, jenen Ort, an dem Ambedkar einige Jahre nach Indiens Unabhängigkeit zum Buddhismus konvertierte, gefolgt von Millionen von Anhängern. Eine schlichte, beigefarbene Kuppel erhebt sich hinter einem Tor, verziert mit dem endlosen buddhistischen Knoten und Chakra-Rädern. Der Platz davor ist vor allem ein Parkplatz. Ein junges Paar lässt sich vor einem Kleinwagen fotografieren. Ein Mann mit weißer Kongressmütze spielt Ziehharmonika. Im Eingang haben Devotionalienhändler Bilder und Bücher von Ambedkar auf dem Boden ausgebreitet. Innen ist alles weiß, grau und silbern. *Keep Silence* steht auf Tafeln. Stählerne Opferboxen sind hinter einem Geländer aufgereiht. Im Zentrum laufen die Besuchergruppen im Uhrzeigersinn um eine Miniaturversion desselben Gebäudes mit einer Kuppel aus Glas.

In der Innenstadt will ich Geld von einem Automaten abheben. Vergeblich. Zwei Stunden lang jage ich von der State Bank of India zu ICICI, von der Bank of Baroda zur State Bank of Maharashtra und zurück. In manche Automaten stecke ich die Karte vier Mal hintereinander. Aber keiner akzeptiert die digitalen Befehle, während die indischen Kunden munter Scheine aus den Maschinen zählen. In der siebten Filiale nimmt mir ein Bankangestellter die Karte ab. »Vielleicht ist der Magnetstreifen zerstört?«, fragt er und tippt auf den schwarzen Streifen, den mehrere deutliche Risse durchziehen. Ich gebe verzweifelt auf.

Am Abend speise ich mit den Schülern in Nagaloka unter freiem Himmel vor dem Küchenhaus Reis und Linsen. Ich besuche noch einmal die Puja. Diesmal sitze ich zwischen den Gläubigen und lausche den Gebeten auf Pali. Ich frage mich, was ich machen soll, wenn ich auch am nächsten Tag kein Geld abheben kann. Und überlege, ob auch ich lernen sollte zu meditieren. Es könnte mir helfen, entspannter zu werden.

Nach der Puja treffe ich den einzigen Mönch auf dem Gelände, der eine Robe trägt. Der Alte fährt mit einem Motorroller durch die Nacht. »*Jai Bhim*«, grüßt er, bremst und pickt schnell einen Fussel von meinem Dreitagebart. Ich erwidere seinen Gruß.

Er fragt mich, ob ich mich in Nagaloka wohlfühle. Ich gestehe, dass ich mich seltsam fühle. »Das Geradlinige, Schnörkellose ist mir sehr vertraut. Der Buddhismus auch einigermaßen. Aber ich weiß nicht, warum, irgendetwas bleibt mir hier fremd.«

»Das geht vielen Westlern so«, erwidert der Alte. »Mir hat mal ein englischer Schüler gesagt, er könne alles verstehen, was wir machen. Nur eines nicht: dass wir Religion und Politik nicht trennen.« Vielleicht ist es das, was auch mir fremd bleibt.

Das vergessene Tal

Am nächsten Tag hebe ich noch vor Sonnenaufgang problemlos fünftausend Rupien ab und finde die Landstraße nach Norden. Der Mittelstreifen ist doppelt gestrichen, was die Autofahrer aber nicht von Überholmanövern abhält. Alle dreihundert Meter steht ein Baum, dessen Stamm rot-weiß angepinselt ist. Überall wehen fünffarbige buddhistische Fahnen, die mir sagen wollen, der Weg sei das Ziel. Aber ich zähle meine Schritte. Fünfhundert pro Baum, hundertfünfzigtausend bis in die nächst größere Stadt Chindwara, zwei Millionen bis in den Himalaya. Die Distanz bis nach Dehra Dun ist unvorstellbar.

Der Seitenstreifen, über den ich wandere, ist weich und oft ölgetränkt. Einfache Restaurants, Autobuden und Reifenwerkstätten belagern den Straßenrand. Die Gastronomen in Nagpurs nördlicher Peripherie haben den Outdoorservice entdeckt. Ich speise vormittags im Golden Night Garden Restaurant und nachmittags im Basera Bar and Garden und erfrische mich mit einem Liter frisch gepresstem Ananassaft, den mir ein Mann mit einem rollenden Laden und einem bunten Sonnenschirm in den Plastikbecher gießt.

In der Kleinstadt Saoner befördert mich ein Taxifahrer abends von einem Restaurant zurück in das Rasthaus. Er verlangt zwanzig Rupien Aufpreis. »Für die Scheinwerfer«, erklärt er und zeigt auf die Beleuchtung seines Fahrzeuges. »Es ist ja dunkel.«

Kurz hinter Saoner erheben sich hohe Berge aus dem flachen Land. Sie markieren die Grenze zum Bundesstaat Madhya Pradesh. Ein handgemaltes Schild warnt vor Hirschen. Ochsenkarren, beladen mit Baumwollballen, rattern vorbei, niedrige Schindeldachhäuser wechseln sich mit kleinen Gehöften ab. Die Ernte ist, zu Büscheln gebunden, an die Wände der Höfe gelehnt und zu Hügeln, die an kleine Stupas erinnern, auf den Feldern aufgetürmt.

Die Landstraße, die hinter Saoner vom National Highway 69 abzweigt, ist ideal zum Fernwandern. Ich laufe durch ein Land, das immer hügeliger wird. Rinder- und Ziegenherden ziehen über grüne Weiden. In den Wäldern leuchten Bäche zwischen Felsen. Lila Prunkwinden wuchern in tiefen Straßengräben. Aber die Beschwerden in meinem Fuß werden immer deutlicher. Ich bekämpfe sie mit Aspirin und laufe trotzdem bis zu 35 Kilometer am Tag.

In Chindwara habe ich ein Treffen mit Deepak Acharya vereinbart, einem Doktor, der auf Naturmedizin spezialisiert ist. Er will mich nach Patalkot, ein verborgenes, von der Zivilisation fast unberührtes Tal fahren. »Ein Ort, den man nicht findet, wenn man nicht genau weiß, wo er ist.« Ich übernachte bei seiner Familie. Er habe Patalkot vor neunzehn Jahren entdeckt, sagt Deepak. »Damals war das Tal noch fast unbekannt. Aber bald kamen die ersten Fremden. Sie schlugen Holz, sie sammelten bekannte Heilpflanzen, die dort massenhaft wuchsen. Keiner hielt sie auf. Jetzt fahre ich alle paar Monate dorthin. Die Bewohner liefern mir Pflanzen für das Unternehmen, das ich gegründet habe. In meinem Labor in Ahmedabad machen wir daraus Mittel gegen Asthma, Antiseptika, Potenzmittel und Mückenschutzcreme. Wir übersetzen die traditionellen Kenntnisse in Fertigprodukte. Das ist meine Mission.« Er schaut mich mit einem ernsten, fast traurigen Gesicht an, so durchdringend, als wolle er prüfen, ob ich ihn wirklich verstanden habe.

Deepaks Bruder trägt ein schneeweißes Hemd mit der bunten Aufschrift »Google«, die vierzehnjährige Nichte Gautami spricht Englisch wie ein Wasserfall, der pummelige Neffe Gautam tritt dem akademischen Onkel scherzhaft in den Hintern. Bis auf die zierliche Schwester sind alle so wohlgenährt wie der Doktor. »*You should become like us*«, sagt seine Mutter und füllt auf, was die zentralindische Küche an Fladenbrot mit Butter, Reis und Joghurt, Gemüse und Hülsenfrüchten hergibt, bevor wir zu selbst gebackenem Konfekt übergehen. Wir schießen Gruppenfotos, Doppelporträts, Einzelfotos. Ich unterschreibe alles: Poesiealben, lose Blätter Papier. »*Best wishes to Gautami.*« »*Best wishes to Gautam.*« »*Best wishes to my mother.*«

»Wieso denn *meine* Mutter?«, frage ich.

»Doch, doch«, sagt sie. »Ich bin auch deine Mutter.«

Am nächsten Mittag melden wir unsere Expedition der Form halber bei einem muffeligen Staatsbeamten in der lokalen Polizeistation an. Dann springen wir in den Jeep. Wir fahren durch offenes, bäuerliches Hügelland. Alle Kultur wirkt hier wie eine Miniatur: die schmächtigen, dunkelhäutigen Menschen, die wenigen Dörfer mit ihren niedrigen Häusern, die schlaglochdurchsetzte Sandpiste, die sich wie ein schmales Band durch die endlosen Berge und Ebenen windet.

Nach einer Stunde erreichen wir einen Ort namens Newton, benannt nach einem Briten, der hier als Erster Kohle fand, und statten uns an den Kiosken mit Mineralwasser und Samosas aus. Anlässlich des muslimischen Trauerfestes Muharram säumen Fahnen die unbefestigte Hauptstraße, große Wimpel auf Stangen, kleine Flaggen, die dazwischen an Bändern flattern. Deepak gelingt es, trotz des Festtages durch den Hintereingang eines Ladens eine Flasche Whiskey zu erstehen. »Hast du etwas dagegen, wenn ich rauche?«, fragt er, bevor er noch vier Packungen Zigaretten dazu kauft. Dann steuern wir tief ins Hinterland hinein.

Jenseits von Newton beginnt der Dschungel. Schlanke Salbäume, kleinere Teak- und Palasabäume, halb trockene Flussläufe. Je tiefer wir in den Wald hineinfahren, desto kühler wird es. Deepak lässt die Fahrt ständig unterbrechen. Immer wieder muss der Chauffeur anhalten, damit der Doktor entzückt in den kiplingschen Urwald stürzen kann. »Oh, ich sehe eine medizinisch interessante Pflanze«, ruft er dann. Er läuft durch den Wald, ich sprinte hinterher. Er hält eine Frucht in der Hand, in einem bräunlichen Schaft sitzt ein schwarzer Pflanzenteil. »Schau mal hier«, sagt er. »Das Schwarze verwenden die Heiler in Patalkot, um Öl daraus zu machen. Es wirkt wie eine starke Säure. Es wäre auch das Richtige für deinen Fuß. Wenn man wüsste, wo genau man es aufträgt. Aber da bin ich mir nicht ganz sicher. Und an der falschen Stelle frisst diese Medizin die Haut weg.«

Gegen drei Uhr nachmittags spuckt uns der Dschungel auf die Hochebene. Der Jeep steuert jetzt über Grasland, das nur hier und da von einzelnen Hirse- und Weizenfeldern durchsetzt ist. Zum ersten Mal auf der ganzen Reise sehe ich dicke Wolken am Himmel, sie ballen sich über der kahlen Landschaft zu einer horizontbreiten, hellweißen Bank zusammen. Alles ist braun und staubig und trüb; Weideland, Trockensavanne. Im Nachmittagslicht treiben Hirten riesige Kuhherden über Sandwege. »Die Einheimischen nennen diese Tageszeit *Godhuli Vela*«, sagt der Doktor, »Kuhstaubzeit.«

Nach einer Stunde Fahrt über die Hochebene bremst der Jeep vor einem verfallenen Haus. Es ist eisig kalt. Wir staksen durch hüfthohes Gras um die Ruine herum. Auf der Rückseite öffnet sich ein gewaltiges Loch in der Landschaft. Ein kilometerbreites, Hunderte Meter tiefes Tal breitet sich vor uns aus, ein riesiges, aus der Ebene geschnittenes Hufeisen. In der Mitte leuchtet ein schmaler Fluss im Abendlicht, blaue Felsen ragen aus Wald und Gestrüpp. Ich kann zwei Dörfer erkennen, Dächer aus Stroh und Ziegeln, aufsteigenden Rauch. Rufen und Lachen dringen aus der Tiefe durch die trockene Luft. Die Frequenz erinnert an Vogelgezwitscher. »Dies ist Patalkot«, sagt Deepak.

Wir steigen einen schmalen Pfad hinab. Deepak klettert in weiten Jeans und weißen, ausgetretenen Adidas-Turnschuhen voraus. Er bewegt sich erstaunlich schnell für sein Körpergewicht. Der Schein meiner Taschenlampe folgt ihm, flattert über Felsen und Sand, über Gras und durch ausgetrocknete Bachläufe. Oben im Tal fällt der Lichtkegel durch dürre Büsche, die sich an den Abhang klammern. Aber als wir den Boden des Canyons erreichen, leuchte ich durch einen dichten Wald, weiße Stämme und schwarze Äste, die sich in die mondlose Nacht recken.

Nach einer knappen Stunde Fußmarsch in der Dunkelheit hören wir Hundegebell. Der Wald öffnet sich. Wir stehen auf einer Lichtung.

Das Dorf Chimtipur scheint in der Dunkelheit nicht viel mehr zu sein als eine Ansammlung von vier strohgedeckten Häusern rund um das zentrale, wellblechgedeckte Gebäude der Hauptschule. Darüber breitet sich der Sternenhimmel aus. Aus der Nacht schälen sich zwei Schatten mit einer Ölfunzel in der Hand: ein älterer kleiner Mann, ein blaues Tuch um den Kopf und eine verwaschene Jeansjacke über den schmalen Schultern, und neben ihm, gebeugt und in Badelatschen gehend, ein junger Mann mit gelbem Anorak, kräftigen Wangenknochen und einer gewaltigen Lücke zwischen den unteren

Schneidezähnen. Deepak und der Alte begrüßen sich herzlich. »Er ist der Lehrer hier«, erklärt der Doktor, als der Mann uns in das Schulgebäude führt und die Schlafquartiere zeigt. Deepak bekommt einen Platz in einem Klassenraum zugewiesen, ich ein Feldbett in einem Gästezimmer neben einem gewaltigen Schreibtisch und einem deckenhohen Stapel aus Metallkisten und Pappkartons, auf dem ein vergilbter Globus einstaubt. Der Alte versucht vergeblich, eine Glühbirne anzubringen; er gibt auf, weil irgendetwas mit den Kabeln nicht stimmt. Es wäre ohnehin die einzige elektrische Lichtquelle in dem Ort, die Stromversorgung scheint ein Glücksspiel zu sein.

Wir legen unsere Taschen ab, der Lehrer führt uns in ein weiteres Zimmer, auf dessen Boden Bastmatten ausgelegt sind. Drei kräftige Frauen in knallbunten Blusen servieren uns eine einfache Mahlzeit aus dünnem Reis, Linsen und ein wenig spinatartigem Gemüse. Nach und nach strömen weitere Männer in das Zimmer, ein halbes Dutzend kleine, schmächtige Erscheinungen in billigen Synthetikhosen von unmodischem Schnitt, barfuß oder mit Militärturnschuhen aus Leinen an den Füßen. Zwei von ihnen tragen Tücher um den Kopf, aus denen oben die Haare herausragen. Einer ist in eine braune Wolldecke gehüllt.

Nach der Mahlzeit setzen wir uns auf Steinen und Plastikstühlen um ein Feuer, das jemand auf dem Dorfplatz entfacht hat, und Deepak lässt die Whiskeyflasche kreisen. Ein zunehmender Winterhalbmond ist aus dem Talkessel geklettert. Wir reden über Religion. Der Lehrer will wissen, wie viele Götter wir in Deutschland verehren. Ich fühle mich wie der Spion, der aus der spirituellen Kälte kam, als ich ihm erkläre, dass die Zahl zwischen Eins und Null liegt. Er erzählt uns vom Glauben der Einheimischen. »Wir beten nicht nur zu den Göttern, sondern auch zu den Bäumen«, sagt er. »Wir verehren den Ficus und den

Banyan, wir bringen ihnen Opfer dar, denn sie geben uns Essen und Medizin. Sie sind alles, was wir zum Leben brauchen.« Er erzählt uns die Legende von Patalkot. Das Tal sei der Eingang in die Unterwelt, erklärt er mit einer Stimme, die tief ist und fistelig zugleich, die am Ende jedes Satzes anhebt, um sich irgendwo in der grillenzirpenden Dunkelheit hinter dem knisternden Feuer zu verlieren. Er spricht von einem Prinz namens Meghnath, der dem Gott Shiva opferte, bevor er genau hier in das mythische Patalloka hinabgestiegen sei, in die legendäre Unterwelt der alten indischen Religionen. Er erzählt von den mächtigen Königen, die vor dreihundert Jahren das versteckte Tal regierten und von einem langen Tunnel, den sie bohrten, bis hinüber und hinauf nach Pachmarhi, dem höchsten Punkt Zentralindiens, mehr als 50 Kilometer entfernt.

Der junge Mann mit der Zahnlücke bringt das Gespräch auf Frauen. Vor allem auf westliche. »Stimmt es, dass die Mädchen in Europa immer Tops tragen?« Ich frage ihn, wie er auf diese Idee kommt. Er sagt, das habe er im Fernsehen gesehen. In Chindwara, wo er schon drei Mal war, um Mangos zu verkaufen. Ich erzähle ihm, dass die Mädchen im Sommer in den deutschen Freibädern Bikinis tragen. Und lege noch einen übermütigen Exkurs über die mitteleuropäische FKK-Kultur nach. Aber er reagiert erstaunlich cool. »Ich muss Frauen ja nicht nackt sehen, um zu wissen, ob sie hübsch sind oder nicht.« Allerdings gebe es in Patalkot auch nicht so viele, die für ihn in Frage kämen. »Ich habe lange nach einer Braut gesucht, aber keine gefunden. Jetzt ist es zu spät. Ich werde wohl für immer Junggeselle bleiben.«

In der ersten Nacht in Patalkot schlafe ich unruhig. Immer wieder schreit ein Kind ziemlich nah irgendwo im Dorf. Stundenlang wälze ich mich unter meinem Moskitotunnel von einer Seite auf die andere. Ich träume, dass mir beim Essen ein Zahn verloren geht. Und dass er beim näheren Hinsehen doch nur halb weggebrochen ist. Am nächsten Morgen erkenne ich, wer in der Nacht so laut geschrien hat. Am Rand des Dorfplatzes steht ein einfaches Zelt aus Plastikplanen, vor dem eine vierköpfige Kleinfamilie mit einem schlafenden Baby um ein Feuerchen hockt.

Das Dorf ist viel größer, als es bei der Ankunft schien. Hinter den Gebäuden rund um die Schule verstecken sich zahllose Häuser in der hügeligen Landschaft auf dem Talboden. Sie stehen hinter Buschwerk und unter ausladenden Baumkronen, die Wände aus Lehm, die Strohdächer überwuchert von Gräsern und Ranken, ein halb wildes, halb kultiviertes Nebeneinander von Natur und Zivilisation, als würden Wildnis und Dorf ineinanderwachsen. Die Zäune um die Gärten und Ställe sind aus Bambus gebaut oder aus geflochtenen Matten errichtet, auf winzigen Feldern weht der Senf im Wind.

Es ist zehn Uhr, und Deepak beginnt mit der Arbeit. Er schießt Fotos von wildem Tabak, von Pflanzen, die er Arusa nennt und Dolicus. Wir besuchen einen Bauern, der einen taubengroßen Singvogel in einem massiven Eisenkäfig hält. Deepak spricht mit ihm über eine Bodenranke namens *Tylophora indica*. Wir rauchen ein fingerlanges Chillum mit dem Landwirt, immer wieder füllt er die kleine Tonpfeife mit frischem, grünem und viel zu starkem Tabak und serviert dazu auf seiner Terrasse süßen Tee.

Der Mann führt uns zu einem kleinen Feld unterhalb eines trockenen Hanges. Zwischen niedrigen Hirsepflanzen wächst eine kleinblättrige Ranke, die am Boden kriecht.

»Die Bhumka, die Heiler dieses Tals, verwenden ihre Wurzel als Mittel gegen bronchiales Asthma. Sie entspannt die

Atemwege«, sagt der Doktor, während er am Boden hockt und mit der Linse seines Fotoapparates das Kraut fokussiert. »Aber sie hat, anders als die chemischen Mittel, kaum Nebeneffekte. Und einen weiteren Nutzen: Sie fördert die Milchproduktion von Kühen. Wir haben erfolgreiche Tests gemacht. Aber wir brauchen mehr Rohmaterial, um auf den Markt gehen zu können. Wenn die Pflanze reif ist, kaufen wir sie von den Bauern. Auch in kleinen Mengen. Wir wollen, dass die Menschen hier weiter traditionell wirtschaften.«

In einem Feld daneben ist der Versuch, eine Wildpflanze zu kultivieren, gescheitert. *Chlorophytum indicum*, ein Mittel gegen männliche Unfruchtbarkeit, will nicht anwachsen. Deepak ist enttäuscht. »Aus den vielen Setzlingen sind nur drei Pflanzen gesprossen. Vielleicht ist diese Pflanze einfach ungeeignet für die Kultivation?«

Mittags speisen wir bei dem Lehrer. Er wohnt in einem Lehmhaus mit blau bemalten Holztüren und serviert uns Fladenbrot aus Maismehl. Sein Domizil wirkt wie eine Höhle. Die Böden sind gefegt, die Wände asymmetrisch. In den Türrahmen flattern zur Zierde die braunen, gelockten Bänder von Musikkassetten. In einer Nische, auf einem Sockel komplett aus Lehm, ruht ein Fernseher. »Manchmal haben wir ja abends ein, zwei Stunden Strom. Und bald soll auch eine Straße hierherkommen«, sagt der Alte. Er erzählt uns, dass es hier Hungersnöte gab, »vor langer Zeit«, vermutlich irgendwann in den 1970er-Jahren. Dass sie in grausamen Wintern Brot aus Mangokernmehl buken. Fahles Licht fällt durch die Löcher im Dach. Ein kleines Mädchen spielt mit den klappernden, bunten Plastikarmbändern seiner Mutter, die zu Doppeldutzenden auf einem Metallgerüst hängen.

Als die Sonne schräg am Himmel steht, besuchen wir einen Mann, der Sadhu heißt, »der Gute«. Ich wundere mich über diesen Vornamen. In Nordindien ist Sadhu vor allem eine Bezeichnung für Wanderasketen. Was dieser Herr keineswegs ist. Sadhu ist Heiler, und zwar ein stationärer. Er hat einen dicken, breiten Zinken im stoppelbärtigen Gesicht. Er trägt nichts als eine kurze Hose unter einem langen, weißen Hemd. Um den kräftigen Hals baumelt an einem Band eine kleine blaue Tasche mit bunten Ornamenten darauf. Der Heiler sitzt mit einem Enkelkind, das sich an ihn schmiegt, die kräftigen Beine ausgestreckt, vor einem Haufen Früchte der Pflanze Aonla. Auf der Terrasse vor der Westseite seines Hauses hat er sie auf einem Tuch ausgebreitet. Mit einem abgewetzten Holzstück schlägt er die Kerne heraus. »Sie sind ein gutes Mittel gegen Erkältungen und Ruhr«, sagt er.

Auf dem Schieferdach seiner Hütte liegen Kürbisse zum Trocknen. In einem meterhohen Gerüst aus Bambusstangen lagern Stockwerke von Maiskolben sicher vor Ratten und anderen Nagern. Von seinem Vater habe er gelernt, in welcher Mondphase die Heilpflanzen geerntet werden, um ihre Wirkung zu entfalten, welche Mantras man zum Großen Gott spricht, wenn man Patienten behandelt, sagt er, den Blick auf das wüst wuchernde Maisfeld auf der Westseite des Hauses gerichtet. »Die Leute aus dem Dorf bezahlen mich, wenn sie Geld haben. Oder sie geben mir ein paar Kokosnüsse für die Medizin. Viele Heilpflanzen finde ich im Wald. Manche baue ich auch an.« Außerdem wachsen auf seinen Feldern Kürbisse, Erbsen und Hirse.

Deepak fragt ihn nach Mitteln gegen Durchfall. »Am besten sind die Schoten des Amaltasbaumes«, antwortet der Mann. Der Doktor kennt die Antwort, sagt er, gerade deswegen frage er. »Ich teste eine Information immer wieder, manchmal fünf Mal, bei jedem neuen Besuch. Um ganz sicher zu sein, bevor wir ein Mittel in unserem Labor untersuchen.«

Wir hocken lange unter dem Vordach seines Hauses. Hühner laufen durch das Feld, Scharen tobender Kinder tauchen hinter den Ecken und aus den Innenräumen auf und verschwinden wieder. Sadhu behauptet, es seien alles seine Enkel. Er sagt, es sei nicht leicht, ein Heiler zu sein, man müsse eine spirituelle Gesinnung haben, sich um das Dorf sorgen, nicht um sich selbst, bei seiner eigenen Familie bleiben und sich nicht »mit anderen Damen« treffen. »Und man muss die Natur wirklich kennen, Wissen über Pflanzen sammeln.« Ich frage ihn, was er in der Tasche um den Hals trägt. »Es ist ein Talisman. In vielen Bäumen wohnen böse Geister. Er schützt mich auch vor Tigern und Bären. In dieser Tasche ist eine bestimmte Wurzel, die ich immer herausnehmen muss, bevor ich pinkele. Einmal im Monat muss ich für diese Pflanze beten und ihr ein lebendes Huhn opfern.«

Die Sonne geht früh über dem Tal unter, schnell wird es kühl. »Ein Straßenanschluss wäre gut für uns«, sagt Sadhu, während Deepak eine Runde Zigaretten ausgibt. »Auch eine funktionierende Stromversorgung und ein Mobilfunknetz. Aber fort von hier will kaum jemand.«

Spät am nächsten Morgen steigen wir die Schlucht hinauf. Wir rasen im Jeep über die grasbestandene Hochebene in Richtung Osten. Nachmittags setzt mich der Doktor an der Landstraße nach Norden ab, in einer Kleinstadt namens Harrai.

Winterregen

In Harrai schlafe ich zum ersten Mal auf der Reise in einem Rasthaus des Public Works Department. Die staatlichen Unterkünfte sind eigentlich für Mitarbeiter des indischen Straßenbauamts vorgesehen, werden aber auch an andere Gäste vermietet. Sie sind fast immer gleich aufgebaut: ein überdachter, von Holzpfeilern getragener Eingang, dahinter ein zentraler Speisesaal, rechts und links davon zwei Gasträume mit angeschlossenen Bädern. Mein Zimmer ist durch eine nicht schließende Holztür mit dem Speisesaal verbunden. Die Außentür hat kein Schloss. Das Dach ist vier Meter hoch.

Ich wasche meine Unterwäsche in einem Eimer im Bad, stelle den Deckenventilator an und trockne die nassen Kleidungsstücke auf einem Plastikstuhl, bevor mein Moskitotunnel mich in den spätnachmittäglichen Wahnsinn treibt. Ich versuche, die Konstruktion auf dem Bett aufzurichten, aber sie entfaltet sich nicht mehr wie gewohnt selbsttätig; eine Viertelstunde kämpfe ich mit den Gestängeringen, verzweifelt versuche ich, sie richtig zueinander zu positionieren, bevor ich frustriert aufgebe.

Als ich im Abendlicht das Zimmer verlasse, gebe ich nur dem diensthabenden Jungen Bescheid, dass ich kurz etwas essen gehe. Mangels Vorhängeschloss lasse ich die Tür unverriegelt. Kein Inder wäre vermutlich so leichtsinnig.

Harrai ist eine komplett eingeschossige Stadt. Niedrige Lehmhäuser mit schweren Dächern, die mit dicken, roten Tonpfannen gedeckt sind, prägen das Bild. Ich schlendere über den Markt auf der Rückseite der Busstation. Kleinbauern sitzen im Staub und verkaufen aus geflochtenen runden Körben Ingwer und Tomaten, Zuckerrohr und Guaven, Kartoffeln und Süßigkeiten. Ein Junge hat in der Dämmerung auf einem Laken Plastikspielzeug ausgebreitet. Mit einem auffordernden Lächeln hält er mir seine Chinaware unter die Nase. Erst beim zweiten Blick in meine Augen erkennt er den Ausländer und zuckt merklich zusammen. Aber er setzt schnell ein unbeteiligtes Gesicht auf und streckt den vorbeiströmenden Marktbesuchern weiter seine Comicfiguren aus Hartplastik entgegen, als wäre nichts gewesen.

Ich erstehe den üblichen Proviant für den kommenden Tag und laufe hinüber zu einer Festwiese neben meiner Unterkunft. Ein großes Zelt steht in der Mitte des Rasenplatzes, aus zwei Meter hohen Lautsprechern, die davor aufgebaut sind, scheppert traditionelle Musik. Zwei Männer mit einem Akkordeon und einer Tabla spielen vor leeren Stuhlreihen auf. Ein Trommler, ein gelb gewandeter Mann mit gekämmten schwarzen Locken lächelt mir auffordernd zu. Aber ich will nicht der Einzige sein, der hier zuhört, womöglich bald umringt von einer Horde von Jugendlichen, die auf mich neugierig sind. Aber nicht auf ihre eigene Kultur.

Zurück am Guesthouse, setzt ein leichter Nieselregen ein. Auf dem Parkplatz zwänge ich mich durch zwei Reihen von Mittelklassefahrzeugen, an denen junge Männer mit auffälligen Sonnenbrillen lehnen, um in mein Zimmer zu gelangen. Ich verschließe die Tür von innen mit einem einfachen Bindfaden, setze meinen MP3-Player gegen die ständig klingelnden Handys und das Geschirrklappern im Speisesaal nebenan auf. Im Halbschlaf spähe ich aus dem kleinen Fenster meines Zimmers, drei Meter hoch unter dem schrägen Dach. Besorgt registriere ich, dass der Regen immer stärker wird.

Aber am nächsten Morgen scheint wieder die Sonne. Die Landstraße nach Narsimhapur ist wenig befahren. Nur gelegentlich hupt mich ein Lkw in den Straßenrand. Die Natur ist wild und lieblich zugleich, der übermütige, subtropische Gegenentwurf eines landschaftsgärtnernden Gottes zur europäischen Mittelgebirgsflora. Die frühe Sonne wirft Streiflichter zwischen die Teakbäume. Quadratische Felsblöcke markieren die Böschungen, Baumwurzeln wuchern darunter hervor und verknoten sich zu Geflechten. Der Wald riecht erdig und feucht vom nächtlichen Niederschlag. Erst gegen Mittag ziehen dicke Wolken auf.

Ich durchquere das erste jener Dörfer am See, die so typisch sind für Madhya Pradesh. Schmucke, bunte Häuser hängen über das Ufer. Ein wandernder Barde sitzt vor zwei Frauen in Saris und stimmt mit klagender Stimme ein altes Lied an. Im Hintergrund lauscht eine Kleinfamilie, ein junger Vater mit einem Baby auf dem Arm, dem Gesang über einen Zaun aus Dorngestrüpp hinweg. Hier könnte ich ewig wandern, denke ich. Es ist ruhig und trocken und nicht zu heiß. Gegen die Beschwerden im Fuß schlucke ich ein Gramm Aspirin.

Der Weg steigt durch einen immer dichteren Wald an. Mittags erreiche ich einen Pass, eine Schwelle nur, die den Rand der Satpura-Hochebene markiert. Dahinter führen Serpentinen hinab in das Tal des Narmada-Flusses. Auf einer Lichtung hat ein Hirte auf einer Axt, die halb so groß ist wie er, Platz genommen und beobachtet seine Ziegen, die durchs Unterholz rascheln. In der nächsten Kurve werfe ich mich erschöpft zur Rast in das knirschende Laub der Teakbäume jenseits der frisch betonierten Straße. Die handtellergroßen Blätter hängen halb zersetzt im Geäst wie Schleier, bevor sie von den Baumriesen hinabsegeln. Riesige Hanuman-Makaken huschen durch das Dickicht. Ein frischer Wind bläst. Es ist fast unheimlich einsam auf dem Pass. Hier werde ich nicht übernachten.

Obwohl ich beim Mittagsschlaf einen Traum weiterträume, den ich zwanzig Jahre zuvor begonnen habe: Ich bin irgendwo in der Mitte des indischen Subkontinents, ich wandere durch eine satte, grüne Landschaft auf einen lang gezogenen Bergzug über einem dunklen Tal. Zwischen moosbewachsenen Felsen, über Farnen und Rhododendren klettere ich durch die triefnassen Wälder. Das Wetter ist sommerlich, die Luft warm, nirgendwo war Wandern je angenehmer. Aber ich habe keine Ahnung, wo ich bin.

Seit ich diesen Traum zum ersten Mal hatte, kehrt er immer wieder unerwartet zurück, das Déjà-vu eines Déjà-vu. Und jedes Mal wenn ich erwache, frage ich mich, ob dieser Ort real ist. Doch jetzt öffne ich die Augen und Innenwelt und Außenwelt fallen zusammen. Ich erblicke genau das, was ich im Schlaf gesehen habe. Ich bin im Indien meiner Träume angekommen, denke ich, als ich mich wieder auf mein raschelndes Bett aus Teakblättern lege.

Die Straße führt hinab durch den Wald und dann hinaus über Felder und geradewegs nach Narsimhapur. Aus Hirsefeldern ragen Vogelscheuchen mit den bleichen Schädeln von Rindern oder Ziegen. Ich grüße eine Frau und ihr Kind, die mit krummem Rücken in einem Feld arbeiten. Sie bückt sich rasch wieder zu ihrer Arbeit. Als ich auf einen kleinen Kiosk zugehe, flüchten die Frauen, die am Tresen standen, verstecken sich in Nebengeschäften und unter ihren Kopftüchern. Eben noch war ich so glücklich, das Land meiner Träume gefunden zu haben. Jetzt sehe ich: Dies ist der indische Norden, dessen Machokultur vielleicht noch viel ausgeprägter ist als die des Südens. Solche Szenen habe ich auf meiner ersten Reise nicht erlebt. Hier, in den ländlichen Gebieten am Rand des zentralindischen Plateaus, zeigt sich besonders deutlich, dass die Emanzipation der Frau in Indien eine Idee aus einer fremden Welt ist. Sie hält erst mit einem Mindestmaß an Bildung und Wohlstand Einzug.

Der Naturmediziner Deepak hat ein Netz von Kontakten für mich ausgelegt, an dem ich mich auf dem Weg nach Norden entlanghangele. Der Inhaber des Hotels Pratap in Narsimhapur lässt mich vor den Toren der Stadt abholen. Er hat mit dem Doktor zusammen studiert. Er gibt mir ein komfortables Zimmer mit Blick über die Hauptstraße auf den Kricketplatz. »Ruhig sind alle Räume hier«, behauptet er, während ein Ansager mit Megafon die Punkteständе über den stillstehenden Straßenverkehr hinweg durch die einfach verglaste Fensterfront hinüberschmettert. Der Mann heißt Kamal Singh, er ist rundlich wie Deepak, aber mit Pullunder, Bundfaltenhose und Schnauzer eine wesentlich seriösere Erscheinung; ein stattlicher zentralindischer Herr. Ein Landbesitzer, wie er betont: »Wir betreiben dieses Hotel hier, um dem Ort etwas Gutes zu tun. Es läuft von selbst, wenn ich den Boys sage, was zu machen ist. Eigentlich sind wir Bauern.«

Singh fragt, ob ich irgendwelche Wünsche habe, und ich erzähle ihm von meinen Beschwerden am Fuß. »Ich kenne einen guten Arzt«, erwidert er. »Wir können ihn später besuchen.«

Um kurz vor sieben holt Kamal Singh mich in meinem Zimmer ab. Sein Arzt praktiziert in einer kleinen Villa in einem ruhigen Wohnviertel im Zentrum der Stadt. Er ist Homöopath, eine westliche Erscheinung, das gebügelte Hemd unter einem Sakko, die Haare streng zurückgekämmt. »Was Ihrem Fuß zusetzt, ist die starke Belastung. Machen Sie öfter Pause, fahren Sie mal Auto, bummeln Sie durch die Orte, die Sie besuchen, lassen Sie es sich gut gehen.« Seine Stimme ist hoch und eindringlich. Er zeigt auf die Arzneimittelsammlung in einer Glasvitrine an der Wand über ihm: alte Fläschchen der Deutschen Homöopathie-Union, fein säuberlich aufgereiht. Bei näherem Hinsehen sind alle Medikamente seit mindestens drei Jahren abgelaufen.

Der Doktor betrachtet meine Fingernägel, er konstatiert Eisen- und Phosphormangel. Er gibt mir zwei kleine Plastikröhrchen mit, in denen er Globuli in Wasser getränkt hat, einmal Tuja, einmal Arnika. Die Röhrchen scheinen undicht zu sein, das nach Alkohol riechende Wasser tritt aus. »Nehmen Sie die je dreimal am Tag.« Siebzig Rupien berechnet er mir mit einem Beleg in dreifacher Ausführung . »Eines kann ich Ihnen aber versichern«, sagt er, als wir vor der Villa wieder ins Auto steigen. »Ihr Fuß ist nicht gebrochen.«

Kamal Singh fährt mich in ein Restaurant in einem Vorort. Es wirkt wie das misslungene Ergebnis des Versuchs, einer indischen Provinzstadt Weltstadtatmosphäre einzuhauchen. Der Gastraum ist indirekt von grünen, blauen und silbernen Strahlern beleuchtet. Der Boden ist mit dicken Teppichen belegt. Die Tischdecken sind mattschwarz bis auf die Flecken, die Linsen und Curry hinterlassen haben. Der Besitzer ist ein Bekannter von Singh, er trägt einen blauen Anzug und ein weißes Hemd. Er esse später, sagt Kamal Singh, er warte auf dem Parkplatz, und verabschiedet sich mit dem Besitzer durch die Eingangstür. Ein Ober in enger schwarzer Bügelfaltenhose mit weißen Handschuhen weist mir einen Platz zu. Aus den Lautsprechern plätschert Cool Jazz. An der Wand hängt ein Bild, auf dem sich ein tosender Wasserfall in eine bonbonfarbene Menschenmenge verwandelt, die mit Ziegeln und Holzgerüsten eine städtische Gasse errichtet. Auf der Karte finde ich nichts als nordindische Standards. Ich bestelle rote Bohnen mit Butter, Brot und Gemüse und speise mit Blick auf ein gelangweilt wirkendes Teenagerpärchen. Ich stelle mir vor, wie es als Jugendlicher in Zeiten von Internet und Satellitenfernsehen sein muss, wenn Ausgehen in einem solch pseudohippen Restaurant oder vielleicht ein gelegentlicher Kinobesuch die einzigen Abwechslungen sind. Echte Fluchtmöglichkeiten aus dieser braven Provinz bieten nur die indischen Megastädte. Aber auch einen echten Kontrast.

Die Portionen in dem Restaurant sind so nahrhaft, dass ich die Schüsseln halb voll stehen lassen muss. Kamal Singh fährt mich zurück ins Hotel. Der Punkte-Ansager vom jetzt neonbeleuchteten Kricketfeld gegenüber zählt mich mit seinem Megafon in den Schlaf. Aber tatsächlich ist es fast genau um dreiundzwanzig Uhr schlagartig still. Singh hatte recht. Es fahren kaum noch Autos und auch ohne Ohropax höre ich kein Geräusch vom Kricketfeld mehr.

Doch dafür setzen um Mitternacht Trommeln ein. Ekstatisch und rhythmisch. Es ist Muharram, ich hatte es ganz vergessen. Die Muslime tanzen durch die Nacht, mit Pauken und kleinen Handtrommeln ziehen sie singend die Hauptstraße auf und ab. Die Musik ist simpel und leidenschaftlich. Ich kann nicht schlafen. Ich stehe auf und blicke hinab auf die Hauptstraße. Der Regen hat jetzt auch Narsinghpur erreicht. Die Gläubigen tanzen durch die dicken Tropfen. Im fahlen Licht wirkt die pfützenübersäte Straße kalt und abweisend.

Paradise Hotel

Als ich am nächsten Tag aufstehe, nieselt es sporadisch. Ich wandere über Ausfallstraßen, über fertige und halb fertige Teile der zunächst zweispurigen Landstraße durch Pfützen und Matsch dem Fluss Narmada entgegen. Jenseits der Piste ist das Land kahl, kein Baum ist zu sehen, unter dem ich mich vor dem stärker werdenden Regen verstecken könnte. Zum Glück habe ich meine Schuhe imprägniert, denke ich. Zum Glück habe ich meine Regenjacke auch diesmal eingesteckt. Aber leider keine Regenhose. Um neun Uhr bin ich von der Hüfte abwärts klatschnass. Es ist eisig kalt, und meine Brille beschlägt beständig. Der Matsch auf den Seitenstreifen reicht mir bald bis zum Knöchel.

Gegen elf Uhr erreiche ich den Narmada. In Nebel und Sturzregen erkenne ich kaum die Brücke, die über den mächtigen Fluss führt. Grau und träge strömt er dahin. Es gießt jetzt aus Eimern, und meine Kräfte sind aufgezehrt. Ich habe die vergangene Nacht kaum geschlafen, ich bin durchnässt bis auf die Knochen. Ich zittere vor Kälte. In der ersten Siedlung hinter dem Fluss kapituliere ich.

Vor der Ladenzeile des Busbahnhofs hocken schlotternde Bauern neben Kartoffelsäcken, entzünden Feuer aus Müll und rauchen Bidis. Ich springe in den nächsten Bus nach Norden. Alle Passagiere sind in Decken und Mützen gehüllt, unter vielen Kopfbedeckungen gucken nur die Nasen hervor. Es herrscht andächtige Katastrophenstimmung, kaum jemand spricht.

Immer wieder blitzt es über dem durch die Sintflut schaukelnden Gefährt. Die Sicht ist unter fünf Meter. Der Fahrer wischt
ständig die Windschutzscheibe mit einem alten Lappen.

Ich bin nicht der erste Europäer, den der zentralindische Winter ausbremst. Knapp zweihundert Jahre zuvor, etwa 100 Kilometer nordwestlich von meiner Position, zerfetzt ein unbän-
diger Sturm George Everest die Zelte. Der neue Leiter des
Great Trigonomical Survey ist weit in das »noch wildere und
unberührtere Land« nördlich von Nagpur vorangekommen.
Unbeirrt von wiederholten Malariaanfällen hat er das, was
er als einen »Feldzug« bezeichnet, fortgesetzt. Er hat Berge
»erobert« und Winkel »geschlagen«, sich durch die Hügel von
Gawilgarh im heutigen nördlichen Maharashtra und die Sat-
pura-Berge hinauf in die kleine Stadt Sironj gekämpft.

Und er hat eine Methode entwickelt, die es ermöglicht,
nicht mehr bei Monsun zu arbeiten, sondern in der Trocken-
zeit. Nicht mehr tagsüber, sondern in den kühlen Nächten
Zentralindiens. Die Vermesser benutzen nun Nachtlichter aus
Terrakotta, fokussierbare Birnen, über die Everest begeistert
schreibt: »Selbst bei Entfernungen von vierzig oder fünfund-
vierzig Meilen können wir (den Dunst) durchdringen, auch
wenn er so dicht ist, dass die Sonne in einem Meer flüssigen
Bleis unterzugehen scheint.«

Doch am 10. Februar 1825 bringt der Winter das Unternehmen erneut ins Stocken. Nahe der Stadt Sironj zerreißt
ein kleiner Taifun sämtliche Zelte der Expedition, auch das,
in dem der große Theodolit gelagert wird. Zehn Männer, die
sich in Sturzregen und Hagel an die doppelten Spannseiten
des Baumwollzeltes hängen, können das Unglück nicht ver-
hindern. Das kostbare Messgerät stürzt zum zweiten Mal auf
der Expedition. Und wird so stark beschädigt, dass es erst

nach einer Generalüberholung elf Jahre später wieder zum Einsatz kommt.

Everest ist erschöpft. Sein Gesundheitszustand ist alarmierend. Noch im März 1825 beantragt er Krankenurlaub, lässt sich versichern, dass er seinen Posten nicht verlieren werde, und tritt noch im selben Jahr über Kalkutta die Heimreise nach England an. Erst fünf Jahre später wird er nach Indien zurückkehren.

In Deori steige ich aus. Die Stadt ist ein Dreckloch, zumindest im Dauerregen. Die Häuser sind blau und gelb gestrichen. Am Straßenrand stehen melancholische Teeverkäufer und drehen gusseiserne Anblasmaschinen über ihren Holzöfen, um in der feuchten Luft die Flammen zu schüren. Hustend laufen Bauern durch die Gassen, Männlein in Dhoti und Jackett, alle tragen einen Schirm oder ein Tuch auf dem Kopf.

Für den Fall, dass ich nach Deori komme, hat mir Kamal Singh einen Namen mitgegeben: Dr. Tiwari. Ich rufe ihn an, ein Bediensteter holt mich in einem grüngrauen Kleinbus ab, ein alter Mann mit nur zwei Zähnen im Mund. Er setzt mich in der *Dispensary* von Tiwari ab. Der Doktor kauert, in eine übergroße Lederjacke gehüllt, in einem Korbstuhl hinter seinem Schreibtisch, der fast die gesamte Front des Raumes einnimmt. Die Praxis ist zur Straße hin durch ein metallenes Rolltor verschließbar, das halb offen steht. Im hinteren Bereich liegen ein dunkler Flur mit einem einfachen Bett und ein Behandlungszimmer. Auf der linken Seite führt eine Treppe hinter einer Tür mit vergitterten Holzfenstern in das obere Stockwerk. Am Rand des Tisches häufen sich ungeordnet Ampullen und Salben, dazwischen ein Stethoskop. In einer Glasvitrine liegen weitere Ampullen und Arzneimittelpackungen zu wilden Haufen aufgetürmt.

Tiwari trägt einen Tika auf der Stirn, sein Gesicht ist pockennarbig und stoppelbärtig, die Augen gelblich, die Haare grau. Er erzählt mir, vermutlich, um eine Verbindung zwischen uns beiden zu konstruieren, von seinem Vater. Der habe lange im Westen gelebt. In Venezuela. Jetzt sei er schwer krank in seine Heimatstadt zurückgekommen, um sich ayurvedisch behandeln zu lassen. Ein Guru sei sein Vater gewesen, ein bekannter Heiliger mit vielen Ashrams in Mittelamerika.

»Sie sollten ihn unbedingt besuchen. Nächste Woche kommen zwei seiner Jünger aus Venezuela hierher. Werden Sie so lange bleiben?«

»Ich glaube, mir fehlt die Zeit«, erwidere ich vorsichtig. Deori scheint mir ein Ort wie gebaut zum Sterben. Ich stelle mir einen alten Mann vor, der in einem feuchten Schlafraum hinter dicken Vorhängen liegt. Ich stelle mir vor, wie er von fröstelnden, in Wolldecken gehüllten Venezolanern mit aztekischen Nasen mit warmer Milch und gefülltem Fladenbrot gepflegt wird.

Die Treppe zum oberen Stockwerk knarrt, Tiwaris Frau huscht durch die Holztür, serviert uns Tee auf einem Tablett und verschwindet wieder schweigend. Wir sitzen schlürfend und frierend da. Wir schauen in den Regen, in die braune Brühe, die durch die Gosse strömt. Motorradfahrer und Lkw rasen vorbei. Tiwaris Kleinbusfahrer pinkelt in die Gosse gegenüber und wird dabei fast von Müll getroffen; eine Frauenhand kippt Plastiktüten und anderen Unrat aus einem Fenster über ihm.

Tiwaris Frau tritt erneut durch die Tür und serviert einen süßen Brei, Dhalia, ein Gericht aus Hirse und Milch, es schmeckt wie Porridge. Eine junge, gebrechlich wirkende Frau mit ihrem vielleicht achtjährigen Sohn erscheint in der Praxis, sie habe Schmerzen in der Schulter, klagt sie. Tiwaris

Bediensteter bettet den Jungen auf die Pritsche, die Frau setzt sich auf einen Hocker und hält seine Hand.

Ich frage den Arzt nach den häufigsten Krankheiten in Deori. Aber er antwortet nicht. Er guckt mich einfach nur lange an. Er blickt schweigend in den Regen hinaus. Dann bietet er mir an, einen Schreiber der lokalen Zeitung zu treffen. »Ein guter Mann. Er verfasst Texte über Kricket, über Lokalpolitik. Über kulturelle Veranstaltungen.«

»Gern«, lüge ich und frage mich, was es hier für kulturelle Veranstaltungen geben kann. »Vielleicht heute Abend? Vorher würde ich mich gern mal bei Tageslicht in Deori umsehen.«

»Dann sollten Sie den Khanderava-Tempel besuchen.«

Tiwari ruft seinen Bediensteten. Wir springen in den Kleinbus. Der Alte steuert das Fahrzeug durch enge, mit Steinplatten belegte Gassen und dann hinaus über eine Ausfallstraße an den Stadtrand. Der kleine Tempel taucht irgendwo aus dem Nebel auf, ein viereckiges Gebäude mit einem Kuppeldach, umgeben von einem fast abgesoffenen Sandplatz. Wir hüpfen über Inselchen in Schlick und Matsch unter das schützende Dach. Zwei Priester hocken in einem Nebenraum auf einem Sofa und gucken fern. Hinter einem blauen Metalltor steht eine Gottheit, eine vierbeinige Tierfigur. Umständlich und von vielen Sanskritwörtern durchsetzt, versucht mir der jüngere der beiden Brahmanen die Legende des Tempels auseinanderzusetzen. Aber ich höre schon nicht mehr hin. Ich will nur noch weiter, fort von hier. Unter dem schwarzen Himmel trete ich zurück auf den überfluteten Tempelvorplatz; der Regen hat nicht nachgelassen. Ich lasse mich direkt zum Busbahnhof fahren. Ich brauche ganz schnell eine warme, ruhige Bleibe. Für ein paar Tage. Für immer.

Auf der zweiten Busreise an diesem Tag spritzt das Regenwasser, das sich in den Fensterrahmen gesammelt hat, beständig in mein Gesicht. Von der Decke, in der irgendwo ein Loch sein muss, tröpfelt ein kleiner Wasserstrahl in meinen Schuh. Mehrmals erkenne ich auf der Passage hinter der beschlagenen Scheibe ausgebrannte Häuser neben der Trasse. Wie im Süden Madhya Pradeshs sind die Gebäude hier von Pfannen bedeckt. Aber die Mauern sind nicht mehr bunt bemalt und aus Lehm, sondern aus lotgerechtem, rechtwinklig gegossenem Beton. Baumlos, braun und klatschnass erheben sich die Hügel dahinter.

Irgendwo auf der Strecke zwischen Deori und Sagar, der nächsten Stadt auf meiner Reise, verbindet sich meine Route wieder mit jener, die die Geodäten um George Everest vermessen haben. In einem Ort, den sie auf ihren Karten Narmao nennen. Doch keines der Dörfer auf meinem Weg trägt diesen Namen.

Am Busbahnhof von Sagar holt mich ein junger Mann mit grünem Parka und Turnschuhen mit dem Motorrad ab. Er heißt Amit; er ist ein weiterer Bekannter von Deepak, ich habe ihn von unterwegs angerufen. Amit fährt mich zum Hotel Paradise, einem fünfstöckigen Komplex mit runden Fensterbögen in einer Vorstadt Sagars namens Makronia.

Die Straßenfront des Hotels ist mit türkisen Kacheln und meterhohen Mosaiken von Hirschen, springenden Delfinen, Flugzeugen und Lotusblumen geschmückt. Ich buche eine Fünfzig-Quadratmeter-Suite im zweiten Obergeschoss und falle in die Badewanne. Die Decken sind stuckverziert, die Wände mit dem Motiv zweier Bäuerinnen bemalt über denen eine knallrote Sonne vor einer üppige Landschaft und einem See aufgeht. Das satte Grün des Wandgemäldes bildet einen scharfen Kontrast zu der braungrauen, verregneten Szenerie hinter der breiten Fensterfront meiner Suite: ein trostloser Parkplatz, auf dem ein paar Chauffeure und Hotelangestellte rauchend vor einem sprudelnden Springbrunnen im Kreis gehen, im Hintergrund die vierspurige Durchgangsstraße von Makronia und die schmucklosen Flachdächer der Vorstadt, die komplett in den tief hängenden Wolken verschwinden.

Am Abend besucht mich Amit. Wir sitzen auf der Couchgarnitur, und ich registriere, wie er es genießt, sich in meinem exotischen Schatten zu sonnen, als er die Bestellung aufgibt. Er fragt den Kellner, ob es in der Suite »AC-Heating« gebe, ob man die Klimaanlage auch warm einstellen könne. Der Mann verneint. Amit wendet sich an mich: »Du findest Indien rückständig, oder?« Er stopft sich mit gespreizten Fingern Salat in den Mund und hinterlässt achtlos Tomaten- und Gurkenstücke auf dem Sofa. Er sei Lehrer, erklärt er, er habe Physik studiert. Im Rahmen eines Austauschprogramms der Universität sei er schon mal in Schweden gewesen, er habe die Möglichkeit gehabt, in Stockholm einen langfristigen Job zu bekommen, eine Aufenthaltsgenehmigung. Aber das Angebot dann doch ausgeschlagen. »Mein Vater wollte, dass ich zurückkomme.«

Während Amit erzählt, kreiselt sein Finger unentwegt auf mich gerichtet vor seinen übereinandergeschlagenen Knien herum, eine irritierende, typisch nordindische Geste. »Bei euch in Europa muss immer alles so schnell gehen«, sagt er. »Wir haben einen viel langsameren Lebensstil. Weil die Familie für uns wichtig ist. Wer als Mutter oder Vater immer mit dem Auto, mit dem Flugzeug oder der Bahn unterwegs ist, der kann ja gar keine Familienbindung haben. Er kann ja jederzeit einen Unfall haben und sterben.«

Ich weiß nicht genau warum, aber die Situation beginnt mich zu ärgern. Vielleicht ist es seine penetrante Gestik, vielleicht sind es seine ostwestlichen Schwarz-Weiß-Erkenntnisse.

Oder auch nur das intensive Erleben, das das einsame Reisen durch die tiefste Provinz mit sich bringt, das Gefühl, meinem Gegenüber komplett ausgeliefert zu sein. Amit trinkt Whiskey zum Salat. Ich entschuldige mich nach einer Flasche extrastarkem Kingfisher-Bier. Er steckt die angetrunkene Flasche Whiskey in die Innentasche seines Parkas, bevor er geht.

Am nächsten Tag verkrieche ich mich in meiner Suite und beschließe abzuwarten, bis das Wetter besser wird. Das Paradise Hotel ist meine Burg. Die Ruhe zwischen seinen Mauern ist meine Zuflucht, ein nirvanisches Nirgendwo tief im Nebel. Ich mache einen kleinen Spaziergang durch den leeren Komplex: ein Kaufhaus im Erdgeschoss, in dem junge Paare flanieren, eine Bar, in der zwei verlorene Graubärtige Longdrinks schlürfen. Mittags schalte ich den Fernseher ein. Es läuft eine Dokumentation über die Terroranschläge in Mumbai, in der das Wort »Pakistan« in jedem zweiten Satz des Sprechers fällt, dann ein Bericht über einen Mann, der sich in Bhopal angezündet hat. »Aus Liebeskummer«, heißt es. Menschenmassen laufen im Vordergrund vorbei, ein Mann löst sich aus der Menge und streut eine Handvoll Sand auf den Brennenden. Ein anderer rennt hinterher und kippt einen Eimer Wasser auf die Flammen. Dann erst erscheint ein Mann mit einem Tuch oder einer Flagge und wickelt den Lebensmüden darin ein. Bis zum Abend regnet es ununterbrochen. Langsam füllt sich der Parkplatz unter meinem Fenster. Nach und nach strömt eine Schulklasse durch die Hintertür, Jungen und Mädchen, die Fotos schießen, vermutlich die Abschlussfeier einer weiterführenden Schule.

Am zweiten Tag in Sagar wird der Regen weniger. Am Nachmittag versuche ich, ein englisches Buch zu kaufen. Das Dreiradtaxi rast zwischen den Vierteln Makronia und Civil Lines hin und her, eine zerpflückte Ansammlung von Vororten voller Kasernen und Militärakademien, dazwischen Läden, in denen die Soldaten Kleidung kaufen können: Jogginghosen und Kunststoffjacken hängen vor den Geschäften an Bügeln und Ständern. Ein Schild weist zum Schneider, ein anderes, wie ich mit Erstaunen lese, zum Beauty-Parlour. *Honor, Dignitiy and Pride* steht auf einer Betonwand in einem Kaserneneingang, daneben rollen drei Panzer kaschmirisch aussehende Berge hinauf.

Erst in der eigentlichen Stadt werde ich fündig. Sagar ist eine Großversion der für Madhya Pradesh typischen Dörfer am See. Das riesige Gewässer am Rand der Altstadt ist von einem roten Metallgitter flankiert, auf dem regennasse Spatzen sitzen. Die trübe Flut leckt an den Fundamenten bunter Villen, gelbe, rosafarbene und rote Wasservögel paddeln durch den Hintergrund. In der Buchhandlung entscheide ich mich für das Buch *Mistaken Identity* von der Nehru-Nichte Nayantara Sahgal, die ich in Dehra Dun treffen möchte. Der Händler gibt mir aus unerfindlichen Gründen fünfzehn Prozent Rabatt. Ich werde kaum mehr davon lesen als das erste Kapitel, in dem ein junger adliger Inder nach langem Auslandsaufenthalt in seiner Heimat in einem erbärmlichen Provinzknast landet.

Klumpfuß

Hinter Sagar durchbrechen nur noch einzelne braungraue Hügelketten die grüne Ebene. Die Weizenfelder sind von Stein- und Dorngestrüppmauern begrenzt, aus denen immer wieder Bäume ragen. Die blätternden Fassaden in den kleinen Dörfern verschwinden im dünnen, bodennahen Nebelschleier. Auf einer großen Tamarinde hocken drei Geier. Selten höre ich einen Raben von einem Hausdach oder Feld krächzen, ein Baby in der Ferne schreien. Nur wenige Autos fahren vorbei. Es ist fast still, und ein kräftiger Nordostwind kommt auf.

Eine Woche lang laufe ich Jhansi entgegen. Der ersten größeren Stadt seit Nagpur. Dem nördlichen Rand der zentralindischen Provinz. Dem südlichsten Vorposten des entwickelten Nordindiens. Dem Land der Softdrinks und langen Speisekarten, so hoffe ich jedenfalls.

Die Szenen unterwegs wiederholen sich. Fahrräder tauchen aus dem Nebel auf, getreten von fröhlich plappernden, uniformierten Schuljungen. Auf dreirädrigen Kindergartenrikschas hocken winkende Mädchen und Buben. Kükentransportrikschas sind beladen mit durchlöcherten Pappkartons, aus denen orangefarbene Schnäbel lugen. Lastwagen, Busse und Jeeps rauschen klappernd und knirschend durch teichgroße Matschpfützen, wo die Straße wegen Bauarbeiten auf den Seitenstreifen geleitet wird. Alle paar Kilometer bedient eine Gruppe von Arbeitern einen Straßenfertiger des deutschen Herstellers Vögele oder eine Walze, macht kollektiv Mittagspause unter einem Busch oder gießt Beton in die Verschalungen einer Brückenkonstruktion. Aus den Dörfern blicken verhärmt aussehende Frauen auf die Straße; junge wie alte sind verhüllt. Sie wirken abgekämpft und streng. Fast wie Männer.

Malthon ist der letzte Ort vor der Grenze des Bundesstaates Uttar Pradesh. Ich schlafe noch einmal in einem PWD-Guesthouse. Die Landstraße führt mitten durch den Ort. Sie ist gesäumt von Stahlträgern, die aus Betonfundamenten ragen. Die Siedlung selbst versteckt sich fünfzig Meter jenseits der Landstraße. Im Bauchaos am Straßenrand sind vereinzelt halb mobile Teestände und Läden zu entdecken, in denen Pan verkauft wird, eine in Betelblätter gewickelte Süßigkeit mit Arecanuss. Als ich eintreffe, ist es stockdunkel.

»Nur von halb neun bis halb zwölf abends gibt es hier Strom«, sagt der Mann, der das Guesthouse betreibt. Ich soll mich registrieren lassen, verlangt er. Aber er ist unschlüssig, wo. Ich schlage vor, es in der Polizeiwache nebenan zu versuchen, und er stimmt zu. Vier Beamte sitzen im dunklen Vorraum der Wache um eine offene Feuertonne und fordern mich auf, Platz zu nehmen, Tee zu trinken. Sie halten mir ein Buch hin. Ich verstehe die Überschriften auf Hindi über den einzelnen Rubriken nicht ganz. Aber ich merke auch, dass sie nicht lesen können, was ich in lateinischen Buchstaben hineinschreibe, und lasse meiner Fantasie freien Lauf.

In der Dunkelheit vor dem Eingang zum Guesthouse treffe ich auf ein Straßenrestaurant. Im Schein von vier flackernden Kerzen trinke ich einen Tee. Der Koch fragt mich, was ich an Indien mag. Dass es kultiviert ist, sage ich. Dass selbst die einfachsten Menschen ein gewisses Maß an Anstand haben. Dass man zum Beispiel nicht ständig fürchten muss, bestohlen zu werden. Zumindest außerhalb der Großstädte. Ich erzähle ihm, dass mir bisher nie etwas geklaut wurde in diesem Land.

Außer meiner Kamera im letzten Winter in Südindien. Dass ich öfter mal Hotelzimmertüren offen stehen lasse. Oder mein Gepäck vorübergehend Fremden anvertraue. »Ich würde das nicht tun«, mahnt er. »Aber vielleicht ist das auch ungefährlicher für dich. Du bist ein Ausländer. Wenn jemand erwischt wird, der dich beklaut hat, gibt es großen Ärger. Wenn ich bestohlen werde, muss ich die Polizisten bestechen, damit sie etwas unternehmen.«

Der Strom geht wieder an, das kleine Teehaus wird nun von einer Reihe baumelnder Glühbirnen beleuchtet. Ich beobachte den schlaksigen Mann vom Pan-Kiosk nebenan. Wie ein Huhn lugt er ein letztes Mal aus seiner Box, einem schlanken Rechteck auf vier Stangen, ob noch ein Kunde seiner Bude entgegenstrebt, bevor er unten aus der Verkaufskiste herauskriecht, die Läden verschließt und über eine kleine Mauer hinab in den Ort läuft.

Das Guesthouse in Malthon ist exakt so aufgebaut wie meine Unterkunft Nächte zuvor in Harrai. Nur dass hier die Betten und Stühle mit weißen Laken bezogen sind. Und dass keine Wand gerade ist, kein Winkel exakt. Der längliche Raum wirkt, als würde er wanken. Unter den weiß lackierten Holzbohlen komme ich mir vor wie auf einem Schiff, ein wohliges, verlorenes Gefühl.

Ich setze mich auf die rückwärtige Terrasse vor meinem Zimmer und untersuche meinen Fuß. Die Beschwerden haben in den vergangen zwei Tagen zugenommen, der Fuß ist jetzt deutlich geschwollen. Ich schlucke weiter Aspirin. Im Licht meiner Taschenlampe lese ich ein Kilometerschild auf dem Parkplatz gegenüber: Delhi 650, Gwalior 233, Jhansi 129. Ich muss dringend eine Lösung für meine schmerzende Ferse finden.

Am nächsten Morgen laufe ich durch ein kleines Tal die letzten Hügel hinab nach Uttar Pradesh. Ein doppelter Torbogen aus Beton markiert die Grenze zu jenem Zipfel des Nachbar-Bundesstaats, der sich nach Madhya Pradesh hineinstreckt.

Hinter der Grenze ist das Land endgültig flach, nur ein leichter Dunst liegt vor der Sonne, die über den dunkelgrünen Senffeldern in den Himmel steigt. Uttar Pradesh, der »Nördliche Bundesstaat«, ist voller Kühe und Büffel. In engen Höfen an den Dorfstraßen käut das Vieh zwischen Hügeln von Kuhfladen wider, die zum Trocknen aufgeschichtet sind. Die zweigeschossigen Häuser sind aus roten Ziegeln gebaut. Verwitterte weiße Tempelchen ducken sich neben schlichten Scheunen. Auf einem Charpoy, einem Bettgestell aus Holz, trocknet Getreide. Auf einem anderen schläft ein struppiger Hund.

Zurückhaltend und sanft wie tief im Süden ist in Uttar Pradesh niemand mehr. Ich wandere jetzt durch das Herzland des Hindi und der verwandten Sprachen. Durch einen Kulturraum, der früher Hindustan genannt wurde und von den fünf Strömen des Punjab im Westen über die Gangesebene bis hinab zum Fluss Narmada im Süden reicht. Ein Land, das über Jahrtausende hinweg überrollt wurde von Eroberern aus West- und Zentralasien. Rau und kalt im Vergleich zu der von dravidischen Sprachen dominierten Halbinsel Südindiens, deren Geschichte deutlich ruhiger verlief.

Ein Mann, der vor einer Tankstelle auf dem grauen Sandboden hockt, reckt seine kräftigen Arme in der Morgensonne und ruft einem anderen zu, der hundert Meter weiter sichtlich untätig an der Straße herumlungert: »He, guck mal, da kommt ein Ausländer!« Ein weißer Kleinwagen ist irgendwo am Straßenrand gestrandet, davor lamentieren lautstark drei Männer mit weißen Hosen. »Komm her!«, rufen sie auf Englisch. Sie lachen und pfeifen durch die Finger, während ein dritter mit dem Kopf im Motorraum steckt. »Wo gehst du hin? Wie ist die Straße nach Sagar?« Erst als ich sie auf Hindi frage, was denn das Problem mit ihrem Auto ist, werden sie gesittet und ernst.

Auf dem Weg nach Lalitpur zähle ich sechs Eselkadaver am Straßenrand. Am Abend lasse ich mich in der Stadt von einem einfühlsamen Friseur pflegen. Mit einem eleganten Doppelschwung kämmt er meine nass gesprühten Locken glatt. Im Spiegel sehe ich mit Mittelscheitel aus, als wäre ich zwölf Jahre alt. Nach meinem 35-Kilometer-Marsch schlafe ich fast vor Erschöpfung ein, während der Mann mit der Schere um mich herumklappert und seine Mitarbeiter vor dem Laden ein Feuer gegen die Winterkälte entzünden.

Mit jedem Kilometer weiter nach Norden werden die Menschen ausgelassener, wenn sie mich sehen. Sie grölen mir hinterher, sie verfolgen mich. Auf dem Weg zwischen zwei Dörfern radeln zwei Jungen auf einem Fahrrad im konsequenten Sicherheitsabstand von zehn Metern hinter mir her. Eine geschlagene halbe Stunde lang zischeln und pfeifen sie: »*Hello my dear. Where are you going*?« Bis ich die Contenance verliere. Ich zeige ihnen die Faust, ich schimpfe, sie sollen verschwinden. Aber erst nach einer Stunde geben sie die Verfolgung auf.

In der Kleinstadt Talbehat finde ich kein Hotel. Ich frage bei Nakshara Cosmetics. »Nein«, sagt der Verkäufer. »Hier gibt es keine Lodge und kein Guesthouse.« Ich frage im Devi Book Dipot. »Doch«, sagt der Buchhändler. »Einen Kilometer in Richtung Jhansi finden Sie ein Government Guesthouse.« Ein kleiner, schmaler Mützenträger heftet sich an meine Fersen. »Ich zeige Ihnen den Weg. Ich will dafür kein

Geld, aber es ist sicherer. Sie müssen wissen: In diesem Ort gibt es viele Ganoven.«

Nach ein paar Hundert Metern rollt ein überbreiter schwarzer Geländewagen an mich heran, aus dem Fenster quillt ein korpulenter, glatt rasierter Mann, die moderne Karikatur eines orientalischen Potentaten: ganz in Weiß gekleidet, den Bart gezwirbelt, einen Turban auf dem Kopf. Er winkt uns hinein, ich soll seinem pausbackigen Sohn die Hand geben. Vor dem Government Guesthouse hält die Edellimousine. »Das war ein Toppolitiker des Ortes«, erklärt mein Führer, als er die Tür zugeschlagen hat.

Das Guesthouse ist eine Luxusversion der PWD-Unterkünfte, in denen ich in Harrai und Malthon geschlafen habe. Die Böden glänzen frisch gefeudelt. Ich würde gern umgehend in eines der vermutlich pieksauberen Betten fallen, aber man lässt mich nicht.

»Dies ist eine staatliche Unterkunft. Sie müssen sich erst anmelden«, sagt der Diensthabende.

»Können Sie mir eine Telefonnummer geben?«

»Nein, die haben wir nicht.«

»Und jetzt?«, frage ich meinen freiwilligen Hotelscout. Jetzt bleibt nur der Dharamsala, sagt er, die Pilgerunterkunft in der Stadt.

Der Dharamsala liegt im Stadtzentrum an der Hauptstraße zwischen Geschäften und Wohnhäusern. Ein halb geöffnetes Gittertor mit einem Vorhängeschloss führt in einen Gang, an den sich der Tempel anschließt. Er ist offensichtlich nach den Eroberungen durch die Muslime im Mittelalter erbaut: relativ schmucklos, unscheinbar im Vergleich zu den alten Heiligtümern im Süden. Typisch nordindisch.

Vor dem zentralen Schrein für den Affengott Hanuman kauern Männer und Frauen in Decken auf dem Boden und beten Mantras. Weitere Gläubige treten ein, schlagen die Glocke, werfen sich auf den Boden und umrunden das Heiligtum, in dem der Gott von einem kleinen Standventilator belüftet wird. Ein Priester in weißem Dhoti und gelbem T-Shirt entzündet in einer Nische Räucherstäbchen und steckt sie in die löchrige Ziegelwand des Tempels. Eine Frau spritzt Wasser aus einer Messingkanne zu der Statue hinüber. Ein Junge zerschlägt eine Kokosnuss vor dem Affengott. Er streut kleine Splitter zu den Füßen der Statue aus. Den Rest des Opfers sammelt er in eine grüne Plastiktüte, mit der er den Tempel wieder verlässt.

In einem Innenhof neben dem Heiligtum liegt der Dharamsala, ein zweistöckiges Gebäude mit unverglasten Fenstern. Zwei junge Männer verwalten die Räume. Sie zeigen mir mein Zimmer. Es ist komplett leer. Von der Decke baumelt eine nackte Glühbirne, in die Wand sind ein paar Fächer eingelassen. Die Tür ist aus massivem Holz. Die beiden schieben ein Bettgestell aus Holz hinein. Ich frage sie nach Bettzeug. »Wir holen etwas aus unserem Zimmer«, sagen sie und kommen kurz darauf mit einer verdreckten, übel riechenden Matratze zurück.

Ich kaufe eine Decke, um etwas zum Unterlegen auf dem Bettgestell zu haben, ein Exemplar mit großzügigem braunrotem Blümchenmuster. In einer Apotheke frage ich nach Glukosepulver, dass ich mit Wasser zu einem Energiedrink für den nächsten Tag mischen will. Aber der Mann hinter dem Tresen verwickelt mich in eine Diskussion. »Elektrolyte sind besser«, behauptet er mit bockigem Gesichtsausdruck, die Arme vor der Brust verschränkt. Ich verstehe den Unterschied mangels Chemiekenntnissen auch nicht, als er ihn mir zum vierten Mal darlegt, und kaufe um des Friedens willen Elektrolyte. *Based on WHO Formula* steht auf der Packung.

Neben dem Apotheker sitzt, leicht nach vorne gebeugt, ein schmächtiger, blasser und schweigender Mann. Der Laden ist bis unter die Decke mit Schachteln und Kartons vollgestopft.

»Dieser Mann hier ist mein Bruder«, sagt der Apotheker und nickt zu dem Schweigenden. »Er ist Arzt.«

Ich frage den Doktor, ob er sich meinen Fuß anschauen kann. Er bittet mich durch den aufschwenkbaren Tresen in das Geschäft. »Sie müssen den Fuß abends in warmem Salzwasser baden.«

»Woher soll ich denn jeden Abend warmes Wasser bekommen?«, frage ich.

»Kaufen Sie sich einen Tauchsieder.« Der Arzt zeigt auf ein Gerät, das in einem Karton auf einem Regal steht, kaum länger als ein Kugelschreiber, sicherlich kein untragbares Mehrgewicht für meinen Rucksack, höchstens stromschlaggefährdend. Ich werfe ihm einen unschlüssigen Blick zu und hocke mich auf einen alten Bürostuhl, den er mir zum Sitzen anbietet.

Über den Bildschirm eines Schwarz-Weiß-Fernsehers auf einem Holzbrett über dem Verkaufsfenster tanzen spitzbäuchige Schönheiten zu Popmusik. Der Apotheker verteilt herzförmiges Konfekt. Der Kopf einer Alten, in eine Decke gehüllt, erscheint über dem Holztresen, er packt ihr ein paar Heftpflaster in eine kleine schwarze Plastiktüte. Als der Doktor ohne ein Wort zu sagen das Geschäft verlässt, wendet sich der Apotheker mit einem unerklärlichen Grinsen im Gesicht zu mir. »Für deinen Fuß gibt es auch noch ein anderes Mittel. Wenn du das heute Abend nimmst, sind deine Beschwerden morgen weg. Keine Schwellungen mehr, keine Schmerzen.«

Er holt eine armlange Papppackung hervor, in der Doppelreihen großer länglicher Tabletten in Alu stecken. Flozen AA lese ich. Das wichtigste Wirkmittel ist eine Substanz namens Alofenac, ich habe keine Ahnung, was das ist. Die Tabletten sind fast zwei Zentimeter lang. Ich frage nach einem Glas Wasser und schlucke die Medizin, dazu eine kleine Magenpille. Der Apotheker fragt mich, wo ich schlafen werde. »Im Dharamsala? Willst du nicht lieber bei mir übernachten?«

Ich ziehe um in einen höhlenartigen Raum, der nur durch eine Tür mit zwei dicken Holzflügeln von der Durchgangsstraße getrennt ist. Keine zwei Meter von meinen Bett entfernt rasen Autos durch die Nacht. Jedes Mal, wenn ein Lkw vorbeifährt, bebt der beige Stoffvorhang an der Tür. Es riecht muffig. Irgendwo in der Wand raschelt eine Maus.

»Dieses Zimmer ist über hundert Jahre alt«, sagt mein Gastgeber. »Es gehört zum Fort von Talbehat. Es wurde Mitte 1618 von einem Fürsten namens Bharat Shah errichtet.«

Die Decke des Raumes wird von durchhängenden Holzbalken gehalten, von denen weißer Lack fällt. Die Wände sind lila und mit Stuck geschmückt. Vier Kanthölzer ragen als Kleiderhaken aus der Wand. Über einen von ihnen ist ein froschgrüner, geknoteter Schlips geworfen. Auf dem Tisch liegt ein ungeöffneter Brief, adressiert an »Doktor Agnihotri«. Die meisten indischen Namen geben Auskunft über Religion und Kaste. Dieser ist eindeutig brahmanisch. »Priester des Feueropfers« bedeutet er.

Der Apotheker verlässt das Zimmer, ich werfe meinen Schlafsack auf das Bett. Mit einem Handy in der linken Hand, aus dem eine monotone Männerstimme scheppert, kommt er wieder und stellt mir mit der Rechten einen Eimer hin. »Warmes Wasser mit Salz. Der Doktor sagt, das ist das Allerbeste für dich.« Ich tauche meinen Fuß hinein, ich bewege die Spitze hin und her, schwenke ihn vorsichtig nach rechts und links. Es fühlt sich angenehm an, aber das seltsame, fast unhörbare Quietschen, das papierene Ziehen in der Ferse spüre ich weiterhin.

Nach dem Fußbad führt mich mein Gastgeber durch die Katakomben des Forts zu einer Waschkabine. Ein Labyrinth niedriger Gänge schließt sich an offene und halb offene Innenhöfe an. Vor den einzelnen Wohnungen stapeln sich Schuhe auf dem Steinboden, in den Höfen parken Fahrräder und Mopeds. In der Kabine aus Stahlblech, an deren Wänden Zahnbürsten in rosa Plastikhaltern hängen, kippe ich mir aus einer vollen Eisentonne heißes Wasser über die verschwitzte Haut. Dann lasse ich mich vom steten Durchgangsverkehr in einen erstaunlich tiefen Schlaf wiegen.

Am nächsten Morgen sind die Beschwerden im Fuß wie weggepustet. Meine Hacke ist komplett abgeschwollen. Ich könnte meinen Gastgeber umarmen.

Aber der ist nirgendwo in den Katakomben der Fortmauer zu sehen. In einem gepflasterten Innenhof serviert die Bedienstete der brahmanischen Brüder mir Tee und Kekse und mit Kartoffeln gefüllte Paratha, Brottaschen. Ich beobachte zwei weiße Schmetterlinge in den Gräsern und Blumen, die über die rückwärtige Mauer in den Hof wachsen. Und breche wieder auf.

Jenseits von Talbehat führen hübsche Alleen unter ausladenden Bäumen durch Flüsse, Felder und Hügel, die sich mit von Büschen bestandenem Brachland abwechseln. Ich überquere die Grenze zurück nach Madhya Pradesh und verbringe eine Nacht in der Stadt Babina. Als ich am folgenden Abend die Großstadt Jhansi erreiche, fühle ich mich wie ein seltsamer Wissenschaftler, der aus dem Busch kommt, ein Ethnologe oder ein Forscher auf der Suche nach irgendeinem seltenen Vogel oder einem antiken Tempel. Ich kehre aus dem unbekannten Herzen Hindustans zurück in die Zivilisation.

Der Weg nach Jhansi hinein führt, wie eine Woche zuvor der nach Sagar, durch ein Militärviertel. Vor den Toren der Fünfhunderttausend-Einwohner-Stadt stellt die Armee ihre Kriegsmaschinerie aus. Ausrangierte Panzer verschiedener Bauweisen thronen auf Betonpodesten. Irgendwo zwischen den Kasernen steht eine massive Backsteinkirche, vermutlich noch von den Briten gebaut.

Die Stadt selbst kommt mir nach der ärmlichen Provinz Zentralindiens geleckt und geordnet vor. Ich laufe über gefegte Seitenstreifen, ich passiere Bushaltestellen mit Reihen komplett unbeschädigter Stahlstühle. Und werde ständig von Dreiradtaxifahrern angesprochen, die alle denken, dass ich nur darauf warte, in den Ort Orcha, eine für ihre einzigartigen Paläste und Tempel berühmte Kleinstadt 60 Kilometer entfernt, gefahren zu werden.

Vermutlich, weil Jhansi dagegen reichlich unspektakulär ist. Durch den Dunst über nichtssagenden, breiten Ausfallstraßen blicke ich auf die klotzigen Umrisse des Forts über der Stadt, erbaut 1613, in dem bei einer Revolte im Jahr 1857 die Getreuen der Königin von Jhansi die Offiziere der britischen Kolonialverwaltung massakrierten, die den Kleinstaat annektiert hatte. In einem Internetcafé im Stadtzentrum, einer Ansammlung niedriger Backstein- und Betongebäude mit den üblichen Rolltoren aus Metall, checke ich meine E-Mails. In einem Hotel mit kolonialem Ambiente, das von einer freundlichen Großfamilie betrieben wird, finde ich eine passable Unterkunft.

Endlich habe ich den zentralindischen Dschungel hinter mir gelassen und bin zurück in der Moderne, auf die ich mich so gefreut habe. Doch der Traum vom Land der kühlen Softdrinks und gastronomischen Genüsse zerplatzt jäh, als er greifbar wird. Im Korbstuhl auf der Veranda meines Hotels trinke ich nur eine Flasche Cola und kehre sofort wieder zurück zum üblichen Instantkaffee. Ich lausche dem Rauschen des sechsspurigen National Highway 75, einer Landstraße, die, von Südosten kommend, mitten durch die Stadt führt und auf der ich am nächsten Tag laufen werde. Und frage mich, wie ich eigentlich auf die Idee verfallen bin, mir, wenn ich endlich in Jhansi bin, den Bauch mit Eis vollzuschlagen, mit 7up oder Importbier. Vielleicht war es die ständige Unterzuckerung beim Wandern, vielleicht auch die Sehnsucht nach europäischer Rundumversorgung, die sich in diesen Träumen manifestierte. Aber in Wahrheit ist all das überflüssig. Ich bin mit viel weniger Luxus glücklich. Und froh, jenseits des Dschungels und der Berge nicht den Lärm einer Millionenmetropole gefunden zu haben. Sondern die typische Bescheidenheit einer zivilisierten nordindischen Großstadt.

Gottlos

Außerhalb von Jhansi ist der Ausbaustreifen der Landstraße mit einem Zickzack aus Feldsteinen gegen vorzeitiges Befahren geschützt. Massen von Menschen sind am frühen Morgen darauf unterwegs zu Fuß und mit dem Fahrrad, während unten auf der Trasse stundenlang Truppentransporter vorbeidröhnen, in denen Soldaten schlafen, die Füße in Socken über die Ladefläche hinausgestreckt.

Ich passiere wieder die Grenze nach Madhya Pradesh. Wieder ist es dunkel. Als dürfe es in diesem Staat kein direktes Sonnenlicht geben, schiebt sich Hochnebel in den zuvor blauen Himmel. Das Land wird wüst und rauer. Hier und da ragen nackte Hügel und rot-weiße Mobilfunkmasten aus der tellerflachen Steppe, wenige Reisfelder leuchten grün dazwischen. Gegen Mittag überquere ich mehrere große, schnurgerade Kanäle, die das magere Land speisen, und dann einen kleinen Fluss, der durch ein Wäldchen fließt, und stelle mir vor, wie schön er einmal gewesen sein mag, bevor er von der Masse von Plastiktüten, Plastikflaschen, Schuhen, Kisten und anderem undefinierbarem Müll verunstaltet wurde.

Nicht nur die Hitze hat hier im äußersten Norden Madyha Pradeshs nachgelassen, auch liegen die Ortschaften wieder dichter beieinander. So laufe ich zum ersten Mal auf der Reise komplett ohne Wasserreserven im Rucksack, hangele mich von Teestube zu Teestube, von Softdrinkladen zu Brunnen. Mein Gepäck ist um zwei, drei Kilo leichter.

Und ich spüre keine Anstrengung mehr. Ich renne 15 Kilometer am Stück und mache nur fünf Minuten Pause, bevor ich weiterlaufe. Ich verschlinge Unmengen von Bananen, Keksen und Samosas im Gehen. Und merke gar nicht mehr, dass ich ständig in Bewegung bin, sechs Stunden am Tag wenigstens, manchmal mehr als acht. Die Schmerzen im Fuß sind dank der Medizin aus Talbehat verschwunden. Das Laufen ist, so wie ein Jahr zuvor in der Steppe des südlichen Andhra Pradesh, zu meinem Normalzustand geworden. Es ist das für mich, was Stehen für andere Menschen ist.

Ich erreiche Datia am Nachmittag. Die Altstadt wirkt wie ein Fort. Im Ortseingang hängt noch eines von zwei Eisentoren an einem zerbröckelnden Steinpfeiler. In den historischen Fassaden drängeln sich Fernseh- und Internetläden neben Banken und Juwelieren, Schneidern und den üblichen Kaufmannsläden. Säulengetragene Kuppeln und Zwiebeltürme verleihen dem Palast, der sich mit sechseckigen Wehrtürmen und rechteckigen Fensterlöchern über der Altstadt erhebt, einen absurden Hauch von Leichtigkeit. Im Nachmittagslicht leuchtet das gewaltige, siebenstöckige Bauwerk auf einem Hügel, an den ein See grenzt, und scheint über der Stadt zu schweben.

Ich gehe den Palast besichtigen. Ein Mann mit einer Schirmmütze führt mich in die kühle Dunkelheit hinter den halbmeterdicken Palastmauern. Mit einer riesigen Taschenlampe leuchtet er mir die breiten, ausgetretenen Stufen hinauf. Wir passieren das erste Stockwerk »Es war nur für die Königin da«, sagt mein Führer. »Zum Schminken und Sitzen.« Wir klettern weiter. Die meisten Seitengänge, die sich vom Treppenhaus in das Innere erstrecken, sind vergittert. Kein Mensch ist zu sehen oder zu hören. Wie schnell ich hier verschwinden könnte, denke ich. Niemand würde es bemerken.

»Der Palast ist hundertfünf Meter hoch, er hat zweihundert Stufen und vierhundertfünf Räume«, doziert mein Führer schwer atmend. »Er wurde 1620 von dem König Bir Singh Deo gebaut.« Blutig und voller Intrigen sei seine Geschichte. Der Mann erzählt mir, wie Bir Singh dem Wesir von Schah Akbar den Kopf abgeschlagen hat. Und wie Jahangir, Akbars Sohn, sich mit Bir Singh verbündete, der seinen Verbündeten später, als er selbst Schah wurde, als Dank zum Herrscher von Datia ernannte. Und diesen Palast baute. »Aber darin gewohnt hat niemand lange. Weder der König noch seine Söhne.«

Wir erreichen das siebte und oberste Geschoss. Die überdachten, von zehneckigen Steinsäulen gesäumten Gänge sind angeordnet wie eine Swastika, jenes alte indische Glückssymbol, das die Nazis für ihre Zwecke missbrauchten. Über tiefer gelegene Innenhöfe führen sie in die einzelnen Gebäudetrakte. An die Decken der sechs Meter hohen Räumen sind Darstellungen von Krishna und seinen Milchmädchen, von Pfauen und Elefanten gemalt. Der Führer erklärt mir die unterschiedlichen Architekturstile anhand von in die Wände eingelassenen Nischen, die als Wandschränke dienten: Die obere Reihe im islamisch geprägten Mogulstil ist zwiebelförmig ausgeformt, die untere Reihe im klassischen Hindustil wird von geometrisch strengen, schmucklosen Rechtecken gebildet. Wir blicken hinaus auf die Stadt, über weiß getünchte Wohn- und Geschäftshäuser und einzelne historische Gebäude aus braunem Stein, die sich aus den Gassen erheben. Lärm von Mopeds und Motorrädern dringt hinauf, Rufe von Kindern oder Jugendlichen, eine Fahrradklingel und der Schall einer Tempelglocke. Am Pitambara Pith-Tempel im Ortseingang flackern die Lichter.

Ich laufe durch die Altstadt hinab zum Tempel und stelle meine Schuhe zu den anderen, die davor aufgereiht sind.

Absperrungen aus Metallgittern führen die Gläubigen in geordneten Schlangen in das zentrale Heiligtum für die Göttin Pitambara Pith und zahlreiche Nebentempel. Öllampen flackern in Mauernischen. Hunde laufen durch die Schatten. Ich erkenne Statuen der Götter Ganesh und Kali. Auf mehreren Bildern wird der Torso eines Glatzkopfes mit rosafarbenem Gesicht in einer Lotusblume gezeigt, Swami Maharaj, der Gründer der Anlage. Vor dem Haupttempel verteilt ein Priester Blumen, abgepackt in Zeitungspapier. Die Gläubigen schlagen eine Glocke, werfen sich unter der offenen Tür hin und berühren die Stufen im Eingang mit der Rechten, bevor sie eintreten.

Im Krishna-Tempel kommt mir ein junger Brahmane entgegen. Er trägt eine schwarze Weste über einem langen weißen Hemd, darunter lugt ein Dhoti hervor. Er führt mich zu seinem Meister, der lächelnd im Schneidersitz in einer Art Klosterzelle sitzt. Die an einer Seite offene Kammer wirkt wie ein Ausstellungsraum in einem Museum, wie ein Gehege in einem Zoo. Eine Maus hüpft zwischen Bücherstapeln und Bodenmatten herum. Der Meister lässt sich von einem jungen Priester Kautabak reichen und zerreibt ihn mit dem rechten Daumen in der linken Hand. Ich frage ihn, ob ich etwas tun kann, um den Erfolg meiner Reise zu sichern. Ob ich ein Opfer darbringen könne. Der Meister schickt den jungen Priester los, kurz darauf kommt dieser mit einem kleinen kupferfarbenen Gefäß voller Wasser zurück.

Wir gehen in den Krishna-Tempel. An einer Wand auf der linken Seite sitzt eine Reihe Brahmanen vor niedrigen Holztischen. Darauf liegen orangefarbene Tücher und abgewetzt wirkende Bücher. Die Priester murmeln Mantras und rezitieren etwas aus heiligen Schriften. Eine Mutter mit zwei Töchtern hockt versunken vor der Statue des Gottes, das jüngere

Mädchen lümmelt, auf dem Bauch liegend, auf dem Boden herum. »Warte, bis sie fertig sind«, sagt der junge Priester.

Nach zehn Minuten stehen die drei auf, wir gehen los. Aber die Brahmanen vor den Holztischen protestieren lautstark. Sie verhandeln mit ihrem jungen Kollegen. Mein Begleiter wendet sich zu mir: »Bei Nacht sollte man kein Wasser opfern«, erklärt er. Ich bin enttäuscht, ich fühle mich vor den Kopf gestoßen. Ich glaube, die Begründung ist nur ein Vorwand. Man gibt mir zu verstehen, dass die Götter nicht für alle da sind. Dass es auf die Herkunft ankommt. Dass ich ein Fremder bin. Ich lasse mir meine Enttäuschung nicht anmerken. »Okay«, sage ich. »Das verstehe ich natürlich.«

Eine Ruine der Klassik

Zwei Tage später taucht Gwalior hinter einer Hügelkette auf. Die Stadt mit knapp einer Million Einwohnern markiert den Übergang vom zentralindischen Plateau zur Gangesebene. Die Vororte sind monotone Siedlungen aus blau und gelb gestrichenen Einfamilienhäusern und Wohnblocks. Die Straße ins Zentrum ist nur wenig befahren, aber dennoch überwacht von Verkehrspolizisten in orangefarbenen Warnwesten. Hinter einer staubigen Glasfassade wirbt ein Geschäft mit dem versucht spritzigen Namen »More 4 less« für Alltagskleidung. Der »Cream Bell Icecream Parlor« ist von jungen Menschen in braven Pullundern und Schuluniformen umlagert. Über dem protzigen Kolonialbau des Hauptbahnhofes liegt diesiges Nachmittagslicht. Die angeschlagenen Säulen des aus derselben Ära stammenden Gebäudes der Statebank of India wirken, als könnten sie jeden Moment unter der Last des schweren Dachs zerbröseln. Schon auf den ersten Blick wirkt Gwalior verschlafen und altmodisch.

Die britischen Vermesser müssen im damaligen Fürstentum Gwalior wieder einmal unter der Herrschsucht ihres neuen Chefs leiden. Als der Leiter des Great Trigonomical Survey im Juni 1830 nach seinem fünfjährigen Heimaturlaub halbwegs genesen auf den Subkontinent zurückkehrt, zieht er sich jedoch zunächst in die kühlen Höhen des Himalaya zurück, an denen die subkontinentalen Dreieckspeilungen einmal enden sollen.

1832 kauft Everest von einem britischen Oberst ein Anwesen in Hathipaon am Fuß des Himalaya, ein herrschaftliches Haus samt zweihundertfünfzig Hektar Park. Es liegt oberhalb der Stadt Dehra Dun, wohin nun das Hauptquartier des Survey verlegt wird. Und fast exakt auf dem 78. Längengrad.

In den folgenden Jahren treiben die Geodäten die vorbereitenden Vermessungen von den Stationen in Zentralindien nach Norden voran. Sie markieren geeignete Positionen, von denen aus sie später die eigentlichen Peilungen vornehmen wollen. Sein Anwesen in den Bergen über Dehra Dun ist für Everest jetzt ein Zufluchtsort vor der Hitze und dem Staub des Flachlands. Zwischen 1834 und 1835 berechnet er in der Nähe von Dehra Dun eine letzte Grundlinie. Die eigentliche Triangulation wird schließlich diese Grundlinie mit den Stationen in Zentralindien verbinden.

Doch dort kommen sie oft nur schleppend voran. 1835 suchen die Wissenschaftler auf Hügeln und Bergen in der Gegend um Gwalior vergeblich jene Markierungssteine, mit denen sie Jahre zuvor die für die Peilungen geeigneten Stellen versehen haben. Viele sind verschwunden. Es scheint, als würden die Einheimischen das koloniale Großunternehmen sabotieren.

Everest flucht auf das »abergläubische Denken der Eingeborenen«, die die Markierungen vermutlich entfernt haben, weil ihnen das Treiben der Briten nicht geheuer ist: »Die Priester förderten den Glauben der Bauern, dass Leute, die ihre Arbeit mithilfe von Feuer mitten in der Nacht an hohen Orten verrichten mussten, (…) mit übernatürlichen Wesen Umgang pflegten, die der Gottheit missfallen könnten«, notiert er. Wie William Lambton Jahrzehnte zuvor tief im Süden, gerät sein Nachfolger jetzt im Norden mit den misstrauischen Kleinfürsten in Streit.

Besonders mit dem Herrscher von Gwalior. Als der britische Regent an dessen Hof in einem Brief auf Persisch, der damaligen Amtssprache, für das wissenschaftliche Projekt im Auftrag der Krone wirbt, unterläuft ihm der Fehler, den Leiter einen »gewissen Major Everest« zu nennen. Dieser springt sofort auf die vermeintliche Degradierung an, die eigentlich nur ein banaler Übersetzungsfehler ist. Er beschwert sich bei der Regierung in Kalkutta und beim Fürsten von Gwalior. Er protestiert auch, weil entgegen der Vereinbarung keine Militäreskorte an der Grenze des Staates auf ihn wartet. Und muss dafür in den entstehenden Wirren seinen eigenen, tausend Mann starken Trupp vierzehn Tage lang ausharren lassen, bevor er das Territorium betreten darf.

Das moderne Gwalior wirkt auf mich verschlafen und glanzlos. Aber bei den Einheimischen ist die Stadt berühmt. Sie ist das Zentrum der Hindustanimusik, der nordindischen Klassik. Sie hat ganze Dynastien von Sängern, Sitar- und Tablaspielern hervorbracht, vom Musiker und Komponisten Tansen im 16. Jahrhundert bis zum weltweit tourenden Sarodvirtuousen Amjad Ali Khan.

Ich lege einen Ruhetag ein und mache mich zu einem altehrwürdigen Musiccollege auf, dem Shankar Gandharva Mahayidyalaya. Das Institut ist schwer zu finden. Der Mann an der Rezeption meines Hotels hat mir eine Wegbeschreibung zum Achaleshwar-Tempel zur Orientierung mitgegeben. Doch ich finde das College erst nach zehnmütiger Suche, direkt gegenüber dem Tempel, aber völlig versteckt hinter zwei Reihen Snack- und Panbuden: ein unscheinbarer Durchgang unter einem angerosteten Blechschild.

Rektor Shankar Pandit sieht müde aus. Hinter ihm hängt ein fast zwei Meter großes Bild seines Großvaters Krishnarao mit rotem Turban, dessen Sohn Laxman und der Enkelin Mita Pandit; eine Ahnengalerie von Musikvirtuosen.

»Mein Großvater hat die Musikschule 1914 gegründet«, sagt Pandit. »Heute unterrichten wir Sitar, Tabla, Violine, Harmonium und Gesang.« Vierhundert Studenten und sechsundzwanzig Lehrer hat die Hochschule. »Wir sind das größte College dieser Art in Indien.«

Der Rektor führt mich in einem Säulengang durch das zweigeschossige Gebäude. Es liegt u-förmig um einen Innenhof, in dem Motorräder und Mopeds parken. Hinter einer Holztür sitzt ein einsamer Sitarspieler mit überschlagenen Beinen in einem fast völlig leeren Raum. An der Wand lehnen zwei in Baumwolltaschen gepackte Sitars. Wir setzen uns vor ihn auf den Boden. Leidenschaftliche Töne dringen aus dem einundzwanzigsaitigen Instrument. Der Rektor begleitet den treibenden Rhythmus, er wackelt dazu mit den langen Fingern. Die Töne klingen exotisch, die Harmonien fremd. Als das Stück vorbei ist, legt der Sitarspieler sein Instrument zur Seite und blickt mich schweigend an. Ich klatsche dezent. »Spielen Sie auch vor Publikum?«, frage ich.

»Ja«, erwidert der Mann. »In Mumbai, in Delhi, in Pune. Aber nicht hier. Gwalior ist Indiens Musikhauptstadt. Aber das Geschäft wird in Delhi gemacht.«

Pandit führt mich in den Gesangsraum, in den Harmoniumraum. Und in den Tablaraum. Drei Augenpaare richten sich auf uns, als wir ihn betreten. Aber die acht dazugehörigen Fingerpaare spielen ungerührt weiter. Angeleitet von einem grobschlächtigen Lehrer, tackern die Schüler Töne und Takte in zwei Trommeln, die in ihrem Schoß liegen. Der Rhythmus galoppiert und wird ruhig, die Schläge knallen hart gegen die unverputzten Wände, um rasch wieder leiser werden. In dem Meer aus Trommelschlägen, in dem klackenden Taktgemälde bleiben alle exakt im Rhythmus, als würden sie sich ohne Worte verstehen.

»Tablaspielen ist etwas anderes als einfach nur Trommeln. Es ist Planarbeit«, sagt der Rektor und zeigt mir die Zettel, die neben den Trommeln auf dem Boden liegen: »Dha, dha« und »Ti, ti, ti« steht darauf. »Jede einzelne Bewegung mit den Fingern ist ein genau vorgegebener Ton. Dieses Instrument ist so schwer zu spielen wie Sitar. Oder auch Klavier.«

Der Geigenspieler im Nebenraum gibt mir weitere Erklärungen. »Was für dich richtig klingt, ist falsch«, konstatiert er mit kreidiger Stimme. »Was falsch klingt, ist richtig. Außer natürlich bei westlicher Musik.« Er stimmt ein Barockstück an. Aber auch das klingt schräg und krächzend. »Das ist für dich jetzt harmonisch, oder?« Ich zwinge mich zu einem Nicken.

Zum Abschied bittet mich der Rektor in sein Büro. Ein Sekretär sitzt an einem ausladenden Schreibtisch, der mit Schichten von Unterlagen bedeckt ist, und nuschelt in den Hörer eines schwarzen Telefonapparates. Ein anderer malträtiert mit zwei Fingern eine elektrische Schreibmaschine. Der Rektor lässt ihn eine Din-A4-Mappe aus einem blauen Metallschrank holen. *Visitor Register* kritzelt Pandit auf den Pappdeckel und reicht mir die Mappe. »Vielen Dank für die Führung durch das Zentrum der klassischen musikalischen Erziehung in Indien«, schreibe ich hinein. Und befürchte, dass das Besucherbuch ansonsten für immer leer bleiben wird.

Am Abend lasse ich mich zum Grab Tansens chauffieren, der fast vergötterten Sängerlegende am Hof des Mogulkaisers Akbar aus dem 16. Jahrhundert. Seine Gebeine sind im Mausoleum seines Mentors, des muslimischen Heiligen Muhammad Ghaus, beigesetzt. Das Mausoleum liegt unterhalb des pompösen, von runden Türmen gesäumten Forts von Gwalior, ein braun-gelber Sandsteinbau mit einer riesigen Kuppel in der Mitte. Eine trübe, eckige Version des Taj Mahal. Auf dem grünen Rasen der parkähnlichen Anlage hocken Gruppen von Menschen im Gras. Kleine Lagerfeuer brennen. In Beeten voller roter Rosen, die aus roter Erde sprießen, mahnen Schilder »Keine Blumen pflücken«. Durch ein Feld ockerfarbener Steinsärge auf Ziegelsteinfundamenten erreiche ich das zentrale Heiligtum. Im Eingang zum Grabraum von Muhammad Ghaus sitzt ein korpulenter Muslim mit grünen Augen und schwarzer Kappe. Er kratzt sich beständig die Waden unter dem Dhoti. Neben ihm schläft ein Mann auf dem nackten Stein, ein Sufi mit Rastalocken, rotem Hennabart und Palästinensertuch.

Wir feilschen um den Eintrittspreis. Der kleinste Schein in meiner Tasche ist eine Fünfhundertrupiennote, umgerechnet zehn Euro.

»Leg ihn hier hin«, befiehlt der Wächter in barschem Ton.

»Nein«, erwidere ich laut. »Das ist zu viel. Bei allem Respekt.«

»Kein Problem. Dann wechsle ich eben.« Er holt eine dicke Rolle kleiner Scheine unter dem Dhoti hervor und zählt fünf Hunderter auf eine niedrige Mauer. Ich gebe ihm einen davon zurück.

Der Raum ist dunkel und so riesig unter einer hohen Kuppel, dass die hinteren Winkel kaum zu erkennen sind. Das Grab von Muhammad Ghaus ist ein schmaler, hoher Pavillon, umgeben von einem niedrigen Gitter. Riesige Ratten laufen herum. Irgendetwas riecht aufdringlich süßlich. Als würden die Gräber bis heute parfümiert werden, als müsste man noch Hunderte Jahre nach dem Tod des Heiligen seinen Verwesungsgeruch übertünchen. Das Gitter um Muhammad Ghaus' Sarg ist gespickt mit Schichten von Wunschzetteln, die mit

Bändern befestigt oder einfach hineingesteckt sind. *Marriage Greetings* steht auf einem Zettel. *Examination* auf einem anderen. Ich werfe einen Blick auf den Sarg, der überhäuft ist mit echten und künstlichen Blumen. Ich stecke meinen Zettel in das Gitter. Wieder einmal erweist sich der Islam als deutlich zugänglicher als der Hinduismus. Anders als im Tempel von Datia darf ich hier aktiv um spirituelle Unterstützung ersuchen. Wenn auch nur gegen Bares. Ich bitte den Heiligen um Beistand für meine Reise.

Als ich wieder ans Tageslicht trete, reckt sich der Sufi mit den Rastalocken, der vor dem Ausgang geschlafen hat, im Abendlicht. Langsam richtet er sich auf. Ungefragt führt er mich zum Grab des Musikers Tansen. Das ist vergleichsweise bescheiden, auf einer rechteckigen Plattform angelegt, ebenfalls aus Stein und geschützt von einem kleinen Pavillon. Der Sufi zeigt mir den dicken Tamarindenbaum direkt daneben, seit Jahrhunderten soll er hier stehen. »Essen Sie davon«, sagt er und zupft ein kleines Blatt ab. »Und Sie bekommen eine so süße Stimme wie Tansen.« Dann verschwindet er über den Rasen, springt über eine Mauer und taucht in der Ferne vor einem der Nebengebäude wieder auf, um sich an einem Wasserhahn das Gesicht zu waschen. Ich kaue behutsam eines der Blätter. Es schmeckt leicht sauer. Und überraschend frisch in der angestaubten Atmosphäre dieser Stadt.

Das Land der Könige

Ich verlasse Gwalior im Morgennebel. Senf- und Kartof-
felfelder durchsetzen das wüste Land. Nach drei Stunden
Wanderung beginnt die alte Autobahn, die über Agra weiter
nach Delhi führt: vierspurig, aufgeplatzt und voller Schlag-
löcher, die beiden Fahrtrichtungen von einem grasbewachse-
nen Mittelstreifen und einen Drahtzaun getrennt. Oft führt
der Highway mitten durch die Dörfer hindurch. Roadtrains
rauschen vorbei, riesige Lkw mit Containern beladen. Auf
Fahrradtransportern stapeln sich Dutzende roter Gasflaschen
für die private Energieversorgung. Auf Dreiradtaxis und Klein-
lastern sind kleinere Büffelherden gepfercht, ganz wie 1000
Kilometer weiter im Süden in der Hochebene von Andhra
Pradesh. In einem Dorf rennt ein verrückter Hund den pas-
sierenden Limousinen hinterher und kläfft sie an. Irgendwo
mitten in der Steppe steht am Rand der Autobahn eine Reihe
Parkverbotsschilder im Nichts.

Gegen Mittag hält ein japanischer Kleinwagen, vollgestopft
mit drei Männern und drei Mädchen, die billig geschminkt sind.
Es sind die ersten jungen Frauen, die mich länger anschauen
und sogar anlächeln seit irgendwo im Süden Madhya Pradeshs
vor mehr als zwei Wochen. »Steig doch ein«, rufen sie. Und
ich merke schmerzlich, dass ich eine Spur von Interesse nicht
verleugnen kann, als ich abwinke. Ich spüre, wie unendlich
einsam ich bin. Ich bin ein Durchreisender. Nie sind meine
Kontakte nachhaltig. Selten bleibe ich länger als eine Nacht.

Auch wenn ich ein paar Freunde gefunden habe: Khuddus in Hyderabad, den Arzt Deepak in dem verborgenen Tal in Madhya Pradesh, den fürsorglichen Apotheker in Talbehat. Vielleicht werde ich sie auf einer späteren Reise noch einmal besuchen. Und länger bleiben.

Kurz vor der Stadt Morena passiere ich eine Mautstelle, die mich an die DDR erinnert. Zwei kleine Grenzhäuschen mit Gitterfenstern, von denen der weiße und blaue Lack pellt. Je zwei Männer hocken in jeder Hütte, zwei stehen davor, um beidseitig den Verkehr zu regeln.

Zwei Tage hinter Gwalior erreiche ich Rajasthan. Ein schmaler Streifen des Landes der Wüste und der stolzen Kriegerfürsten streckt sich hier weit nach Nordosten. Am Nachmittag liegt die Grenze vor mir. Sie wird von einem Tempel auf einer kleinen Passhöhe oberhalb des Flusses Chambal markiert. Fröhlich winkende junge Männer sitzen in einer langen Reihe von Verkaufsständen hinter Tellern voller Süßigkeiten; die großen angeschnittenen Konfektlaibe sehen aus wie Käseblöcke. Neben jedem Stand ragt ein Betonrohr aus dem Boden, aus dem Reisende mit einem Metallkrug Trinkwasser schöpfen können. Ich steige in einen Canyon zum Fluss hinab, der träge dahinfließt. Auf der anderen Seite thront ein Fort über dem Wasser, unten am Ufer flattern Fahnen an einer Anlegestelle im Wind.

Das Land wirkt weit und wüst. Schlagartig ist es sandig. Ein dicker Streifen feiner, weißer Körner säumt die Straße jenseits des Grenzflusses, als würde der Wind vom Arabischen Meer die Wüste Thar aus dem Herzen Rajasthans gegen die Ausläufer des zentralindischen Hochlands wehen. Den dauererodierenden Hügeln ringsum fehlt jede Struktur. In dem Labyrinth von Erhebungen und trockenen Flussbetten leuchten Höfe und Siedlungen mit blauen und roten Mauern und wenige grüne Reisfelder. Einzelne Formationen drängen bis an die Straße heran, meterhohe Monolithen aus gelbem Sand, zerbröselnde, von Wind und Regen angenagte Formationen.

Die Straße jenseits der Grenze ist eine enge, zweispurige Piste. Männer mit Flinten über der Schulter holpern auf Motorrädern und Fahrrädern darüber. Sie tragen weiße Turbane, schwarze Westen und Hemden bis auf die Knie. Sie stehen reglos mit falschen Ray-Ben-Sonnenbrillen am Straßenrand oder spielen an die Lehmwände von Wohnhäusern gelehnt, Karten. Ihre Gesichter sind wild.

Und sie sind unerhört stolz. Die Männer gehen auf mich zu, schauen mich direkt und schweigend an. Oder sagen wie zu sich selbst, überrascht und ohne das Gesicht zu verziehen »He, Fremder.« Erst wenn ich grüße, antworten sie mit einem ordentlichen nordindischen »*Namaskar*«.

Dhaulpur ist die einzige Stadt in Rajasthan, die auf meiner Strecke liegt. Die Hauptstraße ist übersät mit Unrat und losen Steinen. Ich frage mich, warum keiner sie wegräumt. Ein Mann verkauft am Straßenrand auf einem vierrädrigen Schiebetransporter Fladenbrotreste, halbe Stücke und Viertel, die meisten sind verbrannt. Zwischen wenigen sauberen Fassaden finde ich hinter einem Bauzaun ein kleines, modernes Hotel mit Neonlichtambiente und Bistrotischen vor einer Glasfassade. Der Strom fällt aus, sobald es dunkel ist, und ich lege mich früh ins Bett, um mich von dem Geräusch eines Generators ein paar Häuser weiter in den Schlaf dröhnen zu lassen.

Am Morgen frühstücke ich in einem Kramladen mit einem Mann mit einem grünen Schal um den Kopf. Er spendiert mir die Hälfte seines frisch gebrühten Tees, indem er ihn aus seinem Metallbecher in einen Plastikbecher gießt.

»Was ist der Unterscheid zwischen den Rajasthani und den anderen Indern?«, frage ich.

»Hier tragen alle Männer einen Schnauzbart und ein langes Hemd«, erwidert er. »Und die Straßen sind miserabel.« Aber vor allem sei Rajasthan natürlich weltberühmt. »Für seine Tempel und Forts. Für Musik und Tanz.« Auch wenn ich davon in dieser Stadt leider nichts sehen könne.

Kurz hinter Dhaulpur geht die zweispurige Piste wieder in eine ansehnliche, vierspurige Autobahn über. Als ich die Grenze nach Uttar Pradesh überquere, tauche ich, wie so oft in den Wochen zuvor, in Nebel. Unsichtbar und leicht laufe ich durch dichten Dunst nach Agra.

Geschlossene Gesellschaft

Am ersten Abend in Agra durchquere ich auf einem im Guesthouse geliehenen Fahrrad ein wildes nordindisches Nebeneinander von Verfall und Erhalt. Im Stadtzentrum thronen
Mogulbauten über schäbigen 1980er-Jahre-Fassaden. Hinter
mittelalterlichen Stadttoren erheben sich Neubauten zu hori-
zontal wuchernden, asymmetrischen Gebilden. Villen und
Parks säumen sechsspurige Hauptsraßen, an denen Reihen
von Hinduasketen und Sufis schlafen. Scharen von Bettlerin-
nen umlagern die modernen Kaffeehäuser am Sadar-Markt.
Affenherden seilen sich von Stromleitungen ab.

Neben Russen mit Videokameras und Briten in kurzen
Militärhosen quetsche ich mich die Mauern des Roten Forts
entlang zum Taj Mahal. An der Sicherheitsschleuse beobachte
ich einen greisen Rajasthani, dessen gewaltiger Turban durch-
sucht wird. Er bietet an, den langen Bart abtasten zu lassen,
doch der Security-Mann lehnt lachend ab. Ich flaniere neben
muslimischen Familienvätern mit weißen Kappen zwischen
den Wassergräben und setze mich zu fotografierenden Japa-
nerinnen auf Steinbänke.

Mit Blick auf den Fluss Yamuna kehre ich den Massen den
Rücken. Sanft strömt der Fluss zwischen Sandstreifen dahin,
makellos weiß glänzt der Taj zu meiner Rechten: eine archi-
tektonische Schönheit, die den Tod segnet. Schlicht und rein.
Wie das Wort Gottes für den, der daran glaubt. Eine blendende
Mischung aus hinduistischer und islamischer Baukunst.

Und genau diese kulturelle Mischung ist es, die mich an der Stadt interessiert. Agra ist ein Zentrum der mittelalterlichen Fusion aus beiden Religion. Vom 15. bis ins 19. Jahrhundert war es mit mehreren Unterbrechungen Hauptstadt des Mogulreiches, deren Herrscher Toleranz unter den Religionen predigten. In dem Hindus und Muslime fast gleichberechtigt waren. In dem Glaubensrichtungen wie der Sikhismus, der Sufismus und die Bhakti-Bewegung der Gottesliebe entstanden, religiöse Strömungen, die den Monotheismus des Islam mit klassischen hinduistischen Theorien verbanden. Gesamtindische Religionen sozusagen, die das Kastensystem ablehnen. Die bis heute als liberal und offen gelten.

Ich will wissen, ob das wirklich stimmt. Am nächsten Morgen bin ich auf dem Weg nach Dayal Bagh. Der »Garten der Gnade« ist das Viertel der Radhoswami, der Anhänger einer Reformbewegung, die ihre Wurzeln im Hinduismus wie im Islam hat. Auf der Hauptstraße des Quartiers tragen alle Läden Namen mit religiösem Beiklang. Dayal Motors verkauft Kleinwagen, die Dayal Lodge bietet Unterkünfte für Gläubige an, Dayal Ladies handelt mit Saris für gläubige Damen. Eine homöopathische Apotheke preist »Schwabe Arzneimittel« an, in einem Café wird die Eiskrem des großen indischen Herstellers Amul als probiotische Variante verkauft. Ein Schild der »Radhoswami Urban Co-Op Bank« prangt über einer Reihe Gemüsehändler, die ihre Produkte auf dem Sandstreifen vor einem leeren Gelände ausbreiten.

Vor einer roten Ziegelmauer streben Menschenmassen einem schlichten Ziegelgebäude zu: westlich wirkende Männer mit schwarzen Lederjacken und Schiebermützen, Frauen in braunen Saris und groben Decken, alle sind schlicht gekleidet, viele sitzen auf Fahrrädern. Die Gläubigen sind auf dem Weg zum Satsang, zum Zusammentreffen mit dem Guru. Der

Meister rollt in einer glänzenden Limousine ein, die Masse strebt kurz auseinander. Zwei uniformierte Ordner leiten die Menschen durch ein grünes Metalltor und achten darauf, dass die Zweiräder in einer Reihe im »Cycle Park« abgestellt werden. Kaum jemand beachtet mich, als ich in den Hof vor dem Tempel trete; ich gehe fast unter in dem Menschenstrom. Es scheint, als sei jeder mit sich selbst beschäftigt. Aber auch ein wenig, als wären die Gläubigen ferngesteuert. Aus dem Tempel erklingt leiser Gesang. Seine kleinen spitzen Türme erinnern mich an protestantische Kirchen.

Zwei Männer stehen mit großen Mappen, in die sich einzelne Besucher eintragen lassen, gegenüber dem Tempel. Ich frage sie, ob ich am Satsang teilnehmen darf. »Ja, wir holen nur das Einverständnis eines Zuständigen«, sagt einer von ihnen. Fünf Minuten später kehrt er zurück, an seiner Seite ein großgewachsener etwa sechzigjähriger Sikh, der leicht gebückt geht. Mit einer linkischen Bewegung passiert er mich. Dann wendet er mir endlich sein ausgemergeltes Gesicht zu, ohne mir richtig in die Augen zu schauen, eine linkische Geste: »Was wollen Sie hier? Hier gibt es doch nichts Besonderes zu sehen.«

»Doch, doch«, sage ich. »Die Radhoswami-Religion ist einzigartig. Ich würde gern beim Satsang dabei sein, beim Gottesdienst.«

»Haben Sie einen Guide?«

»Wozu soll ich den brauchen?«

»Wer keinen Guide hat ist nicht seriös.«

»Ich komme allein klar.«

»Nein, tut mir leid, Fremde sind hier nicht erlaubt«, sagt er und weist in Richtung Ausgang.

Auf dem Weg hinaus spricht mich ein Mann auf einem Fahrrad an. »Was machst du hier?«, fragt er. Ich erzähle, ihm dass ich mich für den Radhoswami-Glauben interessiere, dass ich großen Respekt habe vor der indischen Philosophie. Aber auch abgestoßen bin von Kastenwesen und Diskriminierung im Hinduismus.»Na, dann sind Sie ja hier genau richtig. Setzen Sie sich auf den Gepäckträger. Aber machen Sie bitte keine Fotos, ja?«

Der Mann heißt Devendra Chaturvedi. Er unterrichtet Elektrotechnik an der Universität des Ashrams. Seine weiche Gestik und die bedächtige Art zu sprechen erinnern mich an die frühen 1980er-Jahre, an Norwegerpullover und Latzhosen. Aber in seinen schwarzen Augen liegt ein gespenstisches Leuchten. Wir fahren wieder in die Anlage hinein. Gepflegte Sandwege führen zwischen gelben Ziegelhäusern hindurch.

»Fünftausend Menschen leben hier«, sagt er.»Von der Geburt bis zum Tod. Sie kommen aus allen Religionen, Muslime, Christen, Hindus.«

Hinter den Wohnanlagen liegen die Felder. Männer und Frauen hacken und jäten die schwarze Erde. Vor einer Sammelstelle reihen sich die Arbeiter in eine Schlange, um geerntetes Gemüse auf einen langen Tisch zu legen: Tomaten, Karotten, Kartoffeln. Daneben rattert eine Zuckerrohrsaftmaschine.

»Jeden Morgen um vier Uhr dreißig treffen wir uns zum Gebet«, sagt Chaturvedi.»Dann beginnt die Arbeit auf dem Feld, danach der reguläre Job, dem jeder Einzelne nachgeht. Alles, was wir anbauen, ist hundert Prozent ökologisch. Im Ashram gibt es keine Autos, nur Elektrorollstühle für die älteren Bewohner.«

Chaturvedi fährt mich über das Universitätsgelände. »Wir haben alle möglichen Fachrichtungen, Kunst und Sozialwissenschaften, Physik und Ingenieurswissenschaften. Wir arbeiten mit vielen Hochschulen weltweit zusammen, zum Beispiel mit der Universität von Maryland.« Vor dem Auto-Workshop parken halb zerlegte Vehikel aus drei Generationen indischer Automobilproduktion: ein alter Ambassador, ein Jeep und ein Maruti-Kleinbus. Chaturvedi zeigt mir das Multimedia Laboratory, das Computer Center und den Sportplatz, auf dem sehr züchtig aussehende Mädchen in Schuluniform Basketball spielen. »Für uns sind äußere Dinge unwichtig«, sagt er. »Deshalb ist es den Studentinnen auch verboten, sich zu schminken.«

Dann nimmt er mich in seiner Wohnung in einem unscheinbaren Betonbau auf der anderen Straßenseite mit. Über dem Sofa sehe ich ein Bild seines Gurus; er trägt ein blütenweißes Hemd und sieht sehr traurig aus. Daneben hängen ein Bild von Chaturvedis Familie in irgendeiner Großstadt in Nordamerika oder Europa und ein Thermometer im Holzstück; das Wort »Toronto« ist darauf gepinselt. »Wir haben besonders in Kanada viele Anhänger«, sagt er. Auch in Deutschland sei er schon einmal gewesen. »In Kiel, um eine Kooperation mit unserer Hochschule aufzubauen.« An der Universität des Ashrams unterrichte er Elektrotechnik.

Leiser Gesang dringt durch die Haustür. Hinter einem Fliegengitter im Hintergrund wäscht jemand ab. Seine Religion sei wissenschaftlich fundiert, sagt Chaturvedi. »Es ist kein blinder Glaube. Es geht darum, Geist, Körper und Seele zu entwickeln. Beim Gebet, beim Satsang, empfangen wird die Strahlung des Guru, der vor uns sitzt. Jeden Tag gibt er uns Rat, er erhebt unseren Geist, er hilft uns bei der Meditation. Er hilft uns, den Inneren Klang zu finden.« Wenn der Geist sich erhebt, ist es sogar möglich, sagt Chaturvedi, in die nahe Zukunft zu sehen. Um einen Einblick in die Radhoswami-Religion zu bekommen, empfiehlt er mir ein Buch, er legt es auf den niedrigen Wohnzimmertisch. Es trägt den Titel *Theology, Science and Technology*.

Ein Mädchen in weißem Hemd und Pyjamahose tritt in den Wohnbereich, gefolgt von einer älteren Dame. Beide grüßen unmerklich und verschwinden schnell wieder. »Meine ältere Tochter und meine Frau«, erklärt Chaturvedi kurz und fährt sich durch die angegrauten Haare. »Es ist eine Kunst, sozusagen gleichzeitig im Wald zu sitzen und eine Familie zu haben. Wir verurteilen Arbeit und Ehe nicht. Aber wir heiraten ohne Mitgift, ohne große Party, nicht nach der alten Tradition. Frauen sind bei uns gleichberechtigt. Auch deswegen sind wir sehr nah an der westlichen Kultur.«

Ich begleite Chaturvedi die Hauptstraße hinab zur Bushaltestelle, er hat jetzt eine Aktentasche in der Hand. Er habe einen Termin in Delhi, erklärt er. »Eine Konferenz.«

Rechter Hand erhebt sich ein weißer Palast mit geschwungenen Fenstern, versehen mit Minaretten, umgeben von Kränen und Baugerüsten: »Das ist der Ashram eines anderen Zweigs der Radhoswami«, sagt er knapp und verabschiedet sich.

Ich gehe durch ein etwa acht Meter hohes Tor, auf dem die Worte *Soami Bagh* stehen, und trete in das weiße Kuppelgebäude ein. Die Wände sind in Lila gehalten, die Decke ist von Säulen getragen. An die Holztüren des Gebäudes ist RS geschrieben, Radhoswami steht darunter und Sinnsprüche auf Hindi wie: »Jeder Atemzug des Gurus ist ein Opfer/Es gibt keinen anderen Gott als den Guru.«

Ein monotoner, fast penetranter Gesang scheppert aus Lautsprechern. Auf dem weichen roten Teppich vor dem zentralen Heiligtum kauern eine stillende Frau und ein Greis vor einer Art Bettgestell, das geschmückt ist mit silbernen Vorhängen, Kunstblumen, gläsernen Kerzenhalten und Bildern von einem alttestamentarisch wirkenden Mann mit grauem Spitzbart und einem goldenen Hut, der an eine Krone erinnert:

Shiv Dayal Singh, der Gründer der Radhoswami-Religion, ein Heiliger. Ein riesiges Vorhängeschloss darunter sichert eine massive Spendenkiste.

Nahe dem Haupteingang sitzt ein kräftiger alter Mann mit weißer Mütze und Wolldecke um die Beine auf einer Veranda in einem Ledersessel. Er sei ein Meister, ein Sant, sagt er, und er heiße Sant Saran Seth. Dann zieht er geräuschvoll die Nase hoch. »Zu unserem Ashram gehören zwanzig Familien. Wir sind die einzigen wahren Anhänger der Religion. Alle anderen sind Spalter.« Ich setzte mich zu ihm. *Sant Mat,* sagt der Alte, der »Weg der Meister«, sei die Lehre vom Sehen mit dem inneren Auge. Er massiert seinen rechten Fuß, der in Lederlatschen steckt, mit der Hand und erklärt mir mit zu Schlitzen gezogenen Augen die Grundzüge von Surat Shabd Yoga, dem Weg der Radhoswami zu Gott. Er spricht über das Mysterium und die Schöpfung. Er erklärt mir den Mikrokosmos des menschlichen Körpers und seine unterschiedlichen Regionen, die den Makrokosmos des Universums abbilden. Er erläutert mir das Verhältnis zwischen universellem Geist und drittem Auge. Und die Verbindung des Menschen mit dem »Namenlosen« und »Wortlosen«. Mit Radhoswami, dem Gott. Surat Shabd Yoga ist ein unglaublich kompliziertes esoterisches System. So etwas können nur Inder erfinden, denke ich.

Ehrfurchtsvoll verbeugen sich die Gläubigen, die die Terrasse passieren: »*Radha Swami*«, grüßt der Sant zurück. Dabei betont er deutlich jede einzelne Silbe. »Der heilige Name ist mehr als nur ein Name«, sagt er. »Er ist die Verbindung der Töne in der höchsten Region der Seele.«

Ein Diener reicht uns Pistazien, Cashews, Datteln und Tee. Der Urenkel des Religionsgründers, Pritam Adhar Sena, setzt sich zu uns. Er hat ein blasses Gesicht und heruntergezogene Mundwinkel unter einer schwarzen Zipfelmütze. Auch er zieht verschnupft die Nase hoch. Er wirkt schmal und zerbrechlich neben dem Sant. Wir sprechen über die Konflikte zwischen Hindus und Muslimen, über Politik.

»Wir sind alle eins«, sagt Pritam Adhar Sena. »Wir sind alle Menschen. Die Probleme in diesem Land haben erst begonnen, als die Politiker die Methoden der Briten übernommen haben. Und warum? Weil sie Macht wollten. Davor gab es in den Dörfern keine Probleme zwischen den Religionen.«

»Auch die heutigen Kämpfe zwischen Hindus und Muslimen werden ein Ende finden«, sagt der Sant. »Denn irgendwann werden alle Inder Anhänger von Radhoswami werden.«

Der Sant fordert mich auf, Prasad zu nehmen, eine geweihte Süßigkeit als Opfer für Gott. Die beiden braunen Kugeln schmecken köstlich. Aber ich habe Angst, mich zwischen all den schniefenden Gläubigen anzustecken.

Zum Abschied frage ich den Sant, ob ich am Abend seinen Satsang besuche könne. Aber auch er weist mich ab. Dazu müsse ich initiiert sein. »Für den Satsang ist ein Gentlemanagreement nötig.« Ich hatte gehofft, bei den Radhoswami mehr Toleranz zu finden. Doch ich bleibe auch hier ein Fremder.

Zwischen den Zeiten

Weniger als 200 Kilometer trennen mich noch von Delhi,
eine Woche auf der alten Autobahn. Immer gleich sind die
Tankstellen von Indian Oil und Hindustan Petroleum, in
denen ich gelegentlich sogar eine saubere Toilette finde.
Immergleich sind die Trucker-Raststätten, in denen ich
unter Sonnenschirmen an Plastiktischen esse. Ich schlafe in
nichtssagenden Siedlungen wie Kosi Kalna oder Palwal, wo
morgens Schäfer ihr Vieh durch überschwemmte Wiesen
im Ortszentrum treiben. Ich passiere im Gefolge überlade-
ner Ochsenkarren und Kamelwagen Mautstationen, in die
Lastwagen sich in Schlangen einreihen; so unbewegt und
lang sind sie, dass Krähen auf den Relingen der Ladeflächen
landen. Reihenweise lachen sie zu mir hinab. Nur vereinzelt
sind Fußgänger auf dem Highway unterwegs, ich gehe allein,
ich falle kaum auf. Eine Attraktion zwar als Wanderer im
Maschinenverkehr für vereinzelt hupende Chauffeure und
Teestubenköche. Aber dass es ein Ausländer ist, der da am
Wegesrand geht, wirft so nahe der Hauptstadt niemanden
aus der Spur.

Auf diesem Abschnitt folge ich nicht exakt der Route des
Great Trigonomical Survey. Everests Mitarbeiter berechneten
zwar die Lage wichtiger Orientierungspunkte wie die des
Taj Mahal, des Mausoleums des Mogulherrschers Akbar am
Rand von Agra oder der Palastanlagen von Fatehpur Sikri im
Westen der Stadt. Aber ihre eigentliche Vermessungsstraße

lag zwischen Gwalior und einem Punkt kurz vor Delhi etwa 50 Kilometer westlich meiner Route.

Das Land, von dem ich dachte, es sei bereits flach, wird noch flacher, je näher ich der Hauptstadt komme. Kein Hügel ragt mehr aus der Ebene, alle landschaftlichen Linien verlaufen schnurgerade zum diesigen Horizont. Nur menschliches Werk erhebt sich über die Steppe, über Viehweiden, Weizen- und Reisfelder. Immer höher werden die Neubauten. Immer seltener die Eukalyptushaine.

Und immer erstickender der Verkehr. Vielleicht habe ich mir in Agra eine Erkältung eingefangen. Vielleicht sind es die Abgase: Mit zunehmendem Kratzen im Hals und immer kurzatmiger rücke ich jener Zwölf-Millionen-Metropole entgegen, die bis heute die Liste der größten Luftverpester weltweit anführt. Jeder Kilometer durch die emissionsgeschwängerte Luft dürfte mich einen Tag meines Lebens kosten.

In Faridabad erreiche ich den Großraum Delhi. Die ersten Shoppingkomplexe, sechsstöckige Paläste aus Glas, vor denen sich Blechhütten ducken. Das Perfect Eye Hospital und die Apollo Hospitals. Die universellen Autohäuser von BMW und Chevrolet. Die Fahrer der Dreiradtaxis feudeln beim Halten an der Ampel ihre Armaturen. Büromenschen stecken mit Motorrollern im stockenden Automobilfluss fest und kämmen sich die Haare oder zünden sich Zigaretten an. Baumaschinen und Bagger, Autos und Lkw wälzen sich der Stadt entgegen. Immer zäher wird der Verkehr, bis er zehn Kilometer vor der Stadtgrenze in einen einzigen Stau mündet, in den magersüchtige Händler »Namkin« hineinbrüllen, um ihr Salzgebäck an die Wartenden zu bringen. Und in dem Buchhändler den Weißen Tiger von Aravind Adiga schwenken, in der zweifelhaften Absicht, gerade mit dieser, das Elend und den Dreck des Landes aufwühlenden Lektüre jenen Privilegierten, die einen Fahrer haben, das Warten unterhaltsamer zu machen.

In Delhi komme ich in einem gepflegten Hotel im Bahnhofsviertel unter, in dem ein Paschtune mit Turban, den Rosenkranz auf dem gebückten Rücken, stundenlang betend, seine Runden durch die von goldenen Geländern gesäumten Flure dreht. Auf der dem Winterwind ausgesetzten Dachterrasse werden per Flachbildschirm Kricketspiele gezeigt. Ich falle schon am Nachmittag in das sauberste Bett seit Hyderabad.

Am ersten Morgen in der Stadt treffe ich George. Er ist ein Fremder wie ich. Ein Südinder. Ein Mann wie von einem anderen Stern. Klein, rundlich und pechschwarz steht er in der Rezeption, herablassend beäugt vom breitschultrigen nordindischen Personal mit gestutzten Schnauzern und in grauem Zwirn. George ist am Morgen mit dem Flieger aus Bangalore in Delhi gelandet, in der Hand trägt er einen Jutebeutel voll mit allen Tageszeitungen, deren er auf dem Flug habhaft werden konnte. Aus seinen beiden Ohren fusseln gelbe Ohropaxwattereste gegen den Reiselärm. Er arbeitet für eine Nichtregierungsorganisation. Er will mir zeigen, wie indische Senioren leben.

Wir fahren zur Paras Foundation im Süden Delhis. Jenseits eines Gewirrs von Ausfallstraßen, Autobahnzubringern und ausufernden Müllhalden, über denen große Raubvögel kreisen, biegt unser Taxi in ein Viertel am Stadtrand ab. Einstöckige Wohnhäuser mit Dachterrassen reihen sich aneinander, auf einigen lagern Kuhdungfladen zum Heizen. In einem Hof hinter einem metallenen Rolltor sitzen Senioren mit Ohrenmützen und Wolldecken in der Wintersonne. George bezeichnet das Haus als gutes Beispiel, als eine der wenigen funktionierenden Antworten auf die Probleme der älteren Menschen in Indien, die von der Globalisierung in ein Niemandsland geschleudert worden sind. In den Städten zerfallen die Großfamilien; Kinder ziehen fort oder zeugen keine Nachkommen mehr. Und ein Sozialsystem gibt es ganz einfach nicht. Es ist niemand mehr da, der sich um die Alten kümmert.

Linguistische Welten trennen den Tamil sprechenden Mann aus dem Süden und unsere nordindischen Gesprächspartner voneinander. Ich übersetze ihr Hindi für George in Englisch, soweit das in meiner Macht steht. Ein Ehepaar zeigt uns sein Zimmer, zwei Betten, zwei Metallschränke, ein Radio, ein Bild der Göttin Lakhsmi, beschriftet mit den Worten »guter Profit«, wohl eher als Geschenk für ein Geschäft gedacht, ein Bild von Mutter Theresa. Er sei Ringer gewesen, sagt der Mann, und Autorennfahrer. Seine Gattin lacht herzlich, als ich bemerke, da habe sie aber eine gute Partie gemacht. Ihr rechtes Auge kann sie nicht richtig öffnen. »Ich habe Asthma, ich inhaliere.« Die beiden kommen aus Delhi, sie haben drei Söhne und zwei Töchter, die in der Stadt wohnen. 1978 hatte er einen Unfall, bei dem er alle Zähne verlor, sagt er. Er öffnet seinen Mund, damit ich hineinblicken kann. Jetzt ist er neunundsiebzig Jahre alt. »Die Zeit wartet auf niemanden. Die Kinder mögen es nicht mehr, dass die Alten mit ihnen leben«, sagt die Frau. »Es ist immer mehr wie im Westen. Unsere Familie kommt nur selten hierher. Meistens spielen wir den ganzen Tag Karten und lesen.«

Der Mann rückt sich die Sonnenbrille auf die Nase. Hinter den Gläsern zeichnen sich dicke Augenränder ab. »Vierundzwanzig Menschen wohnen hier, außerdem drei Mitarbeiter. Es gibt viermal am Tag Essen.« Er führt die Menüfolgen präzise auf: »Frühstück mit Tee und Paratha, Mittagessen mit Linsen, Gemüse und Reis. Nachmittags Kekse und Tee. Abends um neun Uhr Fladenbrot und Linsen. Und jeder bekommt 250 Rupien Taschengeld im Monat.«

Sie führen mich durch das Gebäude. Im Treppenhaus hängt ein kleines Mobile, das Götterpaar Sita und Ram als Pappfiguren, die sich im leichten Windzug wie im Tanz drehen. In einem Vorraum lümmelt eine verwirrt blickende Alte mit einem Gesicht wie ein trauriger Fisch in einem Sofa vor dem Fernseher.

Der Dachgarten ist eine gepflegte Rasenfläche, die in einen Hügel hineingebaut ist. Vor den Wänden ringsum trocknet Wäsche, in den Beeten wachsen Bananenstauden und Geranien. Blaue Schläuche für die Bewässerung liegen herum. Frauen sitzen auf einem Tuch und putzen Spinat, daneben isst ein Kind Chips. Herren lehnen sich in Metallstühle und lesen Zeitung. Es ist eine friedliche Szene.

Der Boxer stellt uns einem älteren, westlich gekleideten Mann vor. »Das ist Rakesh Jain, ihm gehört das Altenheim.« Jain sitzt mit überschlagenen Beinen in einem Stuhl, ein gelassen wirkender Mann mit rundem Gesicht und abstehenden Ohren. Auch er ist neunundsiebzig Jahre alt und sagt: »Die moderne Entwicklung ist nicht aufzuhalten. Die Vorstellungen vom Glück variieren von Generation zu Generation. Ich habe keine Kraft, dagegen zu kämpfen. Weil immer mehr Alte von ihren Familien allein gelassen werden, haben mein Bruder und ich 2005 dieses Altenheim gegründet. Vorher war das Haus ein Warenlager. Das Geld kommt aus unserem Unternehmen, Paras Dyes and Chemical Ltd.« Er werde nur seiner sozialen Verantwortung gerecht, sagt Jain. »Kein Bewohner muss dafür bezahlen, hier zu sein.«

Zum Mittagessen setzen sich George und ich in einen Empfangsraum gegenüber einem kleinen Büro hinter Holzwänden mit Glasfenstern. Eine Bedienstete reicht Gemüse, Reis und gefiltertes Wasser aus Plastikbechern. Ein kleiner, schmächtiger Mann mit steifem Rückgrat nimmt gegenüber Platz. Er trägt einen strengen Rollkragenpullover und hat verbitterte Falten um den Mund. Sein Kinn ist sehr gründlich rasiert. Der Mann stellt sich als »Mister Agarwala« vor, er wirkt sehr gesittet, sehr bescheiden. Zunächst.

Agarwala hat viel zu sagen, und er spricht ohne Punkt und Komma. Dass es für Senioren keine soziale Absicherung in diesem Land gibt wie im Westen. Dass sie abgeschoben werden. Er redet sich in Rage. »Wir haben keine staatlichen Einrichtungen, keine gemeinnützigen Organisationen, keine Zentralen, an die sich Alte wenden könnten. Auf dem Papier sagt die Regierung, dass sie viel tut. Aber schauen Sie sich um, sehen Sie die traurige Wahrheit im Staate Indien!« Seine Stimme ist jetzt laut, und sie klingt verletzt. »Mutter Theresa hat den Armen und den Behinderten geholfen, aber sie kam aus Jugoslawien. Wir hier in Indien haben keinen Sinn dafür, den Alten zu helfen. Wir werden gezwungen, in Institutionen wie diese zu ziehen. Wir werden von unseren Familien rausgeworfen.« Wörtlich sagt er: »weggeworfen«. Die Hände zwischen die Oberschenkel geklemmt, fixiert er mich. Beim Sprechen reißt er Mund und Augen auf, aggressiv und entsetzt zugleich wirkt das. Agarwala doziert und fabuliert. Er lobt Pravesh Jain und dessen Bruder für ihren Geist der »Übermenschlichkeit«, wie er ihren Gemeinsinn stilisiert. Er könne froh sein, hier zu wohnen, einer der wenigen Glücklichen, für die die Jain-Brüder sich entschieden habe. »Die staatlichen Herbergen sind furchtbar. Die Bewohner bekommen ungefiltertes, dreckiges Wasser. Schreiben Sie das auf!« Er wischt seinen Metallteller zur Seite und springt unvermittelt von seinem Stuhl. Ich frage ihn nach seiner Familie. »Dazu sage ich nichts, das habe ich nicht nötig, ich bin hochgebildet«, erwidert Agarwala. »Ich bin Doktor mit dem höchsten Grad. Ich habe eine Reihe Bücher geschrieben, ich spiele keine Karten. Ich trinke nicht. Ich kontrolliere mich selbst. Nicht die anderen.« Aber jetzt müsse er schnell gehen. Er hält einen Din-A4-Umschlag in der Hand, zwei Mappen lugen daraus hervor. Er wolle den Bus bekommen, er müsse einen Schüler unterrichten. »In Erziehungswissenschaften.«

George und ich lassen uns von einem Taxi zurück ins Stadtzentrum fahren. Mitten im Stau macht eine Gruppe Zigeuner Kunststücke. Ein Junge mit angemaltem Schnauzer bearbeitet eine Handtrommel, ein Mädchen mit Zöpfen schlägt Flickflacks zwischen den engen Gassen in der Blechflut, ein anderer läuft mit einer Schale herum, um Geld einzusammeln. »Sie sollten eine Ausbildung für ihre Fähigkeiten bekommen«, sagt George. »Damit sie professionelle Artisten werden.«

Über dem Regierungsviertel kreist ein Hubschrauber, unter dessen Bauch die indische Fahne flattert. Soldaten paradieren zwischen Parkanlagen. Fast alle Alleen sind abgesperrt. »Ein Staatsempfang«, sagt der Taxifahrer.

Am Connaught Circle ziehen Straßenvermesser in Leuchtkleidung Maßbänder durch den Straßenstaub. Zwischen den Marmorsäulen der Kolonialbauten werben Kaffeehäuser und Handyläden mit Leuchtreklamen. Die schmucklosen Eingänge und wackeligen Sicherheitsschleusen des unterirdischen Palika-Basars, gebaut in den 1980er-Jahren, wirken bereits verfallen neben den eleganten, blank gefegten Rolltreppen, die zur neuen Metro hinab führen. Es gelingt mir nach langem Suchen, einen Schreibwarenladen zu finden, in dem ich den »weichesten Kugelschreiber der Welt« erstehe.

Im Bahnhofsviertel steht ein heruntergekommener Mann, ein menschliches Wrack im zerrissenen Wintermantel auf dem Seitenstreifen der sechsspurigen Straße, eine typische Mischung aus Asket und Obdachlosem. Ein Mensch, der nach traditioneller Vorstellung mit einem Topf von Haus zu Haus gehen könnte, um Almosen zu sammeln. Einer, der religiös legitimiert Hasch rauchen dürfte, aber nie Schnaps trinken. Doch im neuen Delhi versucht er, eine Flasche Whiskey mit dem Etikett der Marke Bagpiper, aber möglicherweise mit zurechtgepanschtem Inhalt, an die Insassen vorbeifahrender Autos zu verkaufen.

Wie sehr sich diese Stadt verändert hat, seit ich das erste Mal hier war. Vor zwanzig Jahren habe ich sie geliebt. Damals war New Delhis Zentrum in weiten Teilen mehr ein Geflecht ineinanderwachsender Dörfer und Kleinstädte als eine Weltstadt. Jedes Viertel ein beschauliches Paralleluniversum, jede Gasse eine Offenbarung voller Tempel und Kühe, Moscheen und Pferde, überquellender Tante-Emma-Läden und brummender Teestuben. Heute versucht Delhi mit Gewalt kosmopolitisch zu werden. Die Stadt scheint sich endgültig in einen Moloch verwandelt zu haben.

Am Abend esse ich auf der zugigen Dachterrasse meines Hotels Nudeln mit Pesto zu eiskaltem Bier und nicht durchgebratenen Chicken Wings. An den Nachbartischen diniert ein Inder in Hawaiihemd mit zwei Japanern in Fleecejacken. Auf der übergroßen Leinwand hält der frisch gewählte amerikanische Präsident Obama eine Rede. »Wir kümmern uns um alle auf der Welt«, ruft er. Unter dem Bild laufen begeisterte Kommentare von Zuschauern über den Bildschirm: »Obama wird alle Probleme Indiens lösen«, schreibt eine Frau aus Arunachal Pradesh.

Dieser Ruf nach Hilfe von außen gibt mir zu denken. Indien war einmal so stolz. Es hatte keine Angst vor den Drohungen und Verlockungen des Westens. Nicht vor dem Coca-

Cola-Konzern, den es zwang, das Land zu verlassen, weil er das Geheimrezept für seine Brause nicht herausrückte. Nicht vor den US-Sanktionen nach den Atomtests 1998. Doch dann verabschiedete sich New Delhi von Nehru-Sozialismus und Blockfreiheit, öffnete die Grenzen für den globalen Handel, pries sich der NATO als strategischer Partner an. Und jetzt, sechs Jahrzehnte nach dem Unabhängigkeitskampf, zwei Jahrzehnte nach dem Ende des Kalten Krieges, scheint es manchmal, als wäre dieses Land auf dem besten Weg, seine Freiheit und Eigenständigkeit wieder zu verlieren.

Eine finstere Macht

Am nächsten Tag mache ich mich auf die Suche nach einem niedrigen Hügelzug, den George Everest und die englischen Geodäten *The Ridge* nannten: ein Streifen Grün, der Alt-Delhi im Nordwesten begrenzt, die höchste geografische Erhebung der Stadt.

Für Everest entpuppt sich der allgegenwärtige Nebel in Delhi bereits bei seinen vorbereitenden Messungen als besondere Herausforderung. Er beschreibt ihn als »Erbsensuppe«. Mehrfach versucht William Rossenrode, ein Asisstent, der auch unter William Lambton arbeitete, von der *Ridge* aus ein Lichtsignal durch den dichten Dunst zur Messtation zu senden, an der Everest 45 Kilometer entfernt wartet. Aber vergeblich. Everest schimpft: »Sie haben mich bei dieser Messung in Delhi aufs Äußerste auf die Folter gespannt. Wenn Sie sich keine Mühe geben, wird Ihnen nie etwas gelingen, und ich sitze hier die nächsten sechs Jahre fest. Das mag Ihnen ja passen, hier in der Nähe einer gemütlichen Stadt, aber für mich und meine Leute ist es ein gehöriges Ärgernis, das sage ich Ihnen.« Er entlässt Rossenrode wie zuvor bereits zwei seiner britischen Mitarbeiter. Und macht sich selbst auf die Suche nach einem gegeigneten Ort für eine Messstation auf der *Ridge*.

Zunächst fasst Everest eine alte Moschee als Beobachtungsstation ins Auge. Doch wie viele andere Gebäude auf dem Hügelzug ist sie nicht stabil genug, um die schweren Geräte auf dem Dach zu installieren. Dann entdeckt er dort oben ein kuppelförmiges Gebäude, den Schrein von Pir Ghalib, einem muslimischen Heiligen. Er lässt einen Markierungsstein in den Boden setzen und ein Loch ins Dach bohren, die gängige Methode, um sicherzustellen, dass das Instrument auf dem Gebäude richtig positioniert ist. Und es gelingt ihm schließlich, von hier aus in Richtung Norden zu peilen. Was allerdings auch daran liegt, dass sich der Nebel endlich gelichtet hat.

Die eigentliche Triangulation treibt Everest rund um Delhi ein paar Jahre später mit gewohnter kolonialer Rücksichtslosigkeit voran. Seine Trupps roden die damals noch dichten Wälder und wälzen ganze Dörfer platt, um Beobachtungsstationen zu errichten. Und sie verfallen, angesichts des nordindischen Nebels, auf eine neue Technik: Sie errichten jetzt Türme, zwölf bis achtzehn Meter hohe Bauwerke aus heimischen Ziegeln. Zweitausend Rupien kosten sie damals, vierzehn davon werden in der Tiefebene gebaut.

Doch über die Einheimischen und ihre Behausungen können sie auch mit dieser neuen Methode nicht einfach hinwegpeilen. So liegen 1835 am Turm von Dateri, östlich Delhis, ein Dorf namens Ramnagar sowie die hohen Häuser der Stadt Bhataona mitten in der Visierlinie. Und die Briten zögern nicht lange. Kurzerhand lassen sie eine neun Meter breite Schneise durch die Siedlungen schlagen. In der Stadt werden »37 Häuser mit Flachdach dem Erdboden gleichgemacht«, im Dorf »fünf strohgedeckte Häuser durch das Fällen von Bäumen zerstört«.

In Delhi scheinen die britischen Vermesser kaum Spuren hinterlassen zu haben. Zumindest auf der *Ridge* nicht. Von der Metrostation Jhandewalan laufe ich die Vandemataram Marg hinauf, bis sie in die Upper Ridge Road übergeht, und versuche hinter den kahlen Bäumen des unbelebten Stadtwaldes ein Kuppeldach zu erspähen. Ohne Erfolg. Nach einer knappen Stunde des Herumirrens im vierspurigen Durchgangsverkehr bremst ein Dreiradtaxi neben mir. Er kenne das Grab des Heiligen auch nicht, sagt der Fahrer. Aber er könne helfen, es zu suchen. Wir knattern auf den Bezahlparkplatz des Buddha Jayanti-Parks. In der Anlage schlendern junge Paare auf gepflasterten Wegen zwischen abgezäunten Rasenflächen. Ich klettere einen Baum hinauf. Vielleicht kann ich von seinem Gipfel aus das Grab des Heiligen entdecken oder wenigsten den höchsten Punkt der *Ridge* ausfindig machen. Aber ich sehe nichts als weitere Baumspitzen und undurchdringlichen Dunst. Als ich wieder hinabgeklettert bin, sind meine Hände und Hosenbeine schwarz vom Dreck der dicken Hauptstadtluft, die eine Rußschicht auf den Baumstamm gelegt hat.

Nach zwei weiteren Kilometern laufe ich aufs Geratewohl mitten in den Wald hinein. Ich stolpere über felsigen Untergrund. Es riecht nach Kot und Abfall, als ich in das trockene Geäst unter den Bäumen tauche. Ein Viertelstunde lang kämpfe ich mich durch den Busch. Dann stehe ich auf einer Lichtung. Endlich sehe ich die Stadt. Westliche Quartiere wie Patel Nagar oder Karol Bagh müssen es sein. Sie ragen aus den niedrigen, bewaldeten Ausläufern des Hügelrückens, als wäre Delhi eine Stadt der Grünanlagen. Die goldene Kuppel eines Tempels und graue, quadratische Wohnhausklötze sind klar zu erkennen. Dahinter verschwimmt die Silhouette eines Hochhauses im Smog. Vielleicht haben die Vermesser unweit dieses Ortes gestanden. Vielleicht aber auch ganz woanders. In Delhi, so scheint es, sind ihre Spuren verwischt. Everests Wirken ist überwuchert von fast zweihundert Jahren Großstadtleben, überrollt von Millionen von Dreiradtaxis, Maruti-Kleinwagen und scheppernden Nahverkehrsbussen.

Am dritten Tag in Delhi verwickeln mich die uniformierten Bediensteten meines Hotels in einen Streit über 20 Rupien für die Telefonnutzung, die angeblich nur bar zu bezahlen und nicht auf die Zimmerrechnung zu schreiben seien. Die Angestellten sind mir gegenüber genauso arrogant wie sie es gegenüber George waren.

Von einem Dreiradtaxi lasse ich mich zu einem Bankautomaten fahren. Dann zu dem nächsten und zum übernächsten. Als der vierte und letzte Automat auf unserer Straßenseite nicht funktioniert, springe ich entnervt über die Straße auf die andere Seite, wo ich ein weiteres Finanzinstitut erspäht habe. Dabei lasse ich nachlässig meine Umhängetasche beim Fahrer liegen. Zurück am Taxi, die Taschen endlich wieder voll frischer Hunderter, beschimpft mich der Mann: »Wie kannst du das machen? Dies ist eine riesige Stadt. Hier gibt es Tausende Fahrer wie mich. Was hättest du getan, wenn ich einfach abgehauen wäre?«

Kleinlaut lasse ich mich weiter zur Metro chauffieren, um in einen Stadtteil im Nordwesten der Stadt zu fahren. Gegen neun Uhr abends stehe ich in einem der feineren Wohngebiete nördlich von Shalimar Bagh in einem kleinen Park unter einer schneeweißen, barock wirkenden Statue der Göttin Saraswati. Davor salutiert eine Gruppe Kinder und Jugendlicher, der Nachwuchs des Hindunationalismus. Die Jungen tragen kurze braune Hosen wie einst die Nazipimpfe, dazu weiße Turnschuhe oder gar kein Schuhwerk. Es ist eine gespenstische Szene.

Ich habe eine Verabredung im Herzen der Finsternis. Mit der Rashtriya Swayamsevak Sangh, kurz RSS, einer Kaderorganisation, deren Mitglieder mit Ministerpräsident Vajpayee zu höchsten politischen Ämtern kamen. Die als reaktionär und militant gefürchtet und von Kritikern als Faschisten bezeichnet werden. Die für den Tod Mahatma Gandhis verantwortlich gemacht werden.

Ein Mann in einer braunen Uniform tritt auf mich zu. Er ist glatt rasiert, hat graues Haar und leuchtende Augen. Sein Name ist Pravin Kumar. Er hat die Order, mir den RSS zu erklären. »Dies ist ein Shakha«, sagt Pravin. »Eine Übung für Körper und Geist. Was Sie hier sehen, findet täglich zweihundertfünfzigmal in Indien statt.«

Ein dicker Mann versammelt die älteren Jungen um einen Kreis, der mit Kreide auf den Rasen gemalt ist. Er trägt ebenfalls eine kurze braune Hose, dazu zwei T-Shirts übereinander, das obere ist verdreckt vom Üben. Sein Hitlerbart ist säuberlich gestutzt. Es sieht aus, als würde Mussolini ein Kleid tragen. Er teilt die Jungen auf: Einer soll das Raubtier sein beim Spiel *Bakri Sher,* »Ziege und Löwe«, die anderen sind die Ziegen. Der Junge versucht, innerhalb des Kreises die Ziegen zu schnappen. Aber sie verpassen dem Löwen mit der offenen Hand Schläge auf den Kopf. *»Jai Shivaji«*, schreien sie dabei. »Es lebe Shivaji.« Gemeint ist Shivaji Maharaj, Anführer der Marathen im 17. Jahrhundert, ein hinduistisches Gegenstück zu den muslimischen Großmogulen. »Der Löwe muss tapfer sein«, sagt Parvin. »Er kann nur zuschnappen, während die Ziegen ihn schlagen.«

Wir setzen uns auf den trockenen Rasen. Drei Kinder und eine Frau habe er, sagt Pravin. Sieben Jahre lang hat seine Familie in St. Francisco gelebt, bevor sie vor zwei Jahren zurückkam. »Als ich ein Kind war, spielten die Nachbarjungen beim Shakha. Ich wollte dabei sein, ich fand das spannend. Es gab Disziplin. Es wurden Werte vermittelt. Obwohl ich das nicht gespürt habe, das merkt man erst später. Wenn ich nicht im RSS gewesen wäre, wäre ich den Mädchen hinterhergelaufen.« Der RSS werde Indien vor dem Auseinanderdriften bewahren.

Vor dem Terrorismus. »Die Gesellschaft hat einen individualistischen Ansatz, aber der ist nicht aufrechtzuerhalten. Bei uns gibt es einen unglaublichen Zusammenhalt. Der RSS ist gut für den Einzelnen. Und für die Nation.«

Das Spiel ist vorbei, alle Ziegen sitzen gefangen außerhalb des Kreises. Die Spieler rufen: »*Bharat Mata ki Jay*«, »Es lebe Mutter Indien.« Zwei Mädchen in Jeans und Sari treten mit Einkäufen in den Tragetaschen durch das grüne Drehtor des Parks. Sie setzen sich auf lackierte Parkbänke, teilen eine Packung Chips und eine kleine Flasche Cola und schauen den Übungen zu.

Der Übungsleiter trillert zweimal in eine Pfeife. Die jüngeren Shakha-Teilnehmer versammeln sich. Sie stehen zweireihig still im Glied, die Hände brav gefaltet. Er pfeift wieder. Sie legen sich auf den Boden. Das Auf und Ab wird immer schneller, im Takt der Pfiffe machen sie Liegestütz. Dann gehen sie zu Kampfübungen über. Mit der rechten und linken Hand machen sie abwechselnd Schläge durch die Luft. »Selbstverteidigung« nennt Pravin das Training. »Das kommt aus dem Kalaripayattu, aus Tamil Nadu.«

»Sieht militärisch aus«, sage ich. »Ist der RSS eigentlich eine gewalttätige Organisation? Ist es wahr, dass ein RSS-Mann Gandhi ermordet hat?«

Pravin wird lebhaft, er scheint auf diese Frage gewartet zu haben. »Das ist eine Legende der Linken. Es war Zufall, dass der Mann bei einem Shakha gewesen ist, bevor er den Mahatma umgebracht hat. Gandhi war ein großer Mann, ich verehre ihn für seine Botschaft des einfachen Lebens.«

Der Leiter mit dem Nazibärtchen versammelt die Jungen zu einem Kreis auf dem Rasen. Sie klatschen und singen ein Loblied auf Mutter Indien. Ich setzte mich zu ihnen in die Dunkelheit jenseits des schwaches Lichtes, das die umliegenden Geschäfte und Straßenlampen in den Park werfen. Die Gesichter sind kaum zu erkennen. Ich fühle mich unwohl und unsicher. Ein Spion in Feindesland, Pravin hat mich bestimmt längst durchschaut.

Der Übungsleiter richtet sich vor der Versammlung auf, die Hände auf dem Rücken gekreuzt. Er hat sich ein blaues Anorakjäckchen mit schwarzem Muster über die doppelten T-Shirts geworfen. »Wir haben hier einen deutschen Gast«, sagt er. »Deutschland und Indien haben viel miteinander zu tun. Wisst ihr, warum?«

Ein schlaksiger, vielleicht vierzehnjähriger Knabe springt auf. Seine Worte klingen auswendig gelernt: »Subhas Chandra Bose traf Hitler, um Hilfe für den Freiheitskampf zu bekommen.«

»Genau«, sagt der Dicke. Er spricht über Boses Bedeutung für die indische Unabhängigkeitsbewegung und über sein Verhältnis zum Indian National Congress. Über seinen Aufenthalt in Deutschland. Über die Azad Hind Legion, das der Waffen-SS unterstellte Infanterieregiment 950. Und über Boses Plan, von Persien aus mithilfe deutscher Truppen Indien von den Briten zu befreien. »Gebt mir Blut und ich werde Euch Freiheit geben. Das war sein Slogan«, sagt er.

Zum Abschluss des Shakha bilden die Jungen vor einem orangefarbenen Wimpel, der am Rand des Parks aufgestellt ist, eine symmetrische Formation. Die kleinen stehen vorn, die großen hinten. Sie salutieren vor der Fahne, die Hände gefaltet, den Kopf geneigt. Sie rufen »*Namskar*!«, »Ehre sei dir!«

Noch nie habe ich mich so für dieses Land geschämt. Als stünde mir das zu.

Auf dem Kamelwagen

Es fällt mir leicht, die Hauptstadt zu verlassen, sie hat mich enttäuscht. Aber die Erkältung, die sich auf dem Weg nach Delhi nur angedeutet hat, macht sich schnell bemerkbar, sobald ich wieder laufe. Mit kratzendem Hals fädele ich mich jenseits des Flusses Yamuna auf der Landstraße S 57 ein. Mit Schluckbeschwerden passiere ich die Vorstädte zwischen Shadara und Ambedkar Nagar, ein muslimisch geprägtes semiurbanes Chaos.

Delhis Nordrand ist arm. Vor Tischlereien stapeln sich Holzblöcke und Bambusstangen. Vor Mopedläden baumeln Stoßdämpfer von Vordächern. Fliegen schwirren um Äpfel, die in Fruchtläden am staubigen Straßenrand zu Pyramiden gestapelt sind; die Bananen in den Auslagen sind schwarz und mit Schimmel überzogen. Endlose Abfolgen von Chips- und Pepsiständen haben auf der Landstraße nach Norden die traditionellen Teehäuser ersetzt. Irgendwo am Straßenrand liegt ein Büffel, dem die Hufe gereinigt werden. An anderer Stelle läuft ein Mann hinter einer Kutsche her; mit einem Stock schlägt er dem müden Pferd in die Wade.

Am späten Vormittag reißt die Besiedlung auf. Senf- und Reisfelder werden von grün und blau leuchtenden Kanälen durchzogen, an ihren vertrockneten Rändern hat sich eine weiße Salzkruste abgelagert. Plötzlich bin ich in der tiefsten Provinz. Die Rufer sind wieder da, verloren wirkende Männer, die in den Ortseingängen stehen und mich fröhlich anschreien.

Oder ihre Mitmenschen lautstark informieren: »He, da kommt ein Fremder.« Die Motorradfahrer sind besorgt und dreist zugleich. Sie scheren auf den Seitenstreifen ein und versperren mir den Weg, um mit zumeist forderndem Ton zu fragen, ob ich mitfahren möchte.

Auf halbem Weg in die Kleinstadt Bagpat mache ich Rast unter der ausladenden Krone eines Mangobaumes, als eine Gruppe Nilgaiantilopen in den nahen Feldern auftaucht. Die Tiere staksen durch das Grün und bleiben immer wieder stehen, um Witterung aufzunehmen. Plötzlich dreht der Wind, ihre Ohren drehen mit. Sie hören irgendein Geräusch und nehmen geschlossen Reißaus. Meine Halsschmerzen werden immer deutlicher. Aber meine Sorgen halten sich in Grenzen. Was kann mir jetzt noch passieren? Ich bin so nah am Ziel. Ich werde mir ein Antibiotikum kaufen, ich werde Schmerzmittel nehmen. Und einfach weitermarschieren, ganz gleich in welchem Zustand. Ich will nur noch den Himalaya erreichen. Mit dem würzigen Geruch junger Hanfpflanzen in der Nase, die im Straßengraben sprießen, schlafe ich ein.

Nach einer zu langen Siesta erreiche ich am späten Nachmittag durch Zuckerrohrfelder und kleine Dörfer, vor deren Häuser die Bewohner Kuhfladen zu Drei-Meter-Türmen stapeln, schließlich Bagpat. Ein Bauer mit Strickpullover und Wollmütze springt von seinem leuchtend roten Traktor der Marke Escort und lädt mich in ein Café ein.

»Ich bin Brahmane«, sagt er. »Ich habe Einfluss. Ich habe fünf Diener. Ich bin ein wichtiger Mann in dieser Stadt. Aber hier solltest du nicht laufen. Hier ist es etwas kriminell. Du kannst bei mir schlafen. Und dann im Bus nach Dehra Dun fahren. Ein Hotel gibt es hier sowieso nicht.«

Wir setzen uns an einen Metalltisch in dem Café. Es ist so eng, dass es mir nicht gelingt, meinen Rucksack sinnvoll zu verstauen. Die Bedienung muss ihn ständig zwischen dem Tresen und dem Kühlschrank voller Bisleri-Flaschen und Konfekt hin- und herschieben, um die Gäste zu versorgen und uns Kaffee zu servieren.

»Wieso ist es hier denn kriminell?«, frage ich so laut, dass es auch unsere Tischnachbarn hören müssen. Aber niemand reagiert. Obwohl ich natürlich Aufmerksamkeit errege. Bei den herumsitzenden Jugendlichen, die mich schüchtern angrinsen, ebenso wie bei dem Paar am Nebentisch, das mich neugierig taxiert.

Der Bauer weicht meiner Frage mit einer nachlässigen Geste aus. Er spricht über seinen nagelneuen Traktor. Dreihundertfünfzigtausend Rupien hat er dafür bezahlt, umgerechnet sechstausend Euro. Er schwärmt von der Kapazität der lokalen Zuckerrohrfabrik. Sein Bruder kommt rein; er legt seinen Motorradhelm auf den Tisch und setzt sich zu uns. Mein Begleiter erklärt ihm gönnerhaft, wer ich bin, woher ich komme und was ich in Indien tue. Ich bin mir sicher: Im Geiste stellt er mich bereits seinem Vater auf der heimischen Zuckerrohrfarm vor. Seinen vier anderen Brüdern und deren ältesten Söhnen. Es ist mir unangenehm, wie dreist er mich vereinnahmt. Ich stehe auf.

Der Bauer läuft mir hinterher, als ich vor dem Café stehe. »Aber du fährst mit dem Bus!«, ruft er. »Die Haltestelle ist da vorn.« Er weist die Hauptstraße hinunter. Kaum habe ich die Bushaltestelle passiert, da tuckert er gemächlich auf dem Motorrad an mir vorbei. Aber er hält nicht an. Er sagt nichts. Und ist bald im Verkehr verschwunden.

Fünfzehn Kilometer sind es in die nächste Stadt, Baraut. Es ist fünf Uhr nachmittags. Mutlos hangele ich mich von Pepsi- zu Pepsistand und schaue den Kamelkarawanen hinterher. Morgens kamen sie mir überladen mit riesigen weißen Ballen entgegen. Jetzt fahren sie leer zurück in Richtung Norden; meist drei, vier Wagen mit Gummirädern. Die Kutschen sind aneinandergebunden, sodass ganze Züge entstehen. Die Tiere haben Schaum vor dem Mund.

Es dämmert bereits, als ein Kamelkutscher schreit: »He, Bruder, spring auf.« Die Transportfläche ist höher als erwartet. Ich muss meinen Rucksack hinaufwerfen. Der Mann und sein Beifahrer ziehen mich hinterher.

Der Stummelschwanz unseres Kamels leuchtet im Lichtkegel der Autoscheinwerfer. Über mir tanzt der sehnige Kopf des Kamels, das den folgenden Wagen zieht, wie eine überdimensionale Schlange. Um den Hals des Tieres hängt eine Kette mit dicken Plastikperlen und roten Quasten. Das Schaukeln des einachsigen Wagens und das Klötern des Geschirrs beruhigen mich. Der Kutscher spricht mit rauer Stimme. Sein Tonfall ist hart. Im Mund hat er nur ein paar zerbröselte Stummel anstelle von Schneidezähnen. Er fahre Hirsestroh nach Delhi, er verkaufe es auf den Märkten in der Vorstadt. »Die Bauern verfüttern das Stroh an ihre Kühe.« Eine Nacht hat er in der Hauptstadt geschlafen. Jetzt ist er auf dem Weg zurück in sein Dorf. Der Beifahrer schweigt.

Die Reste der Halme liegen auf der Ladefläche herum. Wir fahren von der Dämmerung in die Nacht. Wir sind die langsamsten Verkehrsteilnehmer, aber der Autoverkehr strömt fast unmerklich an uns vorbei. Nur einmal, als ein Dreiradtaxi einschert und hart vor einem der Zugtiere bremst, ruft der Kutscher dem Kollegen auf dem Gefährt vor uns zu: »Pass auf, Bruder!«

Ein Mann springt aus der Dunkelheit von einer der vorausfahrenden Kutschen auf unseren Wagen auf. Sein Gesicht ist bis auf die Augen in ein Tuch gehüllt. Die drei hüllen sich in Decken, kauen Tabak und rauchen Bidis. Irgendwann regt sich der Beifahrer doch. Er stimmt ein monotones Lied an. Langsam döse ich ein.

Eine Stunde später wache ich von blubbernden Geräuschen wieder auf. Eine Kutsche nach der anderen rangiert an ein großes Zementbecken am Straßenrand, aus dem die Tier lange und grunzend trinken. »Wir sind da«, sagt der Kutscher. »Dies ist Baraut.«

Ich bin völlig durchgefroren. In der Stadt gibt es nur ein Hotel. Es ist verhältnismäßig teuer. Aber im Zimmer steht ein funktionierender Heizlüfter, und in der Dusche hängt ein Durchlauferhitzer. Ich schicke einen Boy zur Apotheke, um Antibiotika zu besorgen. Er kommt mit zwei einzelnen Pillen zurück. Sie stecken in einer komplett unbeschrifteten Papptüte. Auch auf den Tabletten finde ich keine Bezeichnung des Wirkstoffs. Ich frage mich, wie ich meine Erkältung mit zwei Gaben Antibiotika kurieren soll ohne Chance, mir entsprechenden Nachschub zu besorgen. Ich nehme eine heiße Dusche, drehe den Heizlüfter hoch und stopfe gefülltes Fladenbrot und ein Gemüsepulao, ein Gericht aus gekochtem Reis, in mich hinein, das viel zu scharf ist für meinen brennenden Rachen. Dann zettele ich eine Diskussion mit dem stellvertretenden Hotelchef an, um mich von einem weiteren Angestellten in die Stadt fahren zu lassen.

Es ist halb zehn Uhr abends. Aber alle Geschäfte scheinen geschlossen, die Hauptsraße ist menschenleer. Schließlich finden wir eine Apotheke. Der Alte, der sie führt, schneidet mir eine Zwölferreihe Antibiotika aus einem riesigen Block. »Natürlich sollte man davon nicht ein oder zwei nehmen, sondern wenigstens sieben, acht. Aber das macht hier keiner so.«

Zurück im Hotel, erzählt mir der stellvertretende Chef, dass zwei Ausländer in seinem Haus wohnen. »Aus Thailand

und aus Deutschland. Sie arbeiten an einer Gasleitung, Willst
du sie sehen?« Er verspricht, sie zu rufen, aber ich schlafe ein,
sobald ich wieder auf meinem Zimmer bin. Ich schwitze die ganze Nacht unter meinem Sommerschlafsack. Ich wache nur auf, wenn der Strom ausfällt und der Heiz-
lüfter mit einem schlagenden Geräusch in die Ruhestellung
übergeht. Aber nach einer halben Stunde springt er regelmäßig
wieder an.

Am nächsten Vormittag ist alles zu hell: der diesige Himmel,
der weiße Teller, auf dem mir im Restaurant vor dem Hotel ein
Omelette serviert wird. Es muss die Folge der Medikamente
sein. Zu den Antibiotika schlucke ich weiter die Tabletten,
die mir der brahmanische Apotheker gegen die Schmerzen
im Fuß gegeben hat. Ich fühle mich wie ein Junkie. Und
flüchte sofort wieder in mein Bett. Vierundzwanzig Stunden
lang verbarrikadiere ich mich in meinem Zimmer. Ich studiere
die verwischten Muster des imitierten Perserteppichs auf dem
Kachelboden, lausche den Wisch- und Feudelgeräuschen der
Angestellten und lasse mir Berge von Fladenbrot und Gemüse
bringen. Am Abend genieße ich den Inhalt einer kleinen Flasche Old Monk-Rum, gemischt mit süßem Ingwertee. Die
beiden Ausländer treffe ich auch an diesem Tag nicht.

Am Morgen darauf geht es mir deutlich besser. Die Antibiotika scheinen ihre Wirkung zu entfalten. Ich mache mich
wieder auf den Weg. Alles kommt mir herbstlich vor, obwohl
es Anfang Februar ist. Ein Wind fährt durch die Alleebäume
und Zuckerrohrfelder, das Rauschen klingt hart und metal-
lisch. Die Bäume quietschen. Zuckerrohrpressen tuckern vor
Häckselbergen. Süßlicher Dampf steigt über den Fabriken
auf. Verkäufer haben Honiggläser auf Tischen aufgebaut,
abgefüllt in alte Rum- und Whiskeyflaschen. Aber niemand
kauft etwas.

Nach einem langen Tag erreiche ich müde, aber stolz, es trotz Erkältung geschafft zu haben, die Stadt Shamli, ein Konglomerat niedriger Wohnhäuser an breiten Straßen und endloser Basare, auf denen kaum etwas anderes als Früchte und Haushaltswaren angeboten werden, so als würden die Bewohner des Umlands keine weiteren Konsumbedürfnisse haben. Wieder warnt mich ein Mann vor den Gefahren seiner Heimat, ein schlanker älterer Hindu:»Seien Sie vorsichtig«, sagt er und steigt von seinem Rad, um es auf meinem Weg durch die Innenstadt neben mir herzuschieben.»Hier wimmelt es von Räubern.« Ich versuche von ihm zu erfahren, warum die Gegend so kriminell sei.»Es sind die Muslime«, behauptet er.

Das Hotel in Shamli ist eine furchtbare Absteige. Die Zimmer gehen direkt von einer langen Zufahrt ab, einer Art Garage, zwischen deren engen Backsteinmauern ein verstaubter Kleinwagen millimetergenau Platz gefunden hat. Es gibt nur kaltes Wasser, die Kloschüssel ist zersprungen und die grünen Wände der fensterlosen Zelle sind schimmelig. Aber ich schlafe selig durch wie ein Kind.

An den folgenden Tagen klingt meine Erkältung ab. Mit zusammengebissenen Zähnen und unter hohen Dosen des Schmerzmittels schaffe ich mein Pensum, 25 bis 45 Kilometer am Tag. Die Dörfer an der einspurigen Landstraße wirken immer sauberer, je weiter ich mich von Delhi entferne. Die Bewohner hocken in Wolldecken auf Holzbetten, die Böden der kleinen Höfe sind gefegt. Auch die Tiere tragen Decken. Selbst ausgewachsene Büffel und Rinder sind fürsorglich in Jute gehüllt. Die Einheimischen schauen mich nur indirekt an, wenn ich ihre Dörfer durchquere. Ich kann ihre Blicke im Rücken spüren. Frauen mit dick aufgetragenem Lippenrot unter dem dünnen Schleier lächeln diskret von Motorradrücksitzen an mir vorbei. Nur ein paar kleine Kinder laufen johlend hinter mir her.

Am vierten Abend nach meinem Aufbruch in Delhi bietet mir ein freundlicher Muslim mit Palästinensertuch und Vollbart in dem Ort Thana Bhawan einen Übernachtungsplatz in seinem Straßenrestaurant an. Wir schlafen nebeneinander auf Holzbetten hinter heruntergelassenen Rollläden.

Als ich Saharanpur erreiche, eine Stadt rund 150 Kilometer nördlich von Delhi, ist meine Erkältung endgültig vorbei. In den grau vernebelten Straßenzügen finde ich ein feines Hotel, vor dem die Lichterketten im Wind klappern. Ich lege mich umgehend in die heiße Badewanne, verspeise dort ein Chop Suey und trinke einen Liter schwarzen Tee.

An diesem Abend lese ich in der *Hindustan Times* von der Entführung eines Industriellensohns. Der Vorfall liegt nur zwei Wochen zurück. Der Fünfzehnjährige wurde in Saharanpur entführt, der Vater zahlte drei Millionen Rupien Lösegeld. Aber die Polizei konnte die Entführer nicht aufspüren. Der Junge wurde in einem Jutesack im Fluss Dhamola gefunden. Aber nicht die muslimische Bevölkerung, vor der ich gewarnt wurde, wird in dem Artikel für die Unsicherheit in der Region verantwortlich gemacht. Sondern die Untätigkeit und Inkompetenz der Polizei.

In die Berge

Zwei Tage trennen mich noch von meinem Ziel Dehra Dun. In der Nacht habe ich vom Himalaya geträumt, von seinen mächtigen, schneebedeckten Bergen, steil erhoben sie sich aus der indischen Ebene. Aber jetzt laufe ich durch das absolute Nichts. Der Nebel ist hier, weit im Norden des Subkontinents, so dicht, dass ich nicht mehr sehen kann als die Reisfelder rechts und links der Straße, aus denen die ersten völlig laublosen Bäume ragen.

Gegen elf Uhr hat die Sonne den Dunst vom nassen Erdboden getrennt. Jetzt scheint sie hin und wieder fahl hinter fliehendem Hochnebel hervor. Dicke Tautropfen fallen von Eukalyptusriesen auf meine Nase. Am Straßenrand wachsen mediterrane Kakteen. Ungeduldig spähe ich nach Norden. Aber die Gipfel tauchen nicht auf: nur flaches Land, gedämpftes Licht, surreale Farben. Wie an einem endlosen norddeutschen Sommerabend. In der trüben Luft bin ich unsichtbar. Aber hier, auf dem Weg in die alpinen internationalen Urlaubsdestinationen interessiert sich ohnehin keiner für mich. Hier falle ich überhaupt nicht mehr auf.

Mittags wandere ich neben einem Alten mit einem Plastikeimer an einem Stock über der Schulter, darin trägt er nichts als einen hin- und herrollenden Metallbecher. »Falls ich auf der Reise Durst habe«, erklärt er. Er hat seinen Sohn in einem Dorf zehn Kilometer weiter südlich besucht. Wir überqueren einen Fluss, der aussieht wie eine ausgedehnte Pfütze.

»Ist das die Grenze zu Uttar Khand?«, frage ich. Ich kann es nicht erwarten, den nördlichsten Bundesstaat auf meiner Reise zu erreichen; seine Grenze wird laut Karte von einem Fluss markiert. »Nein«, sagt der Mann und lacht. »Uttar Khand liegt doch in den Bergen.«

Erst am Nachmittag entdecke ich eine feine Spur alpiner Geografie, ein Flussbett voller rund gewaschener weißer Steine nördlich der Stadt Bihargarh. Aber dann tauche ich erst einmal in einen Dschungel ein. Das Unterholz in den Ausläufern des Rajaji National-Parks ist dicht und struppig. Wüster Bewuchs aus entlaubten und beblätterten Bäumen bildet eine braungrüne Wand beidseits der Trasse. Blaue Schilder hängen in den Strommasten. »Habt Mitgefühl mit den Kreaturen des Waldes«, steht darauf. »Bitte hupt so wenig wie möglich«. Und tatsächlich ist es plötzlich ruhiger geworden. Mit ungewöhnlich gleichmäßigem Geräuschpegel passieren mich Pkw und Motorräder. Selbst die Lkw-Fahrer betätigen vor den Kurven ihre Hupen nicht. Aber ich entdecke weder Tiger noch Elefanten.

Kurz vor dem Ort Mohand spuckt mich der Dschungel wieder aus. Der Himmel reißt auf. Und ich blicke auf die ersten Berge. Sandige Finger und Kuppen, vom Wind geschliffene Formationen. Steile Grate, in deren trockenen Boden sich zersauste Bäume krallen. Aber die Erhebungen sind nur wenige Hundert Meter hoch, die Siwalik-Berge sind ein niedriges Vorgebirge des Himalaya, mehr nicht. Keine rauschenden Bäche, keine saftigen Almen. Von verschneiten Gipfeln ganz zu schweigen. Aber enttäuscht bin ich trotzdem nicht. Sondern überglücklich. Ich fühle mich, als käme ich endlich nach Hause. Als wäre das, wider alle Zweifel, in Indien möglich. Singend wandere ich die Serpentinen hinauf. Gemächlich laufe ich durch den Abend. Morgen werde ich den Himalaya sehen.

Über der Straße wächst feiner Bambus wie grobes Moos von triefenden, schwarzen Felswänden. Unter mir öffnet sich eine breite Schlucht, darin ein fast trockener Flusslauf. Büffel weiden in dürrem Grasland. Im Wald am Rand des Canyons verstecken sich kleine Dörfer. Die Häuser sind rund und aus unbehauenen Knüppeln errichtet. Die Dächer sind Kegel aus Stroh. Ich erspähe zwei Männer mit karierten Karottenhosen und weißen Kappen zwischen den Bäumen. Das Klingeln einer Glocke dringt hinauf, vermutlich von einem irgendwo dort unten weidenden Pferd.

Es ist schwer, in den Serpentinen über der Schlucht einen ebenen Flecken zum Schlafen zu finden. Nach einer Stunde Suche klettere ich schließlich eine lose Steinmauer hinab, die die Straße begrenzt. Zwischen widerspenstigen Büschen finde ich im Gras einen Abschnitt, der gerade groß genug ist für mich und mein Gepäck. Es wird rasch kalt, als ich mich in meinen Schlafsack rolle.

Ich habe mein Ziel fast erreicht. Knapp zweihundert Jahre nach George Everest habe ich den gesamten Subkontinent durchquert und vermessen.

Für Everests Expedition waren die Siwalik-Berge ein nicht unerhebliches Hindernis. 1832 versuchen die Briten in den Bergen erste Messpositionen zu markieren. Für die Peilungen benötigen sie zwei Standorte, die wechselseitig einsehbar sind. Sechs Positionen werden zu diesem Zweck untersucht und wieder verworfen. Als der siebte und achte Standort sich ebenfalls als nicht funktional erweisen, entscheiden sich die Vermesser ganz einfach dazu, Indiens Geografie zu manipulieren: Mit Brechstangen und Vorschlaghämmern bearbeiten sie einen der lockeren Gipfel, sechs Meter Bergspitze tragen sie ab. Dann erst ist die Sicht frei.

Im Jahr 1833 zieht Everest in sein Anwesen in Dehra Dun ein. Er lässt ein Observatorium, ein Zeichenbüro, Werkstätten und riesige Lagerräume einrichten. In feiner kolonialer Gesellschaft führt er dort das Leben eines hochverdienten wissenschaftlichen Genies, das für seine cholerischen Ausbrüche berüchtigt ist. Mithilfe einer Schar zumeist britischer Mitarbeiter vermisst er die Grundline im Dun-Tal, den Abschluss des Großen Bogens, den er nun nur noch mit der Station im zentralindischen Sironj verbinden muss.

Als er ein Jahr später die Siwalik-Berge überquert, um seine Messungen in der Ebene abzuschließen, hat seine Karawane die Ausmaße eines kleines Heeres. Everest wird begleitet von einer Entourage, deren Zusammensetzung in dieser Reihenfolge aufgezeichnet ist: zwei Assistenten, drei Unterassistenten, vier Elefanten, zweiundvierzig Kamele, dreißig Pferde und »an die siebenhundert Eingeborene«. Der Umfang dieses Trosses spiegelt die stetig gewachsene Bedeutung wider, die die britische Krone dem Unternehmen beimisst, das er leitet. Und den zweifelhaften Ruhm, den Everest nicht selten auf Kosten anderer errungen hat.

Während Everest und seine Leute die Berge einfach nach ihren Bedürfnissen zurechtgestutzt haben, kämpfe ich die halbe Nacht mit dem Relief der Siwalik-Höhen. Der kleine Fleck, auf dem ich meinen Schlafsack ausgebreitet habe, ist abschüssig. Immer wieder rutsche ich in die dornigen Sträucher, die ihn begrenzen.

Am Morgen werde ich von Gekreisch geweckt. Eine Horde Rhesusaffen tobt durch das nahe Gebüsch. Ich raffe meine Sachen zusammen, bevor die Tiere auf die Idee kommen können, über meinen Proviant herzufallen. Ein massiger Graurücken folgt mir bis hinauf auf die Straße. Hunderte

Meter läuft er über den Asphalt hinter mir her. Die Szene erinnert mich an meine Kämpfe mit den Hunden des indischen Südens.

Unterhalb des Passes wird der Weg steil. Autos rasen vorbei, Koffer und Matratzenrollen sind auf die Dächer gezurrt, den Kennzeichen nach kommen sie vor allem aus Delhi. In einer Haarnadelkurve übergibt sich eine Frau aus einem entgegenkommenden Überlandbus. Ich ducke mich erfolgreich.

Durch die ersten, niedrigen Zedern erklimme ich die Passhöhe. Auf die Grenze zum Bundesstaat Uttar Khand ist ein Tempel gepflanzt, vor dem eine lange Reihe von Kleinwagen parkt. Urlauber kaufen Kokosnüsse und Blumenketten, um der Göttin Lakshmi Ehre zu erweisen. Sie betätigen eine überdimensionale Klingel, bevor sie das Heiligtum betreten. Ich esse zwei Packungen Glukosekekse und hoffe, es werden die letzten auf meiner Reise sein.

Dann nehme ich leichtfüßig die vorletzte Zielgerade. Das schlaglochlose Asphaltband läuft sanft bergab. Der Wald auf den letzten zehn Kilometern nach Dehra Dun wirkt schattig, feucht und europäisch. Die subtropische Vegetation jenseits des Passes ist auf dieser Seite voll und ganz mächtigen Zedern gewichen, die Affen sind pelzig und dick. Am Nachmittag erreiche ich endlich Dehra Dun.

An der zentralen Kreuzung finde ich ein komfortables Zimmer. Ich blicke über gefegte Bürgersteige und schwarz-gelb bemalte Kantsteine durch Fensterscheiben, die so dick sind, dass ich vom frühabendlichen Stoßverkehr nur ein schwaches Rauschen wahrnehme. Ein Gewirr von Strommasten wächst über den flachen Hausdächern in den Himmel. Aber dort, wo sich eigentlich die schneebedeckten Berge erheben müssten, erkenne ich auch von hier aus nichts als ein paar niedrige, bewaldete Hügel. Der Himalaya bleibt mir noch verborgen.

Der Stand der Dinge

Am Abend ist unter dem kolonialen Uhrturm von Dehra Dun der gesamte indische Subkontinent versammelt. Bettelnde Zigeuner halten vor McDonald's ihre Hand auf. Auf gefegten Bürgersteigen feilschen südindische Schulmädchen mit Gebetsmützenträgern um den Preis für frische Weintrauben. Breitbeinige Männer aus den Bergen in groben grauen Wollhosen statten sich mit Plastiktüten voller Reis und Mehl aus. Im Café von Barista Lavaaza stimmt ein junger Mann mit Westerngitarre die Heimwehschnulze »*Carolina in My Mind*« an. Aber ich will alles andere als nach Hause. Ich fühle mich wohl in dieser zusammengepuzzelten Stadt, durch die ein Wind der Liberalität weht.

Ich unterhalte mich mit einem aus Nepal stammenden Händler, der Ritterrüstungen schweißt und in die ganze Welt exportiert. Er ist in Islamabad aufgewachsen. Seine Familie lebt von Bhutan bis Kaschmir über den südlichen Himalaya verstreut. Ich diskutiere mit freundlichen muslimischen Friseuren, die mir für zu viel Geld Kopf- und Barthaare scheren, über den Film *Slumdog Millionaire*, der gerade im Kino anläuft.

»Findet ihr es gut, dass ein Europäer Bombays Dreck aufwirbelt?«

Sie reagieren generös: »Auch das ist die Wahrheit. Indien ist groß.«

Im English Book Depot treffe ich einen Amerikaner namens Jack. In meiner Hotelbar trinken wir ein Bier. Jack ist Kalifornier, er trägt Vollbart und kurze Haare, den Apple-Computer verstaut er in einer Stoff-Umhängetasche. Er sei freier Journalist, sagt er. Vorher habe er in Dehra Dun Englisch unterrichtet. »Aber jetzt bin ich unabhängig.« Zwei Aufträge bekomme er durchschnittlich im Monat. »In Indien kann man davon leben. Das ist Outsourcing andersrum.«

Am Nachmittag des folgenden Tages klingele ich an der Gartenpforte einer Frau, der die Helden des Unabhängigkeitskampfes vor acht Jahrzehnten den Kopf tätschelten. Die als kleines Mädchen mit den Architekten der indischen Republik am Teetisch saß. Sie ist Schriftstellerin und die Nichte des ersten indischen Ministerpräsidenten Jawaharlal Nehru. In einem Bungalow im feinen Osten der Stadt tritt Nayantara Sahgal durch einen Vorhang in ihr Wohnzimmer, eine kleine, alte Dame mit lockigen schwarzen Haaren und feinen Gesichtszügen. Sie bietet mir europäisch zubereiteten Tee und Sandwiches mit frischen Salatblättern an. Auf den Tassen hocken rote und grüne Filzmützchen. An der Wand hängt ein Gauguin. Das Nachmittagslicht fällt auf einen Beistelltisch, auf dem ein Bildband der Maler der mexikanischen Revolution liegt.

Ich gestehe Nayantara Sahgal, dass ich bisher nur ein einziges Werk von ihr gelesen habe, und davon auch nur wenig mehr als das erste Kapitel. Die Geschichte von *Mistaken Identity* hat mich im Hotel Paradise in Sagar einigermaßen über die trübe Winterstimmung gebracht. Aber das stört meine Gastgeberin überhaupt nicht. Sie hat jene dicken Ringe unter den Augen, die zu einem Statussymbol indischer Intellektueller und Manager geworden sind. Sie trägt eine Weste mit Blumenmotiven unter der Strickjacke. Ich blicke durch das Terrassenfenster auf eine Hügelkette, die sich düster im Norden erhebt. Dort muss der Weg hinauf in den Himalaya sein. »Ist auch genug Käse auf dem Sandwich?«, fragt sie besorgt.

Wir sprechen über die Entwicklung Indiens seit der Unabhängigkeit. Über die ehemalige Blockfreiheit und die indische Interpretation des Sozialismus. Über die wirtschaftliche Öffnung des Landes und seine erstarkte Position in der Weltpolitik.

»Dieser ganze Fortschritt wäre ohne Nehru nicht möglich gewesen«, sagt Nayantara Sahgal. »Er hat die India Instituts of Technology ins Leben gerufen, die Kaderschmieden für Ingenieure. Er hat die Grüne Revolution angeschoben und Indiens Atomprogramm. Heute ernten wir die Früchte dieser Anstrengungen. Die Macht im Land hat sich verlagert, in vielen Gegenden im Norden haben nicht mehr die Großgrundbesitzer den meisten Einfluss, sondern die Kleinbauern. Leute wie Lalu Prasad Yadav aus der Kaste der Ziegenhirten machen jetzt Politik. International haben wir eine neue Rolle gefunden, wirtschaftlich wie politisch. Die demokratische Entwicklung in diesem Land wird weitergehen. Indien ist stabil. Es mag interne Probleme geben, Anschläge und Terrorismus. Aber diese Probleme werden absorbiert. Weil Indien zu groß ist und zu stark. Weil die Menschen hier frei sind.«

Ich frage sie, wie es war, in einer Familie von Widerstandskämpfern aufzuwachsen.

»Wissen Sie, unsere ganze Familie war damals involviert«, sagt sie. »Wir Kinder waren davon nicht ausgeschlossen.« Sie blickt nachdenklich auf den Fußboden. »Der Freiheitskampf war eine emotionale Sache, eine Sache, die von Herzen kam. Leute wurden inhaftiert, sie kamen wieder frei wie mein Onkel. Das war Thema beim Mittagessen, beim Teetrinken. Es war ein Kampf, an dem alle teilnahmen. Aber eben kein gewalttätiger Kampf. Es gab keinen Hass.«

»Sie haben ja auch viel von den Briten übernommen.«

»Natürlich, der Lebensstil meiner Familie war eine Mischung aus Ost und West. Wie viele Familien dieser Klasse sprachen wir in der Schule Englisch. Das tägliche Leben war britisch beeinflusst. Die europäische Kultur hat uns sehr bereichert. Es war ein Paradox: Wir hassten die britische Herrschaft, aber wir liebten die britische Kultur. So sind wir eine Mischung geworden, das beste aus beiden Kulturen.«

Auf dem Kaminsims steht eine Reihe von Fotos: ein Bild von Jawahrlal Nehru mit Mütze, schwarzer Brille und weißer Kappe, liebevoll hält er seine Frau im Arm. Ein Foto von Frida Kahlo mit melancholischem Gesichtsausdruck. Sahgal greift ein Foto von Ho Chi Minh. »Kennen Sie diesen Mann?«, fragt sie. Sie dreht das Bild um. Handschriftlich hat der vietnamesische Revolutionär darauf geschrieben: »Meiner geliebten Nichte«.

Ich erzähle ihr, dass ich der Speerspitze des hinduistischen Nationalismus einen Besuch abgestattet habe. Dass ich in Delhi bei einem Sakha des Rashtriya Swayamsevak Sangh war. Sie blickt mich zweifelnd an. »Was der RSS verbreitet, ist kompletter Unsinn. Indien ist das Land der Hindus, aber kein hinduistisches Land. Wir sind eine große, integrative Gesellschaft. Die Kraft des Hinduismus ist seine Integrativität. Ob Moguln oder Türken, sie alle wurden sehr schnell Inder, sie lernten die Sprachen, die Kultur, das Essen. Der Hinduismus an sich ist nicht gefährlich, seine falsche Interpretation ist es. Wir haben der Welt so viel gegeben. Die Upanishaden, die Bhagavadgita. Die Hindunationalisten streuen Verbitterung in diese Tradition. Aber sie werden auch maßlos überschätzt. Wir haben ganz andere Sorgen.«

Das Telefon klingelt. Ein Diener ruft. Meine Gastgeberin entschuldigt sich. Ich höre, wie sie im Nebenzimmer mit einem Banker verhandelt. Als sie sich wieder zu mir auf das Sofa setzt, berichtet sie, dass sie kürzlich in Berlin war, die Straße Unter den Linden habe sie besonders beeindruckt. Dass eine junge Frau ihr einen Blumenstrauß in die Hand drückte und ihr erzählte, wie sie als Vierzehnjährige die Wiedervereinigung erlebt habe. »Sie hat mir alles erklärt, als wir dort entlanggingen. Berlin ist so eine schöne Stadt.«

Bevor ich gehe, fragt die alte Dame, warum ich über Indien schreibe. Und sie ist eine der wenigen Einheimischen, die auf Anhieb versteht, wieso ich zu Fuß durch das Land laufe. Noch viel besser versteht sie mich aber, als ich ihr erkläre, dass es mir auf meiner Wanderung nur selten gelungen ist, ihre faszinierende Heimat wirklich zu lieben. Dass ich wie vor meiner Reise auch jetzt noch ständig schwanke zwischen Begeisterung und Abscheu. Dass es mir auf dem 78. Längengrad nicht, wie erhofft, gelungen ist, mein ambivalentes Verhältnis zu Indien zu ordnen. »Da geht es Ihnen wie vielen Einheimischen«, sagt sie. »Dieses Land hat einfach zu viele Gesichter.«

Ein Diener tritt ein. Sie bittet ihn, mich mitzunehmen, wenn er zum Markt fährt, um für das Abendbrot einzukaufen. Er solle nicht vergessen Ingwer und Zwiebeln mitzubringen. Dehra Dun sei eine schöne Stadt, sagt Nayantara Sahgal. »Weil jeder hier jeden kennt. Weil es hier alles gibt, dieselben Versorgungsmöglichkeiten wie in einer Großstadt. Weil alle friedlich zusammenleben. Die Hindus und die Muslime, und neuerdings auch viel tibetische Buddhisten.«

Sie führt mich in die Tiefgarage: »Melden Sie sich, wenn Sie wieder einmal in der Gegend sind«, sagt sie. Und ich bilde mir ein, dass etwas Mütterliches in diesem Abschied liegt.

Ein feiner Ausblick

Am nächsten Morgen suche ich das Zentrum von Everests Wirken in Dehra Dun auf. Der Survey of India, gegründet 1776 von der Britischen Ostindien-Kompanie und heute die indische Behörde für Vermessungswesen, hat den Great Trigonometric Survey beerbt. Die Reliquien von Lambton und Everest werden in einem nicht öffentlichen Museum verwahrt. Der Hauptsitz der Behörde liegt hinter schwarzen Metalltoren in einer Parkanlage im Osten der Stadt, in der Militärfahrzeuge auf- und abfahren. Ein Bediensteter bringt mein Gepäck in das Nebenzimmer. Eine freundliche Dame namens Renuka führt mich über den Hof. Sie öffnet die Tür zu einem luftigen Raum mit hohen Wänden im zentralen Gebäude der Anlage.

Vor mir steht der Große Theodolit, jenes mehr als mannshohe Gerät, das die britischen Wissenschaftler während ihres neununddreißig Jahre dauernden Projektes auf Lasttieren durch den ganzen Subkontinent kutschiert haben. Ich peile durch sein Fernrohr hinaus aus dem Fenster. Die Scheiben sind mit der Zeit dunkel geworden, ich erkenne nur undeutliche, gelb-braun gefärbte Baumkronen. Die Frau führt mich weiter. Sie zeigt mir die sogenannten Compensation Bars. Ich wiege die antik wirkenden Stangen in beiden Händen. Sie sind aus zwei verschiedenen Metallen gefertigt. »Dadurch reagierten sie unterschiedlich auf Temperaturveränderungen«, erklärt meine Begleiterin. »So behielten sie immer die genaue Länge von zehn Fuß.«

Im *Field Book* William Lambtons studiere ich die Notizen des Leiters des Great Trigonometric Survey in feiner, gleichmäßiger Handschrift. Das Buch zerfällt fast beim Durchblättern. Die Eintragungen sind Zeugnisse eines pedantischen Großunternehmens. Ich lese Formulierungen wie » *The Barometer has been kept at 9 chains (9 x 60 feet)*«, womit der viel gerühmte Geodät festhielt, dass alle sechzig Fuß beim Messen einer Grundlinie die Höhe über dem Meer per Luftdruck gemessen wurde. Ich lasse mir von Renuka Kisten aus dunklem Holz zeigen, in denen Barometer und Kompasse und die *Encycolpedia of Himalayan States* lagern, ein dicker Wälzer zwischen gelben Buchdeckeln. Meine Begleiterin ist sichtlich stolz auf das Erbe der britischen Geodäten. »Dies ist nicht weniger als die wissenschaftliche Basis des Survey of India«, sagt sie. »Wir haben den Briten viel zu verdanken.« Sie erklärt mir die heutigen Aufgaben des Survey: Kartografie und Landvermessung, aber auch Tidevorhersagung und Antarktisforschung. »Wir nennen den Great Trigonometric Survey kurz GTS. So ähnlich wie GPS. Denn auch für das Global Positioning System haben Everest und Lambton uns die Grundlagen geliefert.«

Ich frage sie, was nach der Teilung Indiens passiert ist, ob Pakistan an dem wissenschaftlichen Vermächtnis aus der Kolonialzeit beteiligt worden sei, ob das Nachbarland wenigstens jenes Material bekommen habe, das sich auf sein Staatsgebiet bezieht.

»Nein«, sagt sie. »Die meisten Karten wurden nach der Unabhängigkeit von Großbritannien 1947 nach Indien geschickt. Wir haben die Kollegen vom Survey of Pakistan 2002 zum zweihundertsten Jubiläum des GTS eingeladen. Aber es ist keiner gekommen.« Sie lacht.

Meine Führerin bewegt sich wie ein umsichtiger Elefant durch die Sammlung kolonialer Raritäten. Sie präsentiert mir die Instrumente anderer Expeditionen. Die Gebetstrommel, in der die von den Briten geschulten Inder, die im 19. Jahrhundert als buddhistische Mönche verkleidet Tibet vermaßen, ihre Aufzeichnungen verbargen. Die altertümlichen Sauerstoffmasken irgendeiner kolonialen Hochgebirgsexpedition. Sie zeigt hinüber in die Bibliothek, eine Halle voller alter Wälzer in wandhohen Holzschränken. »Hundertfünfzigtausend Schriftstücke lagern wir dort. Die ältesten sind von 1780. Die Briten haben auch die kulturelle Geschichte niedergeschrieben«, sagt sie. »Von den Brahmanen, von den Muslimen, von der Bauernkaste der Jats.«

»Und wie war ihr Verhältnis zu den Einheimischen?«

Renukas Begeisterung versiegt umgehend. Sie schlägt sich in einer seltsamen Geste mit der offenen Rechten auf die Faust. »Die britischen Wissenschaftler haben viele indische Frauen geheiratet. Aus allen möglichen Kasten. Aber sie haben keine richtige Ehe mit ihnen geführt. Sie haben immer auf sie hinabgeschaut.«

Wir stehen vor einem kleinen Theodoliten, den Everest selbst entworfen hat. Renuka dreht das Fernrohr mit einer fast zärtlichen Geste einmal um 360 Grad. »Everest war ein fähiger, durchsetzungsstarker Mann. Und er soll sehr stattlich gewesen sein. Aber er war auch arrogant und gemein.« Er habe zurückgezogen gelebt in Hathipaon, in den Bergen über der Stadt. »Dort oben konnte er ungestört von seinen Mitmenschen die verschneiten Gipfel beobachten.«

Am nächsten Tag bin ich endlich auf dem Weg hinauf in den Himalaya, nach Hathipaon. »Elefantenfuß« heißt der Name übersetzt. Am Vorabend hat der Amerikaner Jack mich vor Tigern gewarnt. »Ich würde da nicht laufen. Vor ein paar Monaten wollte ich nach Mussoorie wandern. Aber die Leute haben gesagt, dass da ein Maneater unterwegs ist. Ich habe mich entschlossen Bus zu fahren. Wenige Tage später hat ein Tiger zwei Menschen in einen Dorf in den Bergen getötet.« Ich schlage seine Warnungen in den Wind.

Die Rajpur Road windet sich durch die Villengegend im Nordosten der Stadt. Ich durchquere sanfte Hügel und eine kleine Schlucht. Plötzlich stehe ich vor einer Wand. Vor einem gewaltigen Bergsockel, mehr als tausend Meter hoch, ein faltiger, kahler Hang. Ganz oben, auf einem Grat unter dem tiefblauen Himmel, hängt eine Stadt, die Sommerfrische Mussoorie.

Die Straße steigt in Serpentinen an, gesäumt von dürrem Bambus. Ein kühler Wind kommt auf. Aus Löchern in den Felsen, die mit rot-weißer Warnfarbe lackiert sind, sprießen junge Bäume. Vor dem klotzigen Gebäude des buddhistischen Sakya-Colleges springen zwei Langurenaffen auf die Straße. Eine Gebetsfahne flattert zwischen zwei Zedern. Die Landschaft wirkt jetzt wie eine spanische Sierra. Hunderte Zypressen stehen den Berg hinab Spalier wie zum Abschuss bereite Raketen. Hier und da liegen kleine Terrassenfelder am Hang. Bäche plätschern durch steinige Weideflächen.

Am Mittag verschwindet die Ebene von Dehra Dun im Dunst. Die Luft wird dünn, mein Atem kürzer. Renuka hat mir eine grobe Beschreibung zu Everests ehemaligem Anwesen mitgegeben, etwa zehn Kilometer unterhalb von Mussoorie muss ich links abbiegen. Ich frage eine Gruppe Soldaten, die ihre Waffen und Schlafsäcke neben einer Felswand ausgebreitet haben, nach dem Weg. Ich wende mich an einen mürrischen Mann, der an der Hauswand eines Dorfes mit nur drei Häusern sitzt und friert. Ich erkundige mich bei einem Milchhändler mit Hasenzähnen, der seine Metallbehälter am Rücken eines Pferdes befestigt. Aber mit dem Namen Everest kann auch er nichts anfangen. Erst als ich nach dem »Haus des Ausländers« frage, weist er mich in eine Seitenstraße, die in einen dichten Tannenwald führt.

Der Weg windet sich über einen Berggrat nach Westen. Erster Rhododendron taucht auf. Leuchtend rot steht er in Blüte. Typisch britisch, denke ich. Obwohl er gar nicht britisch ist. Dicke Tannenzapfen liegen auf der Straße; sie verjüngt sich zu einer Sandpiste und endet nach rund einer Stunde Wanderung in einem Dorf. Die Hütten sind mit schwarzer Folie und Knüppeln gedeckt. In die Bäume ringsum sind Strohballen zum Trocknen gehängt. Der Wind rauscht in den Tannen.

Ein Pfad führt oberhalb des Dorfes auf eine Hügelkuppe. Niedrige Büsche wachsen in dem vertrockneten Gras. Es ist fast still. Wespen summen. Irgendwo im Tal höre ich Kinder rufen. Im Wald unter mir schlägt jemand Holz. Aber kein Mensch ist zu sehen. Nach Wochen in der lärmenden indischen Ebene fühle ich mich, als wanderte ich durch ein Vakuum, während meine Knie vor Sauerstoffmangel zu zittern beginnen.

Ich steige über einen Stacheldrahtzaun. *This property belongs to Rahul Niwas* steht auf einem Schild. Hinter einer letzten Kuppe stehe ich auf einem kahlen Sattel. Zu meinen Füßen liegt das Haus George Everests, ein weißes, lang gezogenes, eingeschossiges Gebäude. Darüber thronen die riesigen, schneebedeckten Berge des Himalaya. Blau und kalt wirken die Gipfel. Zentralasiatisch. Unerreichbar und dennoch zum Greifen nah. Als wären es ferne Himmelskörper.

Vor dem Haus drehen drei Jugendliche mit Jeans und Lederjacken auf zwei Motorrädern ihre Runden. Das Bauwerk ist in einem miserablen Zustand. Der Boden ist bedeckt mit Kuhmist und Glasscherben, mit vertrockneten Essensresten und verkohltem Holz. Die Fenster sind herausgebrochen, die Wände bekritzelt mit liebestollen Graffitis wie »Samjay liebt

Anita«. Aber die massiven Mauern haben die vergangen zwei-hundert Jahre erstaunlich gut überstanden. In jedem Zimmer finden sich noch die Kamine in den vier Meter hohen Wänden. Stuck mit feinen Ornamenten ziert die Decke eines riesigen, kreisrunden Saales mit bodentiefen Fenstern.

1841 hat George Everest die 700-Kilometer-Lücke zwischen Sironj in Zentralindien und Dehra Dun im Norden geschlos-sen und damit die subkontinentale Meridiangradmessung sei-nes Vorgängers William Lambton vollendet. Ich stelle mir vor, wie er hier steht, den Stift an den Lippen und in den Seiten seiner Notizbücher, die Hand an kostbaren Messgeräten. Den Adlerblick auf die Berge hinter der Veranda gerichtet. Wie er mit langen Rechnungsreihen die Breitengrade von Sironj und Dehra Dun ermittelt, exakt, bis auf drei Stellen hinter dem Komma. Wie er triumphierend kalkuliert, dass der Radius des Äquators mit fast 6400 Kilometer Länge exakt 20,5 Kilo-meter mehr misst als der der nördlichen Hemisphäre. Zwar hat Everest an der Vermessung des Himalaya nicht mehr direkten Anteil, doch ist er es, der dafür die präzise Basis geliefert hat. Und dessen Namen fünfzehn Jahre später der höchste Berg der Welt tragen wird.

Von seinem Anwesen in Hathipaon aus kann Everest die Peripherie des Subkontinents ausmachen, die Grenze des indischen Staatsgebietes und des damaligen britischen Macht-bereichs. Wie stolz dieser herrische Wissenschaftler gewesen sein muss. Und wie einsam.

Ich verbringe die letzte Nacht meiner Reise unterhalb des Hau-ses in einem Zelthotel neben dem Hüttendorf. Der Besitzer ist ein hünenhafter, kahl geschorener Brahmane in orangefar-benem Gewand. Er trägt klassische Holzlatschen, ohne Leder gefertigt, ein Holzstück hält sie neben dem großem Zeh fest. Bis in den Morgen hinein wache ich immer wieder zwischen den flatternden Zeltwänden meiner Einzelunterkunft auf.

Bei einem Frühstück aus frittiertem Fladenbrot und frischem Joghurt beobachte ich einen Mitarbeiter des kleinen Campingplatzes, der ein Fundament für eine dreieckige Opferfeuerstelle mauert. Der Priester-Riese legt mir die Hand auf die Schulter. »Dieser Ort ist heilig«, sagt er. »Hier erkennt der Mensch seine wahre Größe.«

Ich betrachte ein letztes Mal den verschneiten Himalaya. Für George Everest mag dies eine erhebende Aussicht gewesen sein. Aber in Wahrheit ist er nur in die Fußstapfen seines Vorgängers getreten. Der eigentliche Pionier des Great Trigonmetric Survey war der viel bescheidenere William Lambton. Mit Blick auf die eiskalten Berggipfel fühle ich mich schrumpfen.

Dank

Meine Reise von Kanyakumari nach Dehra Dun war kein völliger Alleingang. Viele Freunde haben mir auf dem langen Weg geholfen. Mein besonderer Dank geht an Mirza Yawar Baig, dessen Kontakte mich in das muslimische Herz Andhra Pradeshs aber auch durch die Dschungel Zentralindiens geführt haben.

Von Madhya Pradesh nach Delhi wäre ich dagegen kaum so vergleichsweise bequem gelangt, hätte ich mich nicht auf das Netzwerk von Deepak Acharya verlassen können. Ich danke Mohammed Khuddus und seiner Familie für die liebevolle Aufnahme in Hyderabad. Und Abhijeet Tambe für die Einblicke, die er mir in Bangalores Nachtleben gewährte. George von der Organsation CST hat unglaubliche Mühen auf sich genommen, um mich durch Altenheime in Delhi zu führen. Für Christraj vom Psycho Trust war es eine Selbstverständlichkeit, mir in Karur die Schattenseiten des indischen Wirtschaftswunders zu zeigen.

Ohne Conrad Birch wäre ich überhaupt nicht auf die Idee gekommen loszulaufen. Und ohne die fernmündlichen Diagnosen der Ärzte Atul Agarwala und Sancho Panzer wäre ich niemals angekommen. In Nayantara Sahgals Schuld stehe ich dafür, dass es ihr schließlich fast gelungen ist, mir Indien zu erklären.

Bei der Konzeption und beim Schreiben dieses Buches haben mir vor allem Thomas Albrecht und Daniel Bielenstein sowie meine Lektorin Margret Plath mit Rat zur Seite gestanden. Auf dem Weg zur Veröffentlichung hat mir Vito von Eichborn den Rücken gestärkt.

Ich danke meinen Kollegen bei den *Lübecker Nachrichten* für ihr Verständnis für dieses Projekt. Und Sonja und Matthias Farclas sowie Marco Ramm dafür, dass sie mich immer wieder ermuntert haben, trotz aller Hindernisse weiterzumachen.

Meiner Familie danke ich für ihre jahrelange Geduld.